地

REMARKABLE PLACES

灵

中原历史文化系列丛书
SERIES ON THE HISTORY
AND CULTURE OF
CENTRAL PLAINS

李鸿安◎著

中央民族大学出版社
China Minzu University Press

序 地灵

有"灵"之地，其地，包容着厚重的历史，沉淀着丰富的文化，承载着悠古的文明；"地"之"灵"，其灵，自从它诞生那个时刻起，就传递着无尽的人文信息。

在中国很长的历史时期里，中原地区都是政治、经济和文化中心，自古逐鹿中原，方可鼎立天下。中原是华夏文明最重要的发源地，无论是夏商时期遗存的都城，还是明清时代遗留的村镇，虽经千年岁月的冲蚀，历频繁战火的摧残，但天灾人祸并没有割断那里的文脉延续。

本册《地灵》从中原众多的古都城、古城镇、古村落中拾贝，虽笔触尚不可描绘出全貌，却可掀起历史的一角，来解读其地名的来龙去脉，翻理其地名的历史演变，追寻在演变中发生的重大历史事件、涉及的历史人物、豪门家族的兴衰以及建筑遗存，它像一面镜子，从一个侧面折射出社会和历史的真实。

目录

篇

第一章　桑间濮上濮都

地灵

桑间濮上濮都

1. 濮水之阳

"十亩之间兮,桑者闲闲兮,行与子还兮。十亩之外兮,桑者泄泄兮,行与子逝兮。"
这是《诗经·卫风》中的一首情诗。清新恬淡的田园风光里,轻松愉快的采桑劳动
结束了,青年恋人之间的爱情出现在这幅桑园晚归图中。这就是回旋在春秋时期的
卫国"桑间濮上"的一首田园牧歌。"濮",指濮水。

濮水,也叫濮河、濮渠,
是一条古老的河。春秋时流
经卫国。濮水之源有二支:一
支源于今河南省封丘县西的济
水,向东北流;一支源于今河
南省原阳县之北的黄河,向东
流经河南省延津县之南。二条
支流在河南省长垣县西合流,
经河南省的滑县和濮阳入山东
省注入巨野泽。

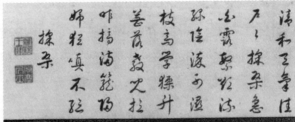

按中国古代五行阴阳学
说,山之南、水之北为"阳",
河南省的濮阳市因位于濮水之
北而得名。后来,濮水一条支
流的源头济水干涸,另一支流
的水源因黄河多次改道,濮水
被湮,这条美丽的古老河流饱
经岁月的沧桑,不知在何年何

插图1-1康熙《御制耕
织图》之采桑图(宋代
楼璹绘制)

据《尚书》记载,西周
时期,栽桑养蚕,已普
及黄河中下游地区。卫
国,濮水河流清澈,濮
水之畔,土地平沃,气
候温和,桑林茂密,桑
园广阔。此图为《耕织
图》中的采桑图。《耕
织图》南宋画家楼璹绘
制,是中国农桑生产最
早的成套图像资料。楼
璹在宋高宗时期任于潜
县(今浙江省临安市)
县令时,深感农夫、蚕
妇之辛苦,即作耕、织
二图来描绘农桑生产的
各个环节。《耕织图》
成为后人研究宋代农业
生产技术最珍贵的形象
资料。

月,渐渐淡出了人们的视野。今天,人们只能在史料中寻找她的风采,她那鲜亮秀
丽的身影,藏存在《诗经》的诗与歌里。《诗经》中《国风》收录的表现风土的160
篇民歌中,许多篇章写的都是濮水上的田园生活和桑田间采桑女的愉快劳动和爱情。

那时的濮水畔平坦广阔、土地肥沃、气候温和、濮水清澈、桑柘遍地,人们给
她起了一个很雅致的名字,叫"桑间濮上"。

"桑间濮上"是民歌的温床，它孕育于殷商，产生于春秋战国，流行于秦汉，时称"郑卫新声"。"新声"是指一种新曲调，就是当时的"流行歌曲"。春秋时期，在演奏和歌唱时还伴以歌舞，后来引进各国宫廷中。可见现在那些腕级歌手登台献艺时的伴舞，古已有之。

相传 2500 年前，殷商时，宫廷乐师延为纣王作靡靡之音，纣王听得入迷，竟忘了倦意。周武王伐纣时，乐师延害怕被当作纣王同党，抱琴而逃，到了濮水，投水而死。此后，爱好音乐的人走到濮水之畔，总能听到河水中传出的音乐。有一次，卫灵公朝晋，途中夜宿濮水驿舍，夜半似听到有人操琴，琴声优美动听。他顿觉耳目一新，即披衣而起，倚枕细听，其音甚微，泠泠可辨，问及左右，都说似有所闻。素好音乐的灵公立即招来音乐家涓听乐，希望他能记下这支乐曲。涓仔细听听，也倍感美妙，就对灵公说，臣已识其略，容须臾一宿，便可写之。

到了晋国，晋平公请卫灵公一行在施惠台上饮酒。席间，卫灵公要显示一下他的新乐，便叫乐师涓演奏新记录下的濮水中的琴音。涓援琴尽得其妙，博得满堂喝彩。

濮水是一条充满诗意的河，是一条神奇的河。它不但孕育了"桑间濮上""卫风新声"灿烂的文化，而且它在历史上还孕育了生活在濮水之畔古老的中华民族，孕育了一批依水而鲜活的城镇并且名垂史册。

濮水虽然走出了人们的视野，走进了历史，隐身于字里行间，但它孕育出的濮阳城仍然坚守着，并证明着濮水的业绩；它孕育"濮水桑间"的中原文化，仍然闪烁着灿烂的光芒。

2. 颛顼都濮阳

5000 多年前，黄帝升天之后，他的孙子继承了帝位，这就是颛顼帝。因颛顼封于高阳，故又称其为高阳氏。为了避开另一邻近的势力较大的共工氏族，他将都城迁到华族和东夷族交界处的帝丘（今河南省濮阳市）。从此，帝丘成了上古时期的政治、经济、文化、军事中心。在这里，颛顼帝打败了强大的共工氏族，收服 100 多个氏族，民族的大融合形成了。他所统治的疆土比他爷爷黄帝时代扩大了近一倍。北到现在的河北省一带，南到南岭以南，西到现在的甘肃一带，东到东海中的一些岛屿，都是他统治的地域。

历史书中记载，颛顼视察时，他所到之处都受到部落民众的热情接待。据《淮南子·时则训》载："北方之极，颛顼、元冥（元冥又叫玄冥，是管北方的水正官）之所司者万二千里。"又据《史记·五帝本纪》记载："北至于幽陵，南至于交趾，西至于流沙，东至于蟠木，动静之物，大小之神，日月所照，莫不砥属。"史书把他作为一位泽被宇内、功德盖世的帝王。颛顼的文治武功使中华民族初具雏形。

帝丘为华夏文明的发展和延续起到了不可替代的作用。

传说在黄帝晚年，九黎信奉巫教，崇尚鬼神而废弃人事，一切都靠占卜来决定，百姓家家都搞占卜，人们不再诚敬地祭祀天地，也不再安心于农业生产。颛顼为解决这问题，决定改革宗教，亲自净心诚敬地祭祀天地祖宗，为万民作出榜样。又任命南正重负责祭天，以和治神灵。任命北正黎负责民政，以抚慰万民，劝导百姓遵循自然的规律从事农业生产，鼓励人们开垦田地。禁断民间以占卜通人神的活动，使社会恢复正常秩序。

在颛顼之前，人和神不分，人们的生活和生产笼罩在对鬼神的淫祀之中，百姓们只听老天爷的话，酋长的指挥曾一度失灵，颛顼帝感到这是个大问题，必须有统一的思想，才能形成统一的领导。于是，他指定专人与天神对话，以此来传达天神的意志。即史书上记载的"命南正重司天以属神，命火正黎司地以属民"。实际上，

插图 1-2 濮阳发掘的仰韶文化时期蚌砌龙虎图案

1987 年，在濮阳县城西南隅西水坡，发掘出仰韶文化时期的蚌砌龙虎图案。墓穴中男性骨架右侧有蚌壳龙形图案，头北面东，昂首弓背，前爪扒，后腿蹬，尾作摆动状，似遨游沧海。骨架左侧是蚌壳虎形图案，头北面西，二目圆睁，张口龇牙，如猛虎下山。此图案与古天文学四象中东宫苍龙、西宫白虎寓意相符，在全国考古发现的龙图案中年代最早，考古专家认为是距今约 6400 年前的仰韶文化遗迹，对探索中国文明和龙的起源，对研究中国古代史、美学史、宗教史、天文历法等都有重要意义。

就是任命重专管祭祀天神，黎管祭祀地神，百姓都统一在一种思想意识里，颛顼帝的统治有了控制整个族群的思想。这是一个了不起的思想大飞跃，有了这个飞跃，生产也飞跃了。这实质上是对宗教的改革，也与观天象、制历法紧紧相连。专职于祭天祭地的干部，要观天象、察风雨，在长期的实践中，摸到了天气变化的规律。于是，人们把季节的变化有意识地纳入农事活动中。证明了那时的农业已发展到一个新的水平。重和黎这两个"天文"科学家留在了中国历史的功劳簿上。

颛顼改变了黄帝以来以远古各族图腾崇拜物命官职的方法，而是"为民师而命以民事"，就是根据百姓的生活和生产需要来设置职位和官名。就如后来管农业的叫农业部部长、管人事的叫人事部部长。"黎民百姓""百家""百官"等称谓出现了。

随着弓箭等生产工具的发明，生产力有所提高，于是，社会生产有了剩余，出现了实物交换，中国历史上最早的商业雏形现身了。据说，颛顼命祝融进行市场交易，应该说祝融是我国历史上最早的市场管理干部。

据说，颛顼在位 78 年，活到 98 岁逝世，卒于公元前 2437 年，葬于"鲋之山（即广阳山）"（《山海经·中山经·大荒经》），今河南省内黄县城南 30 公里的梁庄镇三杨庄有颛顼、帝喾"二帝陵"。

颛顼之后，帝喾继位，初定都帝丘，后迁都伊洛平原，帝喾赐颛顼玄孙陆终长子攀为己姓，封邑昆吾（今河南省濮阳市）。

3. 昆吾国古城濮阳

颛顼娶滕氏之女娽为妻，生卷章，传至三世时的长子名已樊，封于昆吾（今河南省濮阳市），昆吾后称"颛顼之墟"（今河南濮阳县南）。夏代启仲康六年，已樊因有功，赐他为"伯"的爵位，称为"夏伯"。夏伯在封地建"昆吾国"，属夏王朝的一个方国，为伯爵级的小国。古本《竹书纪年》卷三中记载："锡昆吾命作伯。"《汉书·地理志》也有记载："濮阳，本颛顼之墟。夏后之世，昆吾氏居之。"《括地志》说："濮阳县，古昆吾国也。昆吾故城，在县西三十里，合在县西百步，即昆吾墟也。"《左传》鲁昭公十八年记载说："苌弘曰：毛得必亡，是昆吾稔之日也。"其中"昆吾"就是指这个昆吾国。《史记·楚世家》上说："昆吾氏，夏时尝为侯伯。……昆吾氏，夏之时，尝为侯伯，桀之时汤灭之。"其统治地域，在今河南省濮阳市区。其中"昆吾氏"也是指昆吾国。昆吾国一直处于夏文化的中心地带。

夏商时期中原有很多"部族"，所谓"部族"，是指由原始时代的部落组织衍变而来的、以血缘（族姓）联系为基础的社会集团，它是中国国家的早期形式，卜辞中大多称之为"方"，就是"方国"。方国是夏商周时期与中央王朝或中央王国相对而言的各地方的国家。那时期的国家是一种方国与方国的联合体，也叫"方国联盟"，有学者把这种联合体称为"部族国家"或"早期国家"。

插图 1-3.1 青铜器铸造图
中国古代的青铜文化十分发达，并以制作精良、气魄雄伟、技术高超而著称于世。中国古代铸造青铜有"块范法"和"失蜡法"，此图描绘的是前者。图中工匠们来回穿梭，将已焙烧的和组合好的"范"趁热浇注，焙好的型范埋在沙坑中，再于浇口注入铜液。此图描绘场面壮阔，气势恢宏，有工匠劳动，有士兵监工，有指挥者，有条不紊。古代青铜器一般人不可拥有，奴隶主把它作为一种权力和地位的象征、一种记事耀功的礼器，放在宗庙里祭祀祖先流传于世。古人相信"得一鼎者为王，得九鼎者得天下"。

昆吾的字义《夏小正》解释说："昆，小虫，又称昆者众也。"昆吾是陆终氏的分支，他们的氏族也以"众虫"为崇拜物，以"昆"作为昆吾氏族的图腾。昆吾氏族立国之后发展很快，农业发达，特别是制陶和冶铜技术处于领先地位。

昆吾人很聪明，他们重技术，以"科技治国"。他们善于制陶、琢玉、冶金和占卜。昆吾人发明陶瓦以代替茅草盖房，是历史上建房技术的创举。陶瓦盖房上古时应属于昆吾国的"专利"。

昆吾人不但制陶技术很高，冶炼技艺更是惊人，拥有不少冶铜、铸鼎、制造武器的能工巧匠。

夏启为了巩固自己的统治，下令铸造大鼎。

鼎，是古代炊煮食物的生活用器，是炊具。鼎呈圆形，上部有对称的耳，下部是三足，以平衡而立。在新石器时期用陶土烧制而成的鼎，叫陶鼎。后来，人们发现了铜矿，发明了冶炼，就出现了以铜铸鼎。不过，由于开采铜矿困难，开采量很少，冶炼技术要求很高，所以，铜鼎很少。物以稀为贵，十分珍贵的铜鼎就不能走入寻常百姓家了，而成为王公贵族的专用品，被看成权力和富贵的象征，是礼乐制度中使用的重器。铜鼎，已蒙上了神圣和尊贵的色彩。

在中华民族历史发展过程中证明，夏禹治水不仅仅是治理了洪患、发展了生产，更重要的是结束了中国原始社会部落联盟的社会组织形态，创造了"国家"这一新的社会政治形态。为了国家的统一管理，夏禹突破了以血缘为基础的部落界限，按地区把"天下"划分为九州，州设州牧，"牧"为州的最高行政长官。夏禹的儿子启承袭王位后，为了巩固王权，显示王位的尊贵，要铸铜鼎，以示夏朝王权神圣不可侵犯。为此，他令九州牧贡献青铜，派人把全国各州的名山大川、形胜之地、奇异之物画图成册。

扬州　　荆州　　梁州

徐州　　豫州　　雍州

青州　　兖州　　冀州

插图1-3.2 禹贡九州九鼎形制方位图

此图中的九尊青铜鼎为现代复制的"大禹所铸九鼎"。据《尚书·禹贡》《春秋左传》记载：大禹"疆理天下，莫九州而正五服"，划分天下为九州，令九州州牧献青铜而铸九鼎，上刻九州名山大川，一鼎象征一州，将九鼎集中于王城，为国家统一之象征。自夏至周王朝更迭，九鼎由夏朝都城先后迁到商都亳、周都镐京。周朝后期战火频繁，九鼎神秘失踪，从此失传。现代复原的"大禹所铸九鼎"，外形以考古出土的夏、商早期陶器、青铜器及陶范的多件圆鼎、方鼎为原型，做科学的分析推断而改造创铸，其形制为一圆八方，大圆鼎为冀州鼎，置九州之首。

铸重鼎的任务交给了昆吾国，冶铜技术领先的昆吾国承担了铸鼎重担后，精选出了铸铜的著名工匠，用最精良的技艺铸造了九只铜鼎。九只铜鼎体形巨大，鼎的四周铸有九州的山川形胜、土特产，还有神话故事等生动的图纹。这些图像让人一看就分辨出神仙、妖怪。百姓们相信，看了这鼎上的图像，记到心里，到川泽山林中狩猎采果不会再有不吉利的事，就不会遭到魑魅魍魉的侵袭，九鼎是天赐的福佑。人们把这些大鼎神化了。据说把饭菜、鱼肉放进去，无火而熟，倒进冷水不烧而沸，迁移时不搬而走。九只铜鼎铸成之后，先在昆吾国里对上天鬼神祭祀，之后就移到夏朝国都。

九鼎象征天下九州，反映出全国的统一和王权的高度集中，显示夏王已成为天下之共主，是顺应"天命"。"普天之下，莫非王土；率土之滨，莫非王臣。"

《左传·宣公三年》中叙述了这样一个历史事件："楚子伐陆浑之戎，遂至于洛，观兵于周疆。定王使王孙满劳楚子，楚子问鼎之大小轻重焉。对曰：'在德不在鼎。昔夏之方有德也，远方图物，贡金九牧，铸鼎象物……桀有昏德，鼎迁有于商，载祀六百。商纣暴虐，鼎迁于周……周德虽衰，天命未改。鼎之轻重，未可问也。'"在夏、商、周时代，九鼎象征王权，鼎在国在，鼎移国亡。九鼎成了君王争夺的神器宝物，每个朝代兴起必迁九鼎，历史上把争夺政权称为"问鼎"，建立政权叫作"定鼎"。诸侯国是不能拥有鼎的，也不能问鼎的轻重大小，否则有违天命之嫌。春秋时期，野心勃勃的楚庄王发兵攻打陆浑（河南省洛阳市嵩县）时，曾向周王的使者问九鼎的重量，流露出他的夺鼎之心。从此，"问鼎中原"就成了阴谋篡逆的代名词。

插图 1-3.3 周公姬旦辅周成王图

年幼的周成王即位后，其叔叔周公姬旦摄政。成王长大，周公交权于成王，自己退居到群臣之列，并继续勉励成王施行德政，爱护百姓。《尚书·洛诰》中有周公与成王对话的记录，显示了周公谋国的忠心和成王倚重周公的诚意，表现出君臣和叔侄之间相互信任、亲爱和谐的关系。

昆吾国因铸鼎有功，得到了夏王朝的信任，带动了小国的经济发展，至夏末桀统治时代，昆吾国已成为诸侯五霸之一了。《白虎通义》记载："五霸者，何谓也？昆吾氏、大彭氏、豕韦氏、齐桓公、晋文公也。""昔昆吾氏，霸于夏者也。"《四书章句集注》也有记载："丁氏曰：'夏昆吾，商大彭、豕韦，周齐桓、晋文，谓之五霸。'"昆吾国的国力强大，足以和夏王朝抗衡。《史记·殷本纪》里记载了昆吾国的兴衰史："夏桀为虐政淫荒，而诸侯昆吾氏为乱……汤自把钺以伐昆吾，遂伐桀。"《史记·楚世家》："昆吾氏，夏之时尝为侯伯，桀之时汤灭之。"

夏朝太康时期，王朝政治腐败，昆吾国联合诸侯国自立为盟主。太康去世后，桀继夏朝王位。桀王暴虐荒淫，不理朝政，诸侯盟主发动各诸侯国组成联军，对荒暴的夏桀王朝发动征伐。

这时强大的商国也正在积极策划推翻夏王朝，企图取而代之，所以，商绝不允许昆吾国自立为主。于是，商首领成汤以除奸讨乱为借口，率兵讨伐昆吾国。昆吾国毕竟有实力，这一战打了几年，最后昆吾国战败，为商所灭，历 13 世 350 多年。随后商灭夏，建立了商王朝。

昆吾国被商汤灭后，昆吾人四处逃散。自公元前 16 世纪至 11 世纪，商朝 500 年间，昆吾氏族便不再有什么重要活动，直至商末周初才又活跃起来。公元前 11 世纪，西方周部落强大，欲东取商王朝而代之，被商朝征服的昆吾氏便与周联合起来灭商，擅长冶金术的昆吾人在周国又担任了冶官，但只不过是个"技术干部"，不能左右大局。

商灭昆吾后，称为"颛顼之墟"（今河南濮阳）的昆吾国统治区又换了新主人。

4. 康叔封邑濮阳

商代第二十代君王盘庚迁到殷（河南安阳西北小屯一带）后，昆吾国所在的帝丘就成了殷商王朝的畿辅之地，是商朝国都的门户。殷纣王荒淫残暴，天下共愤。周武王四年（约公元前 1066 年），周武王联合其他诸侯国，率戎车 300 乘，虎贲 3000 人，甲士 45000 人，向岌岌可危的商王朝发起了总攻。周武王率领的多国部队"朝食于戚（今河南濮阳市戚城），暮宿于泉"，对商都形成了包围之势。牧野一战是一个王朝覆灭、另一个王朝兴起的决战。

商军溃败，纣王自焚，商朝历史结束了。周武王为了巩固统治，在分封诸侯时，对商朝遗民实行了宽大政策，特意把殷商的遗民封给纣王的儿子武庚禄父，与其他诸侯并列，使他们继续祭祀自己的祖先而不绝祭，这是周武王采取的安抚政策。但周武王对他们还是不放心，恐怕武庚禄父有叛逆之心，在殷都以北、以东、以西分别由霍叔、蔡叔、管叔等嫡系驻守。两年后周武王病逝，周成王继位，因年幼便由王叔周公旦摄政当国。

这引起了蔡叔和管叔对周公的不满，怀疑周公有取代周成王的野心，加上殷纣王的儿子虽然得到周武王的宽容对待，但复辟之心未灭，伺机待动。他看准了周王朝领导"换届"的良机，于是就煽动管叔、蔡叔和霍叔，并联络东南区商王朝的残余势力发动了叛乱。很快有 17 个诸侯国被卷进去。叛乱之势力遍及今河南北部、河北南部及山东、江苏、安徽等广大地区。

周公旦立即昭告天下诸侯出兵讨伐叛逆，号令一出，姜尚、康叔等众多诸侯积极响应。周公旦把朝政托付给召公，亲率大军东征平叛。王朝大军旗开得胜，诛管叔，杀武庚，放逐蔡叔，降霍叔为庶人，乘胜灭了熊、盈等 17 国，殷商残余有的逃到海边，有的向江南或北方窜去。

周公旦居东 3 年，彻底平定了叛乱，把周朝的疆域扩展到黄河下游和东部沿海；同时，遥控处理了朝中政事，使朝内安定。

班师回朝后，周公旦为了维护和巩固周王室的统治，进一步分封诸侯。之后建置 71 个诸侯国，并扩大了各国的自主权，他们不但拥有政治、经济、文化主权，而且可以建立自己的军队。周公旦把原武庚、管叔、蔡叔所占据的地盘分别封给了宋国等诸侯国。

封给卫国的诸侯叫康叔。康叔，姓姬名封，是周武王的同母弟弟。在周武王打

插图 1-4 康叔画像

康叔，姬姓，名封，因其封在康地（今河南省禹州市西北）而称"康叔"，又称"卫康叔""康叔封"。康叔姬封是周文王嫡九子，周武王的同母弟弟。周成王即位，周公旦平定武庚叛乱后，封康叔于卫（今河南淇县朝歌），建立卫国，他就是卫国的第一代国君。他赴任时，周公旦作《康诰》《酒诰》《梓材》等。康叔统治有方，很快就把商朝的殷都改造成了周王朝的方国。周成王长大后，任命康叔为周司寇，赐卫宝祭器。康叔卒，子卫康伯立。

天下时，战功显赫，被封于"康"（今河南禹州市西北），因此称为"康叔"。周成王四年（公元前 1060 年），周公旦把殷商遗民七族赐给了康叔，在商都殷墟建国，国号为"卫"，国都在沫（今河南省淇县）。卫国的疆土大致包括古黄河和济水间的大片土地，即今河南北部、河北南部、山东西部地区。另外，周公旦还把商朝的先祖相土的东部土地（今河南省濮阳市南）给了康叔。

相土是商的始祖契的孙子。契在助大禹治水时有功，官到司徒，被封于商（今河北省漳河一带）。到他的孙子相土时代，商族的领地东扩，把都城迁到商丘（今河南濮阳南），并迅速扩大地盘，到达今辽东半岛乃至朝鲜北部沿海，成为实力最强的方国。

康叔姬封的疆土南到今河南中牟县西，西至今河南辉县和修武县，北至今河北邢台，东到今山东定陶汶上县。康叔的卫国不但控制了周王朝的东方疆土，而且对镇抚殷商遗民起到了决定作用。其中，相土的东部地区（今河南省濮阳市南）可为周天子东巡保驾护航。周公旦还把有阎国（周朝国都京畿附近）的土地划给了卫国，以便康叔在周王供职时将之作为朝宿之邑。

康叔领导的卫国地处中原腹地，在封国中疆土最大，又拥有殷畿重地，这样的地理位置直接关系到周王朝的安定，对国家统治的稳固极为重要。所以，周公十分重视卫国，在封康叔于卫时，特作了告诫和劝勉的"红头文件"《康诰》，对康叔明确提出了在管国安民、明德执法等方面的要求。周公还颁发了《酒诰》，这是对饮酒的要求和治理办法，不但具体且十分严格，在总结历史经验的基础上，制定了严厉的戒酒法令，对聚众纵酒者必杀。这一系列的文件对康叔处理国务政务起到很大的作用。可见，今天的濮阳是春秋卫国的政治、经济、文化、军事中心，对周王朝来说也是举足轻重的要塞。

周公旦摄政 7 年，还政于周成王。周成王执政后，即拜康叔为司寇，赐卫国黄钟大吕等多件重宝祭器，以表彰他的德高望重。并且提拔康叔入京执掌刑法和指挥"成周八师"的大权。周成王去世后，进入周康王时代，卫国与齐、燕、晋等与王室关系最为密切的诸侯国，成为周王朝的肱股力量。

康叔于公元前 1042 年立国，传到第十世君卫武公（公元前 813—前 758 年），武公在位达 55 年之久，他修康叔之政，自儆、励治、百采众谏、察纳雅言，把卫国治理得政通人和，百姓和集，一派盛世，深得周、卫朝野尊爱。卫武公还在都城朝歌西北耿家湾创建了中国最早的皇家园林——淇园。卫人深感其德，赋《淇澳》（《诗经·卫风》）赞美其高风大德。又于淇园旧址创建武公祠（遗址今尚存）；将祠前的小石河易名思德河，并将下游的槐荫店改称思德村，把卫国推上极尊之位。

武公执政 42 年后，公元前 770 年，中国历史进入了春秋时期。这一年为周平王元年。西周覆灭后，因镐京及王畿遭战争破坏，周平王得晋、郑、秦和其他诸侯之助，遂东迁于雒邑（今河南省洛阳市），以避戎寇，重建周王朝，为东周之始。

春秋时代周王的势力减弱，群雄纷争，齐桓公、晋文公、宋襄公、秦穆公、楚庄王相继称霸，史称"春秋五霸"。中国从统一走向分裂，诸侯各国之间时而联合结盟，时而纷争颉颃，局势复杂混乱。

随着形势剧变，卫国成了弱小国家，在春秋时期夹在晋、齐、宋、楚等几个强国的缝隙中，艰险地生存着。

5. 卫国女诗人

春秋时代，无数美丽的女子就像鲜花般开了落了，淹没于时光激流之中，谁人知晓？

可有一位女人却记载在中国古典《诗经》《左传》等作品里，被反复赞美和称颂。她才华出众、美貌非凡，历史送给她的桂冠是中国第一个"美女诗人"。这位美女诗人，冠压群芳的不只是诗，还有巾帼更胜须眉的满腔豪情！在她的名字前常常会加上这样的定语：中国"第一位爱国女诗人"。她叫许穆夫人。

许穆夫人不姓许，姓姬，卫国人，可惜历史上没留下她的真实名字。周庄王七年（公元前690年）左右，出生于卫国都城朝歌（今河南省淇县），是卫国第十八代君主卫懿公的女儿。她自幼聪敏，有才华，艳丽多姿，美貌惊人。甘甜的泉水把她滋养得皮肤白皙，面若桃花。贵族的出身，加上这秀山碧水的熏染，使女诗人丽质非凡。她不仅读书习文，还骑马练箭，设想着将来能够为保卫国家效力。

生活这样平静而幸福，可女诗人哪里想得到在这平静中却山雨欲来。当时周王朝已衰败，诸侯国兼并战争愈演愈烈。卫国属第三世界，处在大国争霸和邻国侵袭的威胁之中。

女诗人长大了，她的美貌和才华惊艳国内外。女大当嫁，选婿对帝王之家来说是国家大事，不只是门当户对的联姻，而且是一种政治作为。在春秋诸侯争霸的时代，还带有很强的亲善和结盟色彩。

像许穆夫人这样的贵族女孩，还没有选择爱情的自由，她的婚姻只能是一场政治交易！不管你怎样美丽怎样才华横溢，都只能把自己交付给一个从一开始就把你当作交易品的男人。琴瑟合鸣只能是个梦！

许国（今河南省许昌）的穆公和齐国（今山东省东北部）的桓公听说卫国卫懿公有女初长成，且才貌出众，两国国君不约而同都派使者到卫国求婚。到底嫁于哪家？父母之命与女儿之愿发生了冲突，父母选中了许国的国君许穆公。

公元前712年郑国（今河省新郑市）侵入许国，许国的许穆公到南方的楚国"政治避难"。15年后，寄居楚国的许穆公，趁郑国内乱之机，回到祖国许国，许国重获独立。有了主权的许穆公精心治理国家，一度成为中兴霸主。许穆夫人的父母看中的就是穆公的这种复国的气魄。然而，许穆夫人看的不是个人，而是从国家角度

插图1-5.1许穆夫人（取自《列女仁智图》）

许穆夫人，春秋时卫国（今河南淇县一带）人。当时，周王室衰微，诸侯兼并，战乱不断。卫国为政治联姻将她许配给了许穆公，历史上就称她为"许穆夫人"。《列女仁智图》是东晋顾恺之所作。此为宋人摹本，全图用线较粗，风格劲健，衣褶处用晕染强调质感。画家通过人物的眉、眼、嘴的微妙差别，以及身姿动态，表现出人物复杂的性格特点。

考虑，她希望能借自己的婚事对父母有所帮助，她想选择后来被称作春秋五霸之一的齐国国君齐桓公。

她说："古者诸侯之有女子也，所以苞苴玩弄，系援于大国也。言今者许小而远，齐大而近。若今之世，强者为雄。如使边境有寇戎之事，维是四方之故，赴告大国，妾在，不犹豫乎！今舍近而就远，离大而附小，一旦有车驰之难，孰可与虑社稷？"这段话出自《列女传·仁智篇·许穆夫人》中。

但是，卫国国君卫懿公却不这么看，可能是对齐国有成见吧。别看许国小而弱，但送给卫国的聘礼比经济强国齐国重。于是，许穆夫人被迫嫁给了许国的国君许穆公。那个时代的女子都没有自己的名字，结婚后就从夫姓，许穆夫人流传于世的名字也是从出嫁那一刻叫响的。她烂漫的少女时代就这样匆匆结束了。

许穆夫人嫁到许国后一直怀念着卫国。她回忆着在卫都朝歌读书习文，在城郊骑马射箭，在淇水边垂钓荡舟的美好生活。在她嫁到许国后怀念当时生活而写的《竹竿》（《诗经·国风·卫风》）一诗中描写了她少女时代那无忧无虑的生活情景。

当她怀念祖国和亲人时，她哪里知道她的祖国发生了翻天覆地的变化，遭到了巨大的灾难。这一切都是因为她那个不争气的父亲卫懿公。

卫懿公，名赤，公元前668年嗣位，系卫国十四世第十七位君王。卫懿公继卫惠王登位后，荒淫逸乐，骄奢侈靡。

周惠王抓住机会报复了卫国。原来卫国懿公的父亲曾联合燕国出兵攻打过周王室，周惠王被打败逃匿。懿公一上台，周惠王就要报复他父子，他故意赐命诸侯中的超级大国齐国的齐桓公做"侯伯"，这是各诸侯之长，卫国掌控在齐国手中，也就是周惠王掌握了卫国的命运。

当年，王子颓作乱叛逆周王室时，卫国曾帮助过颓，周惠王就以此为借口，命齐国讨伐卫国。这正合齐桓公心意，他即和鲁庄公会于城濮（今山东鄄城西南），谋划伐卫之事。翌年三月，齐桓公扯起周天子谴责卫国的旗帜，出兵攻卫。卫国不堪一击，齐军攻入卫国，大肆掠取财物，满载而归。

可是，这位卫懿公"肚量"很大，对这种国耻民灾没放在心上，他的心思都用在了养宠物上。他的宠物非狗非马，而是白鹤，宠的不是一个，在宫宛里供养着成群的白鹤。更有意思的是鹤有等级的，给所养的鹤加官晋爵，白鹤享受不同的待遇，上等鹤享用"大夫"级别的俸禄，次者则是"士"一级的俸禄。养鹤人也有官职，根据鹤的级别而定。他的鹤还有专门的财政收入，向百姓征收，名之曰"鹤捐"，专款专用。

插图1-5.2 卫懿公好鹤图（清代真然绘）

卫懿公痴迷玩鹤，不理朝政国事，不问民间疾苦，玩物丧志，终至国灭人亡。晚清艺僧真然，心中义愤难抑，作画以警世人。真然（公元1816—1884年），江苏兴化人，俗姓丁，出家为僧，法名真然，法号莲溪，清嘉庆至光绪年间的著名画家。画艺精进，炉火纯青，所画人物、山水、虫鱼、花卉无不精妙。技艺冠绝，独成一家。

谁能给他献上白鹤，给以重赏。他外出游玩时，队列前面华丽"轩车"上立的是白鹤，号称"鹤将军"。

卫懿公鹤养得好，但理政治国糟糕透顶。百姓受冻挨饿，他的白鹤却锦衣玉食；明达贤士冷落闲置，他的养鹤送鹤人却飞黄腾达。真是人鸟颠倒的年代。卫国国力衰败下来，民不聊生，苦不堪言，怨声载道。

强悍的北方狄族早就盯上了中原这块肥肉，并且瞄准了卫国。此时，狄人抓住了卫国岌岌可危之机，于公元前660年12月，挑动了入侵战争。卫懿公急忙下令抵抗，可失去民心的懿公之令如废纸一张，身披甲胄之兵不出征，满腹愤怒之民不参军，他们都说："让鹤去作战吧！鹤享有禄位，我们哪能打仗呢？"

这时卫懿公如梦初醒，感到自己大错特错，他要与入侵敌人决一死战。他交代了后事，把玉佩赐给了大夫石祁子，把箭赐给了大臣宁庄子，对他们说："你们用我所赐的东西帮助卫国吧，怎么有利就怎么做。"又把绣衣给了夫人说："你听这两个人的安排就行了。"

卫懿公交代完后事和遗言，让大夫渠孔驾车，子伯为车右，黄夷为前卫，孔婴齐殿后，冲向前线，义无反顾。走到黄河北的荥泽，与狄军遭遇。狄军的阵势是狄兵千余，左右分驰，全无行次，看似很乱，卫大夫渠孔判断是敌人无战斗力。结果却是一个严重的错觉，实际这是狄军诱伏而设计的假象，渠孔不知是计，击鼓前冲，狄兵诈败，将卫懿公引入伏击圈内，狄兵如入无人之境，呼啸杀来，卫军刹那间被截为三处，首尾难顾，不战即败。这时，卫懿公毫无畏惧，高举王旗，猛冲拼杀。

但寡不敌众，弱不敌强，狄军攻入都城，屠城洗劫，卫懿公被活捉。这时，出使陈的大臣弘演在回国路上听说狄人准备烹煮懿公，立即赶到狄营，但为时已晚，卫懿公已被杀，肉被狄人抢吃，只剩下肝肺肠胃。弘演向狄人首领说："请臣以身为棺！"拔出利剑，剖开胸膛，把懿公的肝脏装进去，把自己的脏腑掏出，挥剑自斩，剑与肝脏落地。卫懿公虽昏，有罪于民，但在国危之时，却能勇赴国难，临敌取义，尚为国人所敬。

卫国闪电式地亡国了，幸存的百姓纷纷逃到黄河南岸的漕邑（今河南省滑县）。

宋国君主宋桓公是卫国的女婿，这时伸出了援助之手。他立即赶到黄河边，收容从卫国逃出来的难民，连夜渡河北上，组织了卫国难民5000之众，立卫懿公的儿子、许穆夫人的大哥戴公为卫之君，寄居漕邑，称卫邑（今河南省滑县西南白马故城），卫国才得以复存。

远在许国的许穆夫人听到祖国国破君亡的噩耗，痛彻肺腑，心急如焚，恨不能跃马疆场，抗敌复国，报仇雪耻。但自己毕竟是个女流之辈，她只好去求老公许穆公援救。可他这个老公胆小如鼠，不但在卫国遭劫时没有主动帮老岳丈一把，即使妻子求助时，他还推托不肯出一兵一卒。当初许穆夫人如果嫁给了齐桓公，有了强齐做靠山，也不至于有今日之难，这也证实了她的远见卓识。

无奈的许穆夫人要亲赴国难，决心回卫国相助，却遭到了许国君臣的阻挠和非难。按周礼规定："父母没则不得归宁者，义也，虽国灭君死，不得往赴焉。"（朱熹《诗集传·载驰》）。这就是说，嫁到外国的许穆夫人不可以回国奔丧，更别提抗敌复国了。

如果按周礼的陈规旧习去做，那她就不是许穆夫人了。她悲愤填膺，力排众议，不顾守旧的许国大夫们的反对，据理陈言，决意要力挽祖国于危难之中。

翌年春末夏初，许穆夫人毅然带上当初随嫁的几位姬姓姐妹，并带上救济物资，乘轩车直奔卫国流亡政府的所在地漕邑。抵达漕邑，立即与哥哥卫戴公商议复国之策。首要任务就是安抚卫民，同时整军习武，积极备战。许穆夫人向哥哥建言，要驱敌复国，目前只能是"邀控于大"，也就是靠有实力的大国援助。

在这关键时刻，许穆公派的大臣来了，但不是来解卫国之难的，正相反，他们是来拉后腿的。他们要许穆夫人立即回国，并抱怨许穆夫人不尊礼仪，有失国体。

许穆夫人面对许国大臣的愚蠢与无礼行为怒不可遏，义正词严地加以痛斥，并愤然赋《载驰》诗以明其志。

许穆夫人在诗中表示，即使你们都说我不好，说我渡济水返卫国不对，也断难使我改变初衷；比起你们那些不高明的主张，我的眼光要远大得多，我的思国之心是禁锢不住的。许穆夫人拯救卫国的决心不可改变。

一年后卫戴公病死，国不可一日无主，这时许穆夫人想到了在齐国避难的懿公儿子毁。毁，姬姓，卫氏，初名辟疆。有一次去朝见周天子时，有人问他的名字，他说是卫侯辟疆。周人告诉他"启疆""辟疆"都是天子之号，诸侯不得用，于是他马上改名叫"毁"。卫懿公九年（公元前660年），狄人攻伐卫时，公子毁逃往齐国。许穆夫人立即派大夫宁速去齐国接毁，并带去了自己的诗《载驰》，以表救国之心。

大夫宁速向齐桓公表明了诚意，并呈上《载驰》一诗。齐桓公被许穆夫人果敢救国救民的壮举和爱国热情所感动，还有那动人肺腑的诗句，当即派自己的儿子无亏率兵三千、战车三百乘，前往卫国戍守漕邑，并赠送了大批救援物资。此时，不但宋国派了军队援助，许国也参战了。入侵的狄兵终于被赶出去了，卫国收复了失地。

公元前659年，从齐国接回的公子姬毁，被立为国君，是为卫文公。

在卫国被悍狄灭国的历史拐点上，如果没有许穆夫人的奔走疾呼，卫国的历史会是另一番面貌。

在淇河边至今留有多处"许穆夫人钓鱼处"，鹤壁市淇滨区淇河大桥附近，有几块磊落的大石头，是传说中的一处，这里水流平缓，水比较深，是钓鱼的好地方，周围景色也好。出淇县城东八九公里有河口村，村头有一方台地，高于周围地面数米，下面是淇河河床，水边密生着速生杨，颜色深浓。传说这儿也是许穆夫人的钓鱼处。

6. 文公成公都濮阳

卫国在齐国和宋国的帮助下赶走了入侵者，但仍寄居于漕邑。国不可一日无主，国有主后也不可一日无都。卫文公在齐桓公的建议和帮助下，选择了楚丘（今河南濮阳西南）为新都城。齐桓公亲率人马到漕邑，卫文公远远出城迎接。齐桓公看到卫文公穿着布衣帛帽，不改祭父的丧服，非常感动，着即令人建造城池，聚土而封，重新划定国土，划定疆界，重立朝庙，历史上称为"封卫"。

卫文公二年（公元前658年）春，新都楚丘构筑完成，从人力到物力，全是齐桓公相助，卫文公带着仅有的30辆战车，从居留地漕邑迁到了帝丘（今河南濮阳西南）。楚丘成为濮阳一带最早的固定名称。

卫国定都帝丘后，结束了屡遭强悍的狄人侵扰，并恢复了在诸侯国中的主权地位。

虽然复国定都，但卫国已今非昔比，卫文公接手的是一个烂摊子，连年的攻伐征战和狄人入侵，使卫国经济全面崩溃，在诸侯中的地位从大国沦为小国。

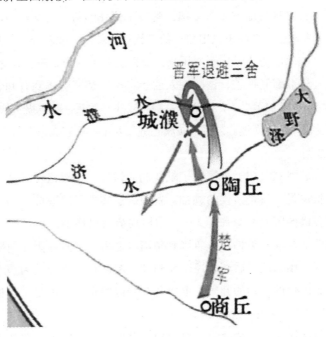

当时的卫国哀鸿遍野，民不聊生，惨痛情景不堪入目。幸而得到了宋、齐两国的鼎力相助，卫文公就一面为懿公和戴公发丧，一面草创房舍，安顿臣民百姓。卫文公把主要力量都转到了经济方面，拨乱反正，恢复和发展生产，安定民心。据历史记载："卫文公大布之衣，大帛之冠，务材训农，通商惠工，敬教劝学，授方任能。元年革车三十乘，季年乃三百乘。"（《左传·闵公二年》）卫文公和百姓一样，布衣帛冠，粗食菜羹，过着非常简朴的生活。他勤于政务，务材训农，通商惠工，轻赋平罪，帮助百工，恢复手工业；早起晚歇，抚恤百姓，重视教化，敬教劝学；向臣下教导为官多道，选贤任能。处理完朝事，便亲自下田劳作，与人民同甘共苦，时人称道其贤。

卫文公励精图治，不几年使卫国兵强马壮，战车由30乘发展到300乘，农工商贸、教育文化全面复兴，蚕桑业尤其兴盛，历史上把文公执政的这一时期称为"文公中兴"。后来，孔子周游卫国，看到卫国如此富庶，赞叹说："庶哉！再造之功不可泯也。"

楚丘是卫国的政治、经济、文化中心。公元前602年，黄河改道流经这里，给这里带来了水利之便，进一步促进了农业的发展，带动纺织、皮革、竹木、冶铸等手工业的进步和商业的兴旺繁荣，涌现出一批城镇。卫国劳动人民在"桑间濮上"创造的诗歌"卫郑新声"风靡华夏。

但是卫国还是属诸侯国中的第三世界，可它的领地濮阳一带，西隔黄河与强晋相望，东、南与齐、鲁、宋、郑等国毗邻。特殊的地理位置使其成为东方各诸侯争夺的焦点。

卫文公二十五年（公元前635年）四月，卫文公去世，他的儿子郑登位，史称卫成公。

插图1-6楚晋城濮之战形势图

公元前632年，楚晋为争中原霸权，在城濮开战。楚军兵强马多，来势汹汹，而晋虽军力薄弱，但不畏强敌，采用诱敌深入的战术，"后发制人"，成功地取得了胜利。城濮之战是春秋第一大战，具有重要的历史意义，它扼杀了楚国的北进势头，确立了晋国在中原的霸主地位，稳定了中原形势。

SERIES ON THE HISTORY AND CULTURE OF

中原历史文化系列丛书

　　卫成公三年（公元前632年）春天，急于称霸的晋国向卫国发起战争，弱小的卫国一攻即败，卫的五鹿（今河南濮阳东南）丢失。晋军集结于卫国的战略要地敛盂（今河南濮阳东南），晋文公和齐昭公在此结盟，晋齐联军直压卫都城楚丘（今河南濮阳东南），卫成公慌不择路，去求晋文公加入晋齐联盟，遭到拒绝。卫成公无路可走，就想投靠强大的楚国，欲联楚抗晋，遣使向楚告急。但是卫国人担心强大的晋国不同意卫成公的做法，把卫成公赶出国门，以取悦于晋文公，卫成公逃到卫地襄（今河南濮阳东北的范县）。

　　卫成公一离开都城，晋国轻易地占领了卫国。楚成王依仗强势，发兵救卫，意欲在与晋文公争夺中原霸主地位。楚成王派出自己的王族精锐部队，并联合申、息、陈、蔡等小诸侯国，总兵力约11万人，向晋军压来。而晋文公也联合了宋、齐等国，总兵力不过9万。晋文公采取避其锋芒、诱敌深入的战术，把楚军引诱到有利于自己的卫地城濮（今河南濮阳东北的范县），摆开了阵势。战斗开始后，双方损失惨重，骄横的楚成王遭到重创受挫，被迫南退。楚晋"城濮之战"开了"兵者诡道"之先河，成为历史上一次典型的战例。

　　城濮一战，踌躇满志的晋文公即朝觐周天子献战利品讨好，会盟诸侯示威，周襄王正式命晋文公为侯伯，侯伯就是诸侯的领袖。晋国终于实现了"取威定霸"的政治、军事目标。中原各诸侯国无不朝宗晋文公，中原局势得以稳定。

　　卫成公听说楚军失败了，非常害怕，急急逃到楚国，之后又逃到陈国。他即派大夫元咺辅佐他弟弟叔武回国摄政，后有人诬陷元咺辅佐叔武篡位立叔武为国君，卫成公听信谗言，杀了跟随他的元咺的儿子。卫成公在晋国的帮助下恢复了君位，回国后借故杀了亲弟弟叔武，元咺逃亡到晋国。

　　元咺到了晋国，就叔武被害自己被诬陷一事向晋文公告卫成公的状，晋文公立即把卫成公抓了起来，押送到周朝京都成周（今河南洛阳），卫成公成了阶下囚。在晋国的支持下，元咺回到卫国，立成公的弟弟公子瑕为国君。

　　再说大牢中的卫成公，晋文公视其为心患，必欲杀死他而后快，把毒酒交给了大臣医衍，卫成公的大夫宁武子听到消息，立即想办法营救。宁武子给医衍送了厚礼，让他送毒酒时少放毒药，卫成公才捡回了一条命。这时，鲁国的鲁僖公出面为卫成公求情，并送给周天子和晋文公每人十对美玉，卫成公于秋天获释。

　　卫成公一出大狱，当即派卫大夫周歂、冶廑回国杀死了元咺，赶跑了新君即自己的弟弟公子瑕，恢复了君位。

　　卫成公复位第二年冬，卫国旧敌狄人又发起进攻，兵临国都楚丘城下。卫成公采取了不抵抗主义，把都城迁到了帝丘（今河南濮阳西南）。

　　新石器时代的先民为了避免洪水的袭击，防止潮湿，也为了满足耕种灌溉和生活用水的方便，多选择傍水的高台地作为居住地，先民留下的这些高台多被冠以"丘"或"台"，"帝丘"就是如此得名。

　　濮阳，作为卫的都城，卫成公在此与晋、宋、许、曹、沈等几个诸侯国，分分合合，恩恩怨怨，打打停停，经营了35年，帝丘（今濮阳）做了30多年的都城。卫成公于公元前600年去世，在位32年，卫国第二十一代领导人的时代结束了。

7. 孔子相遇子南

卫成公之后的 16 年间卫国宫室大乱，起因在一位美女身上。

这位美女就是卫灵公的夫人南子，她不但美貌绝伦，风情万种更是名闻诸侯，连大圣人孔子到卫国也想见她。南子捞到国政大权后，还想要顶"尊贤"桂冠，此时，名气很大的孔子正在卫国，引起了南子的关注。孔子的祖先是宋国贵族，与南子同宗，因此南子心中对孔子也多了一份亲近感。孔子本人身材高大，不仅学识渊博，而且擅长驾驭战车和射箭。南子怎会不为之倾心？她很想结识孔子，却又要保持君夫人的矜持，而孔子显然还不明白卫国的夫人手段，也不来拜见她。南子按捺不住，便派亲信去拜见住在蘧伯玉家中的孔子，说："四方之君子不辱欲与寡君为兄弟者，必见寡小君。寡小君愿见！"这番话的意思是：四方的君子若想和我们国君结为兄弟，一定先拜见我们国君夫人。何况我们国君夫人愿意见到您！孔子思忖这很不妥，毕竟他对南子的风流有所耳闻，很清楚这个女人的名声不好，见她会惹麻烦。但使者却一再邀请，孔子无奈，只得进见。

插图 1-7.1 孔子见南子图（取自仇十洲《圣绩图》）

孔子见南子历来争论不一，是一个千古之谜。此图取自明代画家仇十洲彩绘本《圣绩图》，由明朝大书法家文徵明题词。全图共 39 幅，画家充分运用"散点透视法"，安排人物景物，主次分明，疏密有致，均衡和谐，相互呼应；画面干净，线条流畅，人物眉目清楚，细致入微；人物设色以浅淡为主，周围山石、树木青碧浓重，画中人物有飘然画外之感。构图精致入微，人物神态逼真，题字颇具功力，文好、画好、字好，具有相当高的历史和艺术价值。

"孔子入门，北面稽首。夫人自帷中再拜，环佩玉声璆然"，司马迁在《史记》里对他们相见描述得很生动形象。南子知道孔子提倡克己复礼，要得到孔子的欣赏，就必须以礼接见。因此，她正坐在絺帷（用细葛布做的帷帐）中，等待孔子的进见。孔子进门后，向南子行稽首礼（九拜之最高礼仪）。南子还礼，在帷帐中两次行拜礼，她佩戴的玉环饰物发出清脆悦耳的碰击声。她太激动了，竟紧张得说不出话。"环珮玉声璆然"是否触动了孔子的心弦？但孔子与这位美艳的南子始终保持着距离。即便这样，由于两人单独会面，外人不知细节，引起人们的胡乱揣测，一时绯闻沸沸扬扬。一直延续了几千年，历史上对此猜疑不断。

孔子的得意门生性情刚烈的子路不高兴了，"子见南子，子路不说。夫子矢之曰：'予所否者，天厌之！天厌之！'"（《论语·雍也》)，子路责怪老师了。然而，孔子苦于难以证明自己的清白，只得发誓道："如果我的所作所为违背礼仪，上天会厌弃我的！上天会厌弃我的！"并深感羞辱地说："吾未见好德如好色者也。"孔子马上离开了卫国。

宋国公主南子美艳动天下。待字闺中时就和俊美公子朝暗通款曲，两美相爱，胜过夫妻。可惜，弱小的宋国迫于卫国的强大压力，只得把南子嫁给比她大30多岁的卫灵公。她经常红杏出墙，甚至借故回娘家和公子朝幽会。卫灵公对她宠爱有加，特为她建造宫殿。她依宠蛮横，权欲熏心，常在卫灵公前闹事。她曾帮助卫灵公除去异己，居功自傲，更泼辣地向灵公闹腾，要灵公把公子朝召到卫国来。公子朝到卫，南子喜出望外，久别重逢，情意更笃。她掌控了卫国的军政大权，是历史上有名的美女政权。不久，南子生下一子，名蒯聩，这是谁的儿子，只有南子自己知道了。卫灵公去世后，她更是独霸国政，一言九鼎，谁来继承君位，她说了算。本来继承君位的应该是太子蒯聩，但历史却和他开了个大玩笑，让他几经磨难才如愿以偿。

　　那还是他爹卫灵公在世时的事了。据《左传·定公十四年》记载：“卫侯为夫人南子召宋朝，会于洮。大（太）子蒯聩献盂于齐，过宋野。野人歌之曰：‘既定尔娄猪，盍归吾艾豭。’”公元前496年秋天，太子蒯聩参加一次国际会议，到洮地（今山东鄄城）会见宋、齐，途经宋国，宋人对着他唱小曲：“既已满足你们发情的母猪，为何不还我们漂亮的公猪？”讥讽蒯聩听服南子。蒯聩羞愧难当，怒火中烧，定要除掉南子。他回国后即找来心腹家臣戏阳速布置任务：“我去见南子时你跟着，看我一回头，你上前杀死她。”戏阳速虽点头同意了，但还是心生疑虑。所以，当蒯聩在南子面前三次回头，戏阳速该出手时不出手。聪明的南子从蒯聩脸色上看出了危险信号，吓得大哭大叫：“太子要杀我了！”卫灵公听到从内室跑出来，拉着南子跑到高台上。卫灵公大怒，太子蒯聩害怕了，惶惶逃到宋国，后来又辗转到了晋国，等待时机，他的亲信也被赶出国门。蒯聩恨死了戏阳速，戏阳速对别人说：“太子大逆不道，要借我之手杀死他娘。当时我不答应的话，他就会杀我；我若杀了他娘，他就会获罪，嫁祸于我，也免不了一死。我岂能上当！”

　　太子蒯聩外逃了，卫灵公决定改立另一儿子郢为太子，公子郢很识时务，看透了卫国的乱局，坚辞不受。卫灵公一去世，南子更是有恃无恐了，完全把持了国政。南子还是遵照卫灵公的遗命立郢为太子，郢还是百般推辞。于是南子就立了太子蒯聩的儿子辄为国君，他就是卫出公。

　　蒯聩的姐姐孔伯姬嫁给了卫国的权臣孔文子，他们有一个儿子叫孔悝。孔家有个叫浑良夫的家臣，是个高大俊美的帅哥，孔文子死后，伯姬寂寞难耐，浑良夫乘虚而入，成了孔伯姬的情人。老谋深算的蒯聩在其姐姐伯姬的帮助下潜回都城。

　　卫出公于公元前492年即位，当年六月，对卫国早有预谋的晋国派人送蒯聩回

图 1-7.2 濮阳蒯聩台遗址

蒯聩，即姬蒯聩，是卫灵公之子。蒯聩与卫灵公夫人南子有仇，阴谋刺杀，被南子察觉败露，先后逃奔宋国、晋国。其子卫出公姬辄继位后，蒯聩与同伙潜回卫国，发动了政变，自立为君主，是为卫庄公，史称卫后庄公。蒯聩台遗址，即为蒯聩潜回卫国策划夺取儿子卫出公政权的地方，古时此地称“戚城”。戚城在屡遭战火中，已荡然无存，如今只留存一偌大的土台城基，以及城基下埋藏的蒯聩故事。

18

国争夺君位。他们乔装改扮，伪装哄骗，蒙混过了关卡。南子得到消息，派兵阻截，不让蒯聩进入都城帝丘（今河南濮阳），蒯聩只好在戚地（今濮阳市中戚城）自保。蒯聩在戚地一待就是 12 年，此时，卫国掌管大权的是外甥孔悝，他认为夺取君位的时机已经成熟，该行动了。

卫出公十二年（公元前 479 年），蒯聩联络了姐姐伯姬，又找到姐姐伯姬的情夫浑良夫，对浑良夫说："假如你能帮我当上国君，我封你为大夫，让你'服冕乘轩'，免你三次死罪，并将伯姬嫁给你。"随后两人盟誓，一场宫廷政变开始了。

此时伯姬的儿子孔悝执掌着卫国军政大权。浑良夫与伯姬计议已定，先把蒯聩悄悄带入卫国都城帝丘（今河南濮阳），藏匿在伯姬家孔府的菜园里，然后让蒯聩男扮女装，混入孔府，进入伯姬卧室内谋划行动安排。之后，伯姬手执矛戈，一马当先，走在前面，后面跟着蒯聩和与他一道混进来的几个亲信，再后是一辆车，车上有一头公猪。他们找到孔悝，将他劫持到一座高台之上，把那头公猪宰杀，这是当时表忠心的仪式，强逼他盟誓效忠。掌握了孔悝，也就控制了局面，因为他执掌着卫国的"国务院"和"国防部"。他们找到了南子，但南子不愿受辱，拒绝出逃，在宫中自杀，保持一国小君的最后尊严。蒯聩又带领亲信武士赶跑了慌乱失措的卫出公，卫出公逃往鲁国。孔悝被劫持到宫中，子路为救孔悝，冒着危险只身去见蒯聩。蒯聩害怕勇武有力的子路，命令武士石乞、孟黡迎战，子路不敌，重伤而死，留下"君子死，冠不免"的遗言。蒯聩为了发泄 12 年来的积怨，恫吓卫国人，残忍地下令将他剁为肉酱。

蒯聩与他姐姐策划的政变成功了，终于登上了国君宝座，是为卫庄公，史称"卫后庄公"。过了半年，他容不下手握重权的孔悝，竟采取暗杀的手段，幸亏孔悝逃得快，流亡到国外。又过了半年，蒯聩又预谋找三条借口，按盟誓之约杀了他姐姐的情夫浑良夫。

蒯聩做了国君，国库空虚，于是他加重对国人和奴隶的搜刮，不恤民力，大兴土木，虐待工匠。终于在庄公三年（公元前 478 年）十一月，引发了以贵族石圃为首的手工业奴隶暴动，这就是历史上有名的"百工起义"。蒯聩仓皇翻墙出逃，不小心摔断了一条腿，在逃命的途中被人杀死，他只做了两年的国君。从此卫国陷入长年的混乱，国力越来越衰微。

在卫庄公执政中的公元前 476 年，中国历史由春秋时期进入到战国时期。

春秋时期初的 140 多位诸侯经过 360 多年的兼并，历史进入战国时期时，仅剩 20 余家，其中能成气候的有秦、楚、齐、赵、魏、韩、燕七个强国。此时的宗法关系、斯文的国际礼仪都化为乌有，代之而起的是诸侯之间更为混乱、更为残酷的兼并战争。

卫国在这大混战中，内乱迭起，国君一代不如一代。经过卫庄公、卫出公、卫君般师、卫君起等几代国君或出或入，旋立旋废的频繁更替，卫国政治陷入极度混乱之中，几至国将不国的境地。

卫国传至二十七世第三十八位国君卫成侯时，卫国被贬为"侯"。

传至二十九世四十位国君卫嗣君（公元前 319—前 277 年）时，卫国的地域已缩小到濮水之北的一小块地方。据《史记》记载，此时卫国的都城帝丘被称为濮阳，因位于濮水之阳，"濮阳"这一地名自此开始。

传至二十四世第三十四位君卫昭公时，卫国仅沦落为一个微不足道的小诸侯国，附属于赵氏。

卫国二十九世第四十二位君卫元君十四年（公元前239年）秦国攻占濮阳，迁徙卫国于野王（今河南沁阳市）。

元君在位23年去世，儿子君角继位。卫君角九年（公元前221年），秦国统一天下，卫国独因弱小的缘故继续存在。

君角二十一年（公元前209年），秦二世诏废君角爵位，卫国灭亡。卫立国836年，传35君。

公元前629年卫成公迁都帝丘时，占卜说可以在这里立国300年，后来帝丘（卫迁于帝丘及改名濮阳）果然成了卫国的福地，卫国人在此立国达388年。随后，卫元君十四年卫国被秦国迁到野王县（今沁阳），又生存了几十年。在众多曾经声名赫赫的诸侯国纷纷被灭国的春秋战国时代，卫国却奇迹般地躲过无数次灾难，生存到了秦国统一天下之后，到秦二世时才灭亡。

卫国在建国的836年间，都朝歌400年，都漕2年，都楚丘29年，都帝丘388年，都野王33年。

8. 会盟之城

在今河南濮阳城内有一个饱经沧桑的古城，叫"戚城"，当地也称"孔悝城"。

戚城最初是卫国的第十代国君武公之孙孙耳的采邑，孙氏在此袭居六代，为卫世卿，他们世代控制着卫王室的实权，掌握着卫国的政治命脉。特别是公元前629年卫国自楚丘迁都到帝丘后，与它紧邻的戚地的倒向对诸侯国举足轻重。如晋国就多次越过黄河，采取支持卫国叛乱者的手段，在混乱中控制了戚城，左右了卫国的政局，震慑了东方几个诸侯国，以保住它的霸主地位。至卫第二十世第二十七位国君卫灵公时，灵公把戚城封给自己的外孙孔悝作采邑，所以，后来戚城又被称为"孔悝城"。

戚城隶属于卫国，该城因位于古黄河的东岸，东有齐、鲁，西有秦、晋，南有曹、宋、郑、陈、吴、楚等，不仅是卫都帝丘北面的重要屏障，也是诸侯争霸的战略要地，地理位置占有优势，面积仅仅14.4平方公里。就是这样一个弹丸小城，却是一些诸侯国争夺的焦点。自公元前629年卫国都城从楚丘迁到帝丘后，戚城发展很快，晋国盯住了它，把它作为控制东方齐、鲁、宋等诸侯国的跳板。发生在戚城的重大历史事件是卫二十一世第二十九位国君蒯聩与儿子争夺君位在此躲藏12年，终于成功。比这个事件影响更大、更广的事件是诸侯在戚城会盟。

会盟，就是聚会盟誓，一般是夏"会"而秋"盟"。"盟"是象形字，从这个字可以看出会盟源于原始社会。"盟"的上面是"太阳"和"月亮"，表示两个部落的首领联合在一起了，下面是"血"，表示他们联合立誓的仪式。原始社会氏族

20

与氏族、部落与部落之间，为了抵御强大的部落侵略，就要联合起来，统一作战，从而形成一个联盟。所以，只有遭遇到共同敌人时，才有会盟发生，才有结成联盟的必要。周武王伐纣时，联络八百诸侯会孟津（今河南孟津），应该是最早的会盟了。

会盟盛行于商周，尤其是春秋时期，诸侯之间的会盟活动十分频繁，经常举行这种具有制约性的礼仪活动。诸侯会盟这种"国际峰会"，大多是一个大国和若干小国参加，大国是盟主。会盟的地点多选在中原。中原地带面积不大，人口稠密，小国林立，四周大国包围：南楚北晋，东齐西秦。中原各小诸侯国处在中心，地理位置极为重要，谁控制了这一带，谁就登上了霸主的宝座，所以才有"得中原者得天下"的说法。

据《左传》记载，周朝会盟数量至少有 200 次。春秋时期卫国发达的经济、灿烂的文化、优越的地理位置都表明了戚城正处于黄金时代，一些诸侯国选择戚城作为会盟之地，是很有道理的。《春秋》中共 40 次提到戚。而记载最多的是各国诸侯在戚频频会盟，使它成为会盟胜地。以解决政治、军事争端为目的的每一次会盟，都会组成一次"统一战线"，也就组成一次"联合国"，各诸侯之间的格局就会变动一次。

据《左传》记载，从公元前 626 年到公元前 531 年近一个世纪内，诸侯在卫国都城地区会盟 15 次，其中在戚城就有 7 次会盟。

从诸侯历次在此召开国际会议结盟，到孔子多次到帝丘活动，足见古帝丘城（今河南濮阳）在历史上的显赫地位。

9. 澶渊之盟

公元前 242 年，秦国向魏国发动军事行动，很快占领了今河南的北部、山东的西北部、河北的南部等地区的 20 余座城。第二年又夺取了魏国的朝歌城（今河南淇县）、魏的附庸卫国的都城濮阳（今河南濮阳南），把这些地区设置为东郡，定濮阳为东郡的治所。濮阳原为卫国的国都，现降格为秦国的二线城市了。

西晋时晋武帝司马炎把儿子司马允封于东郡，改濮阳为濮阳国。隋朝时濮阳分置昆吾县，并另置澶渊县，澶渊之名，传说源自古时一个大的"澶渊湖"。唐武德元年（公元 618 年），因避唐高祖李渊名讳，改澶渊为澶水县。北宋时濮阳称澶州。

说起宋代的澶州，就要说起"澶渊之盟"。

五代十国和北宋时期，我国北方几个"马背上的民族"逐渐兴起，其中契丹族就是乘五代以来的中原内乱，问鼎中原的第一个少数民族。唐朝末年，契丹人受到唐代高度发展的封建经济和文化的影响，农牧业发展很快，社会财富剧增，他们的政治、经济、文化亦渐汉化，其氏族家长制向封建制飞跃。公元 916 年，耶律阿保机称帝，国号"契丹"，史称"辽太祖"。公元 926 年，他的儿子耶律德光继位，汉契分治，子承父志，继续进行掠夺战争。公元 936 年唐节度使石敬瑭谋夺帝位，勾引契丹兵灭后唐，向契丹称臣，册封为"大晋皇帝"，史称后晋，他就是历史上有名的"儿皇帝"。耶律德光不但每年获得三十万匹的贡品，而且得到了石敬瑭割让的燕云十六州的国土和财富，力量更强大，以幽州为燕京，改国号"辽"，称辽太宗，并开始兴师南下夺取中原，给中原人民带来巨大灾难。宋太宗赵光义曾两次北上伐辽，但都以失败而告终。于是，在宋廷内部埋下了失败的种子，滋生了投降妥协的怪胎。

公元968年，赵光义的儿子赵恒继位，是为宋真宗。他在对待辽国的态度上，缺乏宋太祖指点江山的魄力，表现得十分软弱，态度十分消极。

公元971年，辽国第六代皇帝耶律隆绪继位，是为辽圣宗。登位的圣宗年仅12岁，太后萧燕燕奉诏摄政。她也只是一位不到30岁的寡妇，但她的胆识和魄力，以及治国的才能不啻一位政治家。她不但培养出了优秀的儿子，而且使国力大大增强。她曾击败了宋太宗北上收复燕云十六州的战争。

公元1004年九月，萧太后和辽圣宗耶律隆绪，亲率20万大军南下，要夺取中原。辽军攻势凌厉，深入到澶州，威胁东京。此时，宋朝执政的是第三代皇帝宋真宗。宋朝君臣大惊失措，乱成一团，有人主张放弃东京，迁都金陵（今南京）或成都，皇帝也动了迁都逃避之心。可宰相寇准力排众议，向皇帝分析了有利于宋的形势，鼓励皇帝树立信心，请求皇上亲征，以鼓舞全军士气，奇袭孤军深入的辽军，幸能获胜。宋真宗不得已只好御驾亲征。

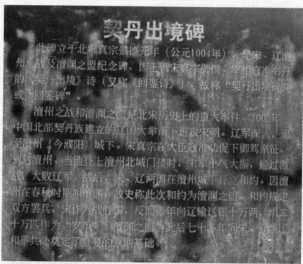

插图 1-9.1 回銮碑

公元1004年，契丹族辽圣宗耶律隆绪和他的母亲萧太后率兵20万进攻北宋，兵临澶州（今河南省濮阳市西）。宋真宗在宰相寇准等主战派的督促下，御驾亲征，于澶州大败辽兵，双方议和，订立"澶渊之盟"。班师回京前，宋真宗赋诗，以志这次亲征胜辽之事，由寇准书丹，镌石于城内，即"回銮碑"。回銮碑又名"契丹出境碑"，坐落于河南省濮阳市城内御井街。此碑原为青石，高2.6米，宽1.3米，宋真宗所赋的《契丹出境》诗，传为寇准书丹，字大如掌，苍劲挺拔，秀丽流畅。这是记载宋辽订立"澶渊之盟"的唯一实物。

当时辽军虽20万大军扑来，但他们是孤军深入，粮饷靠掠夺，不能保证，所过城市只攻下两座，其余诸州皆在宋军坚守之中，宋兵随时可以出击，截断辽军后路。宋军陆续往澶州（今河南濮阳）集结，达数十万，士气旺盛。

澶州分南北两城，黄河穿城而过，中有浮桥相连，城坚易守。辽军包围了北城，苦攻不下。宋真宗到达德胜南城，不敢渡河到北城前线。诸大臣也贪生怕死，不敢前进。寇准与大将高琼力促，真宗无奈，被迫渡河。当黄灿灿的龙旗在北城门楼上一打开，军情振奋，城下宋兵将士热泪流出，齐呼"万岁"，声闻数十里，威震辽军。宋军乘势向辽军发动攻势，不断取得胜利。眼看收复燕云十六州就要实现，但宋真宗赵恒却没有这样的勇气和决心，他总在寻找与辽兵罢战的言和机会。

辽军方面，由于深入宋境，给养不足，陷入困境，两军相持，达数十天，辽军大将挞览被射杀，士气更加低落，只得后退，派人与宋言和，这正中宋真宗的下怀。

就在这关键时刻，一些奸臣大肆散布投降主义论调，攻击主战的寇准，诬蔑他"幸兵以自取重"，阴谋夺取兵权。怯懦的宋真宗既害怕与辽军打仗，又担心寇准威权过重，竟然妥协退让，下令与辽订立和约。在寇准的坚持下，以不割地为原则与辽方达成协议，答应向辽国"岁贡"银十万两，绢二十万匹。因澶州又称"澶渊郡"，历史上称之为"澶渊之盟"。

"澶渊之盟"是怯懦的宋真宗在极为有利的军事形势下屈辱求和的结果，以巨大的代价，换取了宋朝东北部边境的暂时安定。同时，长期遭受战乱之苦的中原百姓，太需要和平的生活环境了，而"澶渊之盟"带给中原的是百余年的相对和平时期，宋辽双方保持了一个相对稳定的邦交关系。这对两国的贸易往来、民间的交往和民族的融合提供了条件。

今濮阳老城遗存"回銮碑"（又称"契丹出境碑"）一通，碑上阳刻"契丹出境诗"，相传为宋真宗所作，寇准所书，立于御井街旁。

濮阳，曾被称作颛顼之墟、昆吾国、帝丘、卫都、濮阳、戚城、澶州等，这些名称是这座城市几千年的厚重文化的缩影，是解读这座古城的物语，有着令人回味无穷的魅力。

插图 1-9.2 辽人茶道图（辽墓壁画）

宋辽"澶渊之盟"后，两族交善，中原和契丹结束了多年的战乱纷争局面，开始了正常的贸易往来，其中茶占比重很大。"澶渊之盟"使中原和北方茶叶贸易得到了极大发展。河北宣化辽代墓《茶道图》等壁画，佐证了"澶渊之盟"后社会稳定与宋辽繁荣贸易的史实。

图二《茶道图》，构图饱满，疏密得当，造型准确，线条流畅，人物动态逼真，色彩艳丽高雅。整个场景的人物、工具与器皿，完整地展示了当时茶道的全过程。绘画艺术水准高，图像信息丰富，填补了研究古代茶文化的空白。

第二章

商丘厚蕴『三商』源

地灵

商丘厚蕴"三商"源

1. 商 族

据史料记载和专家考证，商丘是商部族的发祥地、华裔商人的起源地、中国第二个王朝商朝的建国地。商丘是中华母亲河黄河冲刷沉淀的一方肥土沃壤，承载了厚重的古代文明。认识商丘，就必认识商族、商人、商朝，这三者被称为"三商"。

商族的起源，是一个美丽的传说。

距今4500年前，传说的"三皇五帝"中，第三个帝王名叫帝喾。帝喾自幼聪慧过人，取娀氏国君的长女简狄为次妃。他15岁便参与治理天下，后建都于亳（今河南商丘），统治着八个部落的子民。他勤政爱民，常游察四方，普施恩惠，教化百姓仁德、信义和勤劳，使各部落和睦相处，安居乐业。

在这和平幸福的时光，一个神奇的故事诞生了。

那是在融融的春日，帝喾的次妃简狄三姐妹到郊外祭祀掌管生儿育女的禖神。祭祀仪式之后，简狄乘兴和两个妹妹下到玄丘之水里洗澡，玩得兴致正浓，天空飞来一只鸟，全身深青色，叫"玄鸟"，就是燕子。这只玄鸟飞过头顶，坠落一个鸟蛋。三姐妹都去抢那个小巧玲珑的鸟蛋，结果被眼尖手快的简狄夺到手中。简狄看见鸟蛋外壳有美丽的花纹，十分可爱，下意识地含在嘴里，哪想这个鸟蛋一下就滑到肚里去了，于是奇迹发生了。

那鸟蛋在简狄肚子里七上八下的翻腾，她神秘地怀孕了。这给家人带来了欢喜。可是，几个月后，当她分娩时却给自己带来了痛苦，因为是难产。简狄剖腹产下一个男婴，家人给小男孩起名叫"契"。神奇出生必为奇人，简狄和家人不会想到，契后来竟是一个部族的祖先。

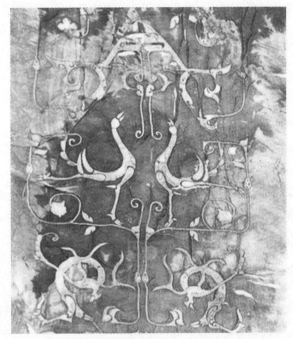

插图 2-1.1 缂丝玄鸟图（西汉）

缂丝又称"刻丝"，是双面立体感的丝织工艺品，是中国丝绸艺术品中的精华。它以生蚕丝为经线，彩色熟丝为纬线，采用通经回纬的方法织成的平纹织物成品的花纹，正反两面如一，古人形容缂丝"承空观之如雕镂之像"。缂丝作品多是集体创作，费事耗时。古有"一寸缂丝一寸金""织中之圣"之称。

SERIES ON THE HISTORY AND CULTURE OF

中原历史文化系列丛书

这个神奇的故事被人编成了歌来唱，《诗经·商颂·玄鸟》中唱道："天命玄鸟，降而生商。"契，就是商部族的祖先。屈原在《楚辞·离骚》中唱道："望瑶台之偃蹇兮，见有娀之佚女……凤凰既受诒兮，恐高辛之先我。"史学家司马迁又收入他的巨著《史记·殷本纪》中："三人行浴，见玄鸟堕其卵，简狄取吞之，因孕生契。"历史上各家像竞争似的，把玄鸟生商的故事记载下来，千古传颂。

当然，这只是当时人们对自身产生的一种朴素解释罢了。在西方宗教里，也有类似的故事，圣母玛利亚受孕于天神，生下的是耶稣。中国的玄鸟生商的故事不仅仅来源于古典文献传说，而在信史时代所用的甲骨文卜辞中，也有明确的记载。在甲骨文中，象形字"商"字，上部像鸟冠，下部像穴居，意思是穴居的商人以玄鸟为图腾，并把商作为自己的族名。

中国历史上诞生了一个新的部族，叫"商族"。

商族人把玄鸟看成是神鸟，对它无限崇拜，神鸟玄鸟就成了商族的图腾。

页边注：

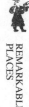

REMARKABLE PLACES

地灵

插图 2-1.2 青铜器拓片上的玄鸟图

玄鸟出自《山海经》记载：四翅鸟类，羽毛呈淡黄色，喜食鹰肉，性暴戾，居于平顶山。随氏族部落的不断发展和融合，玄鸟就逐渐演变成了有鸡冠、鹤足和孔雀尾巴的凤凰了。史家和考古学家均认为是黑色的燕子。此拓片上的图形，玄鸟的形状很清晰。

28

2. 商　人

契自幼就受到良好的家庭教育，他的母亲简狄性情温和，道德高尚，乐施好善，上知天文，下晓地理，知识广博。这些都是契健康成长的重要因素。所以，契长大后做了大禹治水的得力助手，并不奇怪。

契在尧舜时做"司徒"之职，是专事教化民众的。契自幼就受到有教养的母亲的耳提面命，人格贤善，这个职务对他而言可谓人尽其才。当时，各部落百姓缺少教育，风尚不好。契遵照舜的要求，对百姓进行"五教"，即五种人际关系的教育：君臣有义、父子有亲、夫妻有和、长幼有爱、朋友有信。经过"五教"，当时的民风大为改观，契的工作卓有成效。

契辅佐尧舜治理大政有方，得到了一块封地，原为帝喾之都亳，契带领商部到封地，就称为"商"（今河南省商丘）。

商族毕竟是一个游牧部落，为了本族的生存和发展，契带领族人逐水草而居。他们向东到了蕃（今山东省滕州市附近）。搬迁成了商部落的主要生活方式，契的儿子昭明继任部族首领之后，又北迁到砥石（今河北省石家庄之南邢台以北一带）。昭明的儿子相土继首领后，又把商部落迁回老根据地商（今河南省商丘）。相土是个很有才能的首领，在商他发明了用马拉车和驮运东西，饲养牲畜，种植庄稼，为商族的繁衍和发展壮大奠定了经济基础。

契的第六世孙亥，古书中称其为王亥，他有一弟弟叫恒，甲骨文中叫他王亘，二人感情甚笃。这时，王亥不在朝中为官，但出身王室的他并没有坐享其成、不劳

而食，他在本部族一心经营畜牧业。史书上记载"王亥作服牛"，他在先人发明用马拉车运输的基础上，根据中原地区马少牛多的实际情况，开始驯养牛拉车。虽然牛拉车没有马的速度快，但牛的繁殖和驯养比马容易，更好推广。

畜牧业的发展，使部落的产品增加了。有了产品，有了运输的牛车，王亥也有了新的想法，他要到外边去看一看，去寻找本部落没有见过的新奇东西。于是，王亥把本族的产品装满牛车，走出了自己的家园，踏过无人涉足的林间阡陌，趟过纵横交错的沟沟河河，走访从无往来的其他部落。不同部落的生活习俗、别样的生产生活用品让王亥和他的随从们大开眼界。他们拿出自己带来的牛羊帛粟去交换心仪的爱物。而王亥带来的物品同样令所到部落的人眼界大开。王亥用自己的产品换回本族没有的产品和生活用品，这种以物易物的方式受到族人的赞许，使家族势力更加昌盛，这也使王亥更加坚定了出去换物的决心。而王亥经常到其他部落，他们见王亥到来，就说是"商人"来了，意即"商族的人"来换物了。

有一年，王亥带着弟弟王恒，率领着商部落的人马，驮着产品，跨过黄河，千里跋涉，到达易水流域的易部落（今河北省易县一带）。王亥带去的是牛羊和土特产，准备和易部落换粮食和手工业产品。

插图 2-2 网开三面

商汤有一次狩猎，随从们张网四面，要将上下四方的禽兽尽入网中。商汤见状立即命令去其三面，只留一面，并祷告说，禽兽们，愿逃者逃之，不愿逃者入我网中。商汤网开三面的消息传到诸侯耳中，大家都称赞商汤的仁德可以施与禽兽，必能施与诸侯，因此纷纷加盟，商汤迅速发展壮大。

易部落的首领绵臣看到王亥带来的东西很丰富，非常高兴，设宴款待，宴席上招来歌女助兴。王亥兄弟不觉大醉，对歌女动手动脚。绵臣大怒，当夜派人杀死了王亥。第二天，易部落把王亥带来的东西全部扣下，又赶走了他的弟弟王恒。绵臣杀王亥事件，史书多有记载，《山海经·大荒东经》中记载："有易杀王亥，取仆牛。"《竹书纪年》记载："殷侯子亥宾于有易，有易杀而放之。"

王恒逃回商部落，把事情的经过讲给了王亥的儿子上甲微，上甲微悲愤交加，决心为父报仇。他继位之后，就积极准备攻打易部落。但本部落的武力还不足以取胜。于是，上甲微联合相邻的方国首领河伯，河伯素与商部落友好，也感到易部落的绵臣一贯横行霸道，答应了上甲微出师的请求。

两个部落的联军渡河北上，绵臣立即组织抵抗，双方在易水岸边遭遇，展开激战。上甲微军队士气旺盛，击败了易部落军队。上甲微一路冲杀，终于杀死了绵臣，消灭了易部落，报了杀父之仇。商部落的势力扩展到易水流域，其经济发展起来，同时，也把商族人的经商传统带到更远的地方，名闻诸侯。

商族人纷纷东奔西走，南来北往，到周围部落做买卖。久而久之人们一见到做买卖的人，便认为是商族的人，称他们"商人"，于是商人便成了做买卖的代名词。

3. 商 朝

商族商业的发展为一个王朝的建立奠定了坚实的经济基础。契的第十三世孙汤出世了，他好像就是为商族的发展赴汤蹈火而生的。夏朝末年，社会矛盾更加尖锐。据《管子·轻重甲》记载，商汤时，夏朝已处于风雨飘摇之中。夏桀暴虐无道，"赋敛无度，万民甚苦"，骄奢淫逸。汤为了削弱夏桀的力量，投其所好。夏桀挥霍无度，他拥有三万女乐，供其享用，三万女乐"无不服文秀衣裳者"，穿的是绣着花纹的华丽衣饰。商汤采用谋臣伊尹的策略，积极发展贸易，令部族妇女日夜赶制"文绣"，换取夏人的粮食。

商族的粮食与日俱增，国力日渐强盛。在军事策略上，为了寻找战机，有意停止向夏朝贡，引起夏桀大怒。夏桀立即会盟召诸侯于仍（今山东济宁），动员兵力，准备攻伐汤。可是，此时的各路诸侯已与他离心离德，人心涣

散，夏桀的指挥棒失灵了。灭夏的时机已经成熟，汤迅速起兵伐夏。夏军一触即溃，夏桀逃到南巢（今安徽寿县东南），死于亭山，夏朝灭亡。

汤灭夏后，乘势向四方扩展，建立了一个新的王朝。汤以自己的部族名称命名，叫商朝，商朝为中国历史上第二个奴隶制王朝。

玄鸟生商，有了商部族先人契，契的六世孙王亥以物易物，迈出商业文明第一步，王亥的七世孙成汤，以发展商业为依托，繁荣经济，壮大军力，一举推翻夏朝，取而代之，建立商朝。商族——商人——商朝，"三商"为一脉。

汤建商朝，以亳（今河南商丘）为都，亳是商族发迹之地，但那时却没有"商丘"之名。商部落从契首领到汤灭夏立商朝，经过了14代，8次迁徙根据地和都城，其中，有4次都在亳（今河南省商丘）。汤建商朝后，不久又把都城迁走，从现在的亳（今河南省商丘）迁到夏朝的都城亳（今河南省偃师）。历史上为了区别两亳，把商都亳称为"南亳"，夏都亳称为"西亳"。商都搬迁了，可商的影响还在。

今称商丘的"丘"，按汉代许慎的《说文解字》解释："土之高也，非人所为也。""丘"是自然形成的高地，远古人类择"丘"而居，防水灾，防兽袭。有人居住的丘就有了人为的遗迹。史书上说"丘者，墟也"，在周代和秦代的文献中，"丘"字假借为"废墟"的意思。

于是，有人就演绎出"商丘"：商族人久居于这个"丘"的地方，后来迁徙了，

插图 2-3 火神台

亦称阏伯台、火星台，位于商丘古城西南 1.5 公里火星台村。阏伯被封于商丘任火正，负责管理火种、祭祀火星、观星纪时，后人尊其为"火神"。经史学家论证，火神台是中国最早的天文台。火神台为圆形夯土筑成，台高35米，台基周长270米，元代在台上建大殿、拜厅、禅门、钟鼓楼，台前建山门、戏楼。每年春节期间有古庙会，谓之朝台。方圆数百里之内的百姓前来赴会，香火鼎盛，十分热闹。

30

留下一片"废墟"，成了商人的废墟，就叫"商丘"。

更有意味的是一则关于"商丘"之名来历的传说：

远古的人类吃的是生食，偶然一次雷电引起天然大火，一些树籽烤熟了，没来得及逃出的野兽烧焦了，他们捡来吃觉得比生的好吃。但由于没有掌握火种的方法，没有现成的取火工具，人们一见打雷触电森林起火，就喜出望外，千方百计保存火种。五帝之一的帝喾高辛氏，在巡视亳（今河南商丘）时发现了这个问题，就封自己的儿子阏伯到亳做"火正"，这是管理火的官，封号为"商"。

阏伯带领百姓从远处引来火种，然后堆一土丘，放火种于上，再搭上遮雨挡风的篷子，找来很多柴草，让火经久不灭。阏伯保存火种的智慧和辛勤的劳动感动了商地百姓，认为他是天神下凡。阏伯死后，人们为了怀念他的功德，将他厚葬在存放火种的土丘上。之后，悼念他的人，每人都要往他坟上添一包黄土，以表达敬仰和怀念，土丘越来越大。阏伯的封号是"商"，久之，百姓们将这座土丘称为"商丘"。后来，不知何年何月，"商丘"便成了这里的地名。

今天，在商丘城西南3里，有一座十来丈高的土台，凌空屹立，人们都叫它"阏伯台"。台上有一座庙，人们叫它"火神庙"，庙里享受香火的神就是火神阏伯。此庙为元代大德年间建造，距今已有700多年的历史。

其实，这座高台还有更重要的功能，那就是观星，所以又叫"火星台"。古代，人们为了观测日、月、金、木、水、火、土等恒星和行星的运行规律，把沿道的天区分成大小不等的28个小区，称二十八宿，作为观测时的标志，用来说明日月五星运行所到达的位置。其中东方苍龙七宿有一个星宿对着商丘，它就是心宿，心宿又叫火星、商星。这颗星有个运行不变的规律，它何时东出、何时南中、何时西落、每年再现的时间都非常准确。当时阏伯就以这种最简单的办法，用肉眼观天来定农时、分季节，告诉当时的人们什么时候开始收割，什么时候开始耕种，指导当时的农牧业生产。以"火星台"来观测星象运行规律，延续了很长的历史时期，一直到公元前11世纪，人们仍然以火星的变化来指导农时。

4. 迂腐"仁义"宋襄公

殷商末年，纣王无道导致国势日衰。帝乙的长子、纣王的庶兄微子启屡谏不被采纳，乃惧祸出走。公元前1046年，周武王姬发灭商，微子启自缚衔壁乞降。周公旦平定管蔡武庚叛乱后，成王封微子启于商族发祥地商丘，国号为宋，爵位为公，都城为商丘，让他以殷治殷，准用天子礼乐祭祀祖先。

微子启果不孚众望，他继承殷商传统，建宗庙于都城，祭商汤于桑林，深受宋国百姓的拥戴。此后，宋国立国761年，传26世，32君。历代君王中第二十位君王宋襄公以其蠢猪式的"仁仪"著称于史。

春秋时期，中原五霸中的老大齐桓公去世后，各国诸侯顿时失去了一匡天下的领导人，成为一盘散沙。齐国大乱，国力衰落。五霸中的晋文公和秦穆公各有苦衷，暂时无力过问中原。五霸中的楚庄王领导的南方强国楚国乘机而起，欲入中原，攫取霸权，引起中原各小国的惶惶不安。这时，宋国宋襄公粉墨登场了。

公元前 651 年，宋襄公继位。宋襄公以仁义见称。登王位后，由贤臣子鱼和公孙固辅佐，宋国大治。在国际上，紧跟中原霸主齐桓公。

插图 2-4 晋文公重耳复国图（局部 宋李唐《晋文公复国图》）

此组《晋文公复国图》是南宋画家李唐根据《左传》记载，详细描绘了晋文公从流亡到复国的艰难历程。全图六段，采用连环绘图的艺术形式，晋文公的形象多次出现，每段题在宋高宗赵构手书《左传》中的有关章节。人物形象描绘准确生动，文公雍容壮重，侍臣恭敬、武士威严、仕女秀雅、仆役畏怯等刻画细致。构图疏密有致，线条粗虚实轻重得当。李唐（公元 1066—1150 年），河阳三城（今河南省孟州市）人。北宋末南宋初的全能画家，人物、花鸟、山水，无所不精，尤擅长工人物画。《晋文公复国图》代表了李唐前期的绘画风格。

齐桓公死后，周襄王十年（公元前 642 年），宋襄公能指挥得动的几个小诸侯国帮助齐国平定了内乱，拥立齐孝公，宋襄公以此在诸侯中小有名气。于是，宋襄公自以为有重定乾坤的功劳，新一代的盟主非己莫属，便想凭借宋为公国、爵位最尊的地位，以及领导诸侯平定齐国内乱的余威这些所谓的优势，出面领导诸侯，与楚国抗衡争霸，继承齐桓公的霸主地位。

公元前 639 年春，宋襄公传檄诸侯，相约会盟。结果只有齐、楚响应。齐国答应是因为谢其相助复国之恩，而楚国则另有所图。楚成王认为宋襄公好名无实，轻信寡谋，参加会盟只是将计就计，可乘机进军中原，一争盟主。宋国公子目夷向宋襄公劝说："列国之交，实力为本，手段为辅。当今形势，秦、楚、晋、燕等国，实力都在宋之上，卫、鲁、郑等国也不弱于宋。宋无实力作后盾，怎能列国称霸？'不求之求，必有不测之祸'。"可宋襄公听不进去，一意孤行，以"仁义"为政治号召，召集诸侯举行盟会，借以抬高自己的声望。公元前 639 年 7 月，楚、齐等七国诸侯，如约在宋国盂（今河南睢县盂亭乡）召开大会。

忘乎所以的宋襄公准备去参加大会。临行前，公子目夷早怀疑楚成王不怀好意，建议多带兵马以防不测。宋襄公却认为，这次去参加会议是为了不再打仗，自己带兵马去是不讲仁义。他大大咧咧、轻车简从驾着马车去参加会议了。公子目夷说服不了他，只好空着手跟着去。不出公子目夷所料，果然在大会上，为争当中原霸主，楚成王和宋襄公闹起来。楚国势大，依附者众多。宋襄公不知深浅，还想兴致勃勃地主持盟会。早有准备的楚成王凶相毕露，他的随从官员当即脱去外衣，露出亮堂堂的铠甲，一窝蜂地拥上前，把宋襄公抓住，拘押起来。其他诸侯国大多早已心照不宣，纷纷倒戈，归服楚国。宋襄公落入了自掘的陷阱。

之后，楚成王押着俘虏宋襄公，率领 500 乘大军，浩浩荡荡杀向宋都（今河南商丘）。幸亏太宰子鱼率领宋国的军民进行了顽强抵抗，抑制了楚军的攻势，宋都被楚围数月未攻下。后来，鲁僖公出面调停，楚成王才将宋襄公释放回国。楚成王成了霸主。

心傲气盛的宋襄公遭此奇耻大辱，怎能咽下这口气。他既痛恨不守信义的楚成王，

更仇视那些见风使舵、背宋亲楚的诸侯小国。他心知肚明，军力非楚国之匹，不敢惹楚。于是，他把矛头指向了臣服于楚的郑国，决定兴师讨伐，显示一下自己的威风，挽回当过一次楚囚的面子。

公元前638年，宋襄公出兵攻打郑国。郑文公闻讯，立即求救于楚。楚成王迅速起兵伐宋，向宋都城扑去。宋襄公得悉后院起火，猝不及防，慌了手脚，才知道事态十分严重，不得已只好急忙从郑国撤军，回师都城。周襄王十四年（公元前638年）十月底，宋楚两军遭遇泓水（今河南柘城北三十里）。宋楚隔岸对阵，楚军开始强渡泓水。大司马公孙固进言："楚军现渡河人数不过半，请主公即令我军出击，以我全军击其半军，胜算在握。"宋襄公在这关键时刻又打出了"仁义"大旗，说："寡人以'仁义'领军，堂而皇之，何用投机取巧？"

楚军在宋襄公的仁义下，顺利渡河上岸，并马上乱哄哄地摆阵势。公孙固又见一战机，马上向宋襄公建议，乘楚军列阵未毕、行列未定、立足未稳之际，发动攻击。宋襄公又发"仁义"了，他说："寡人听说，君子将兵，敌阵未成形，不可发动攻击。"

说话之间，楚军布阵完毕，一切准备就绪。宋襄公这才击鼓向楚军进攻。可是，为时已晚，弱小的宋军哪里是强大楚师的对手。楚军击鼓发起进攻，戈矛如林，箭矢如雨，势不可挡。一阵厮杀后，宋军受到重创，虎贲卫士悉数战死。宋襄公正要组织反击，这时飞来一箭，射中右腿，血流如注，难以站立。宋军惨败，辎重车帐损失无数。在宋将拼死掩护下，宋襄公才得以突出重围，狼狈逃回宋国。

宋襄公逃回国都，宋人议论纷纷，埋怨他不该与楚为敌，更不该打仗讲"仁义"，宋襄公揉着受伤的大腿，忍着疼痛说，不伤害受伤的敌人，不捕捉头发花白的敌军老兵，不阻敌人于险隘取胜，不主动攻击尚未列好阵势的敌人。这才是"仁义"之师。但是他的一片"仁义"换来的却是无可挽回的惨败，宋襄公伤势过重，一年后带着满脑子"仁义礼信"的陈旧用兵教条死去了。他那沽名钓誉、愚昧迂腐的"仁义"争霸方式，成了千古笑柄。

5. 文人雅士聚梁园

西汉时的商丘称睢阳，是梁国的都城。梁国的第一任国王叫彭越。

汉高祖五年（公元前202年），刘邦的谋臣张良推荐彭越到睢阳为王。彭越曾在巨野湖泽中打鱼，伙同一帮人做强盗，聚集乡民起事，投靠刘邦。在楚汉战争中，他率部在楚军的后方开展游击战，打击楚国的补给，用敌进我退、敌退我追的战术，使项羽两面作战疲于应付，导致楚军的粮食装备得不到补给，增援了前线汉军。彭越是世界战争史上第一个正规使用游击战战术的军事家，是游击战的始祖。汉刘邦得天下后封了七个异姓王，彭越就被封为梁王。梁国为当时"天下膏腴之地"。但刘邦对彭越有疑，认为他是心腹之患。在剪除异己大杀异姓王时，刘邦借机定其谋反之罪诛其九族。

公元前196年，刘邦的次子刘恢被封为梁王，16年后徙为赵王。吕后掌权后，封其侄吕产为梁王。但吕产一直待在京城长安，并没有到梁国赴任。吕后死，太尉周勃铲除诸吕，先杀吕产。汉文帝二年（公元前 178 年），汉文帝小儿子刘揖被封为梁王，在位 10 年坠马而死，谥为梁怀王。刘揖死后，没有子孙继承王位。梁国地理位置很重要，汉文帝听取贾谊的建议，封文帝二儿子淮阳王刘武为梁王，这就是梁孝王，定都睢阳（今河南商丘）。

梁孝王刘武深得窦太后的喜爱，她希望刘武的哥哥汉景帝将来能传位于梁王刘武。景帝在一次酒会上也表示过，自己千秋之后传位于弟弟梁王。正当梁孝王心中暗喜时，没想到却遭到窦婴的反对。

公元前 154 年，吴王刘濞等发动吴楚七国叛乱，梁孝王坚决维护大汉中央政府，令大将韩安国率 10 万大军上前线。梁孝王跪送出征的将士，坚守睢阳城三个多月，平定七国之乱战功卓著。朝廷表彰奖给他的财物最丰，分给他的大城最多。梁孝王居功自傲，骄横跋扈。其母窦太后希望景帝传位于梁王但遭到反对，袁盎推荐刘彻为太子，就是后来的汉武帝。梁孝王怒不可遏，派刺客杀死袁盎，事后被景帝查出来。梁孝王害怕，负荆请罪，是母亲窦太后保了他才免于一死。

梁孝王在窦太后的宠爱下占据天下最富裕的地盘，拥有 40 座城市。府库金钱过百万之巨，珠宝玉器不可胜数。梁国强可敌国，富抵宫室。梁孝王又大兴土木，大造宫室，睢阳都城扩 70 余里，过着奢侈豪华的帝王般生活。他最有名的建筑是规模宏大、富丽堂皇的"梁园"。

插图 2-5 梁园飞雪图（清代袁江绘）

梁园，汉代梁孝王刘武的私家花园。刘武雅好文翰，广交文人，司马相如、枚乘等名士均为其梁园座上宾。其中许多人长居于此，乐而忘返，梁园名声大震。太白赞曰："一朝去京国，十年客梁园。"此图把名园置于冬雪之中，构图精致。天阴雪白，天气寒冷，而殿堂内灯火通明，歌舞升平，盛宴豪华，气氛热烈。画家以线条勾画房屋细部，均匀而挺直，笔法巧妙，烘托出诗的意境。袁江善画山水楼阁，其子亦是著名画家。

他以睢阳为中心，依托自然景色，修建了一个很大的花园，称东苑，也叫菟园，后人称为梁园。《汉书》载："梁孝王筑东苑，方三百余里。"梁园中建造许多亭台楼阁以及百灵山、落猿岩、栖龙岫、雁池、鹤洲、凫渚等景观。宫观相连，房舍雕龙画凤，金碧辉煌，几乎可和皇宫媲美。种植松柏、梧桐、青竹等奇木佳树，错杂其间。睢水两岸，竹林连绵十余里，各种花木应有尽有，珍禽异兽出没其中。景色秀丽，宛如人间天堂。

梁王经常在这里狩猎、宴饮，大会宾朋。天下的文人雅士如枚乘、严忌、司马相如等云集梁园，成了梁孝王的座上宾，跟梁孝王一起吟诗作赋，吹弹歌舞。特别是大文学家司马相如在这里一住就是十年，当他要走时梁孝王留他，司马相如恋恋不舍而无奈地说："梁园虽好，不是久留之地。"

唐代天宝三年（公元 744 年）春，李白离开长安，开始漫游。在洛阳遇见了已经 33 岁的杜甫，二人相携同游。同年秋，两人又遇诗人高适，李、杜、高三人会于梁园吟咏题诗，留下佳话。

公元前 144 年 10 月，梁孝王刘武病逝，葬于永城芒砀山，在位 23 年。其墓斩山为椁，穿石而藏，结构复杂，气势恢宏，宛如地下宫殿群。墓门向东，墓长 56.62 米。梁王陵墓群是在炸药还没有问世的西汉，完全由无数民工用锤子一下一下敲凿出来的，其工程之浩繁、技艺之高超令人叹为观止，墓内所出土的汉代壁画、金缕玉衣、鎏金车马器、骑兵俑及大量精美的玉器等更堪称稀世之宝。

6. 睢阳保卫战

唐玄宗天宝十四年（公元 755 年），安禄山叛乱，率十几万叛军横扫黄河两岸，只用月余，就攻克了洛阳。第二年，攻下长安的东门户潼关。唐玄宗仓促向四川逃去，很快叛军进驻长安。叛军为了巩固和夺取全国政权，意图东进，目标是雍丘、睢阳（今河南商丘）。

睢阳据江淮之上游，唐代时为睢阳郡所治，辖今河南省的睢县、柘城、夏邑、安徽砀山，山东单县、曹县。南控江淮，北临河济，彭城居其左，汴京建于右，为黄河南北之要道，素有"江淮之蔽屏，河洛之襟喉"之称。这里有睢水，睢阳因在睢水之北，故名。

叛军想南下江淮和江汉地区，必须占据睢阳，既可切断唐王朝的钱粮之源，掠其财富以作军队后勤供应，又能保障侧翼及退路的安全。而对于唐朝，扼守睢阳是平定叛乱的基础。

于是，一场惨烈的睢阳保卫战拉开了序幕。

唐肃宗至德二年（公元 757 年）正月，安禄山的儿子杀死其父安禄山后，继承父位，派大将河南节度使尹子奇率领 13 万叛军，南下围攻睢阳城（今河南商丘），企图横扫河南，掠取江淮。叛军所到之处，河南城镇纷纷陷落，唯有军事重镇睢阳未陷。当时睢阳城中太守许远只有 3000 多人，自认实力难以抗敌，就邀请当时据守宁陵（今河南宁陵东南）的唐朝名将张巡来协助自己一起保卫睢阳。张巡随即率兵 3000 名入驻睢阳，与许远合兵一处，共保睢阳。张巡虽是文官县令，但他自安史之乱爆发后，坚守雍丘一年，曾六次击败叛军的进攻，叛军闻风丧胆。

张巡部署好宁陵守卫后，带领 2000 精兵杀进睢阳城内，许远和张巡的兵马合起来，总共 6800 余人。而叛将尹子奇有 13 万，并且那些少数民族将领个个骁勇善战，彪悍无比。张巡在敌众我寡的严峻形势下镇定自若，激励将士说，打仗兵不在多而在精，将不在勇而在谋。贼众则寡谋，贼骄则无智，且是犯上作乱，天理难容，必败无疑。

叛军攻城开始了，尹子奇急于邀功，求胜心切，兵临城下，凶猛攻击。但睢阳全城却毫无动静。叛军纷纷登梯攻城，待贼兵爬到梯中间，猛然箭矢如雨，从城上倾泻下来。敌军慌忙撤退，死伤无数。张巡主动出击，在睢阳城外连续攻击敌人，一连16天，杀得敌人大乱阵脚，狼狈后撤。几天后，尹子奇再次攻打睢阳，张巡手持大旗，冲锋在前，杀向敌军。张巡把军队分成若干小队，化整为零，灵活机动，各自为战，拼死杀敌。尹子奇大出所料，遭到惨败，叛军大溃。

尹子奇连连失利，又调集叛军把睢阳城团团围住。张巡坚守不出战，相持到五月，张巡的援军仍未到。一天夜里，城内突然战鼓擂响，大有城内守军出击的阵势，尹子奇大惊，急令将士处于备战状态。但只听战鼓响，不见人出动。一直等到天亮，城内仍无动静，只得传令将士解甲休息。正当叛军解除戒备时，突然城门大开，铁骑冲出，左砍右射，冲入敌营。张巡战骑冲到尹子奇营帐前，尹子奇才如梦方醒，慌忙上马督战。张巡不认识尹子奇，略施小计，有意射出一支芦苇。叛军士兵以为对方箭矢用完，急向尹子奇报告，张巡这才认准了尹子奇，令部将南霁云的箭瞄准了尹子奇，箭射中尹子奇左眼。尹子奇只得退兵。

至德二年（公元757年）七月，叛军增兵数万，卷土重来，尹子奇更加嚣张。张巡看到敌我兵力悬殊，便改变战略，死守不出。叛军修造"飞云梯"攻城，梯上一笼，装精兵200人。推至城边，欲跃墙强攻。张巡急令人暗中将城墙凿穿三洞，等敌人云梯推进，迅即伸出装有铁钩的圆木钩住，使其不能靠墙；再出一木顶住云梯，使其不能下放，使其上下不能；再出一圆木，上装火种，点燃云梯，敌兵尽被烧死。尹子奇再出一计，命人造"钩车"，顶设铁钩，毁坏城上的"暗哨"。张巡则命人在城墙上打木桩，上置铁链、铁环，敌人铁钩上举，马上套住钩车车头，挂入城内，截去铁钩。叛军再做"木驴"，向城墙推进，张巡就命士兵向下浇溶化的铅液，烧毁木驴。尹子奇命人用土袋、干草堆高成"蹬道"，当敌人蹬城时，张巡派兵下城点火，大火烧20多天，蹬道烧为平地。尹子奇苦心经营的攻城方法，被张巡接连击破。尹子奇机关算尽，损兵折将。

尹子奇无法破城，只得把睢阳围得水泄不通，睢阳城的形势更加严峻，大敌压境，城内军粮紧缺，全城军民每日每人分米1勺，与树皮、茶、纸、熟牛皮混合煮食，甚至马、鼠、雀，凡可充饥之物，都吃光了。将士们日渐消瘦，但士气不减。张巡依然坚持巡视，激励将士。睢阳告急，附近的几支军队，或畏惧叛军气焰，或忌张巡、许远威名，均不出师援救。张巡派南霁云去借兵，他只从宁陵借

36

插图2-6 张巡画像

张巡，唐朝著名将领，祖籍蒲州河东（今山西省永济市），出生于邓州（今河南省邓州市彭桥镇寺北张）。天宝十五年（公元755年），安史之乱中，张巡以真源令起兵守雍丘（今河南杞县），抵抗安史乱军，至德二年（公元757年），移守睢阳（今河南商丘），与太守许远共同作战，在内无粮草、外无援兵的情况下，城破被俘，英勇就义。他以区区两县几千兵力，苦守雍丘、睢阳两个孤城近两年，杀伤敌军数万，有效阻遏了叛军南犯之势、遮蔽了江淮，但终究寡不敌众，最后英勇就义。据说死后被追封为"通真三太子"。

到 3000 人，入城内时死伤过半。

相持到十月初，城中只剩下 400 多人，尹子奇带领叛军登城，看到城上士卒饿得不能站立，最终将西南城门捣破进城，张巡等人被俘。尹子奇几次劝降张巡，得到的都是连连痛骂。尹子奇问张巡："听说你作战时总是咬牙切齿，为什么这样？"张巡说："吾欲气吞逆贼，顾力屈耳。"尹子奇即用人将张巡的嘴撬开，果然看到只有三四颗牙。尹子奇很是佩服，想放其一条生路，部下人说，张巡守节，又得人心，留下是后患。于是张巡、许远、南霁云等 36 人不屈而死。3 日后，朝廷新任命的河南节度使张镐率军赶到，大败叛军，重新夺回了睢阳。

睢阳保卫战由于张巡苦撑 10 个月，付出了惨重的代价，却有力地打击了叛军的嚣张气焰，彻底打破了叛军南下的阴谋，保护了南方人民，支撑了整个平叛战局，对战后唐王朝重建社会秩序、发展经济具有重大的意义。

7. 归德古城

北宋初年，商丘仍为宋州。宋太祖赵匡胤对宋州有特殊的情结。据史记载，五代后周时，年轻的赵匡胤曾瞒着父亲离家出走，至信阳备受冷落，愤然离去。后经老僧指点，决意去北方投奔后汉大将郭威，路过商丘城南 45 华里的帝喾祠，想求签占卜自己的前途和命运，于是进祠抽签问卜，结果抽得上签，卦上说他"有天子命"。赵匡胤大喜，狂跑了 40 余里，到了宋州（今河南商丘）西南 3 华里的阏伯庙，抑制不住兴奋之情，痛饮美酒，酩酊大醉，醉卧阏伯庙。据《宋史》记载，后周显德六年（公元 959 年）七月，赵匡胤任宋州（今河南商丘）归德军节度使而发迹，显德七年（公元 960 年）春"陈桥兵变"，黄袍加身，做了开国皇帝。为感谢在宋州的发迹，他不但定国号为"宋"，登基后，不忘在宋州抽签问卜之事，于开宝六年（公元 973 年）下诏大修帝喾陵寝。至宋真宗时，真宗认为赵氏之所以得天下，是上应天命下顺民心。因此，宋真宗景德三年（公元 1006 年）升宋州为应天府。

插图 2-7.1 百余年前的归德府牌楼（1907 年 7 月外国记者拍摄）

商丘归德古城在商代已基本成型，当时被称为"南亳"。帝喾曾在商丘建都，其子阏伯被封于商丘任"火正"，负责管理火种、祭祀星辰。阏伯第十三世孙商汤伐桀灭夏，建立商朝，定都南亳（今商丘），历六世十帝。明弘治十五年（公元 1503 年）原城墙被洪水冲毁，正德六年（公元 1511 年）在原城北重筑城墙。现除城楼外，城墙、城湖及城内道路格局均保存完好。土城墙在外围，近圆形，周长 8 千米，砖城墙在内近长方形，周长 4355 米。

南宋初，赵构南逃到商丘，在宋州南门外登基。宋真宗大中祥符七年（公元 1014 年）升应天府为南京，居陪都地位。金太宗天会八年（公元 1130 年），更名为归德府。明代，太祖洪武元年（公元 1368 年），降府为州，属开封府。明代嘉靖二十四年（公元 1545 年），复升州为府。清沿明制，仍为归德府。归德府的城墙在明末的战火中被毁坏，康熙二十六年（公元 1687 年），重修了城墙，重建了城门楼。这时的归德府规模建制被保留到现在。

今观商丘古城归德府有厚重的历史文化、灿烂的人类文明。古城下面叠压着春秋时期的宋国都城，秦、汉、隋、唐四代的睢阳城，宋代应天府，南京城等 6 座都城或古城。这座集八卦城、水中城、城上城的大型古城遗址举世无双。

商丘古城建筑十分独特，由砖城、城湖、城郭三部分构成，城墙、城郭、城湖三位一体。城内地势呈龟背之形，略向南倾，有两条背街，南北走向，将南城墙的两个水门和护城河贯通起来。科学的布局，即使大雨倾盆，大小街道也不会有积水。就是那被大多城市所忽视的公厕，也呈梅花状分布。人在城中，无论在何位置，都可以在不远处找到去处。

根据中国古代八卦学说，"九"为最大的数字，"三"为万物之源，依"一生二，二生三，三生万物"之理，以"九"与"三"为吉利数字，古城中建造了 93 条街道。这 93 条街把全城分割成许多小块，每块面积 200 米，格局如棋盘。俯瞰全城，状如棋盘，美观而规整。城内建筑多为走马门楼和四合院建筑群。城墙周长 3.6 公里，环绕内城的护城河有百米之宽，有的河段达 500 米，水域有 4000 多亩。城设东西南北四门，四门外原有四个瓮城（即在城门外再建一小城，侧面开门，旨在加固城防），瓮城又各有一个扭头城门，北门向西，东门和西门向南，南门向东，所以，古城故有"四门八开"之说，为中国古城中的唯一。根据五行相克相生的理论，为防金木相克，东西两门相错。东门偏南，西门偏北，错开一条街，出现了与南北轴线分别相交的两个隅首。

归德古城历史上多次遭兵祸水灾之患，但它的城郭、内城和护城河构成了防兵堵水的三道防线。1931 年黄河发大水，水势浩大，突破城郭，城内居民立即关严四座城门，沙袋屯实，城外一片汪洋，黄水只能拍打着城墙，城内居民安然无恙，系城内安危于一身的古城墙与黄水对抗了六七天。城墙是归德古城人民赖以生存、安身立命的屏障。

归德古城当今建筑的格局，起于明代。明弘治十六年（公元 1503 年）破土动工，明正德六年（公元 1511 年）基本竣工，历时八载。之后又几经修补完善，直至嘉靖十九年（公元 1540 年）在城墙外约 500 米的圆周上筑起新的城郭。古城格局是古代城池的典范之作，是"象天法地、顺天应地、取法自然"思想的巧妙应用，创造了一个"天人协调、天人合一"的至善境界。鸟瞰商丘古城，外圆内方，犹如一枚巨大的"古铜钱币"。外为土筑的护城大堤，即城郭，呈圆形，象征天；内为砖砌的城墙呈方形，象征地。外阳而内阴，阴阳结合便是天地相生，如此整个城池便成为阴阳合一、天人合一的大宇宙的象征，古城也含有与日月同在的道理。这种建筑设计格局是中国历代先民们智慧的结晶，在世界上其他国家现存的古城池中，绝无仅有。

归德府的文化底蕴不只体现在古城独具魅力的建筑上，还表现在古代居民中官

38

宦世家多，书香门第多。明代嘉靖年至清代初，城里出过两位宰相级的大学士，五位尚书，十几位侍郎、巡抚、御史、总兵和著名文人。

归德府的文化深厚彰显于它在北宋时的书院文化。北宋时有四大书院：江西庐山白鹿洞书院、湖南长沙岳麓书院、河南登封嵩阳书院、河南商丘应天书院。

五代十国时的后晋，官学遭到破坏、庠序失教，中原地区出现一批私学。当时归德府人杨悫"乐于教育"，在将军赵直的支持下，聚徒讲学。杨悫去世后，他的学生楚丘人戚同文继承师业，继续办学，培养出一批台阁重臣的著名人物。

北宋初年官学低迷不振，士人求学苦无其所。朝廷崇尚儒术，鼓励民间办学。宋真宗大中祥符二年，北宋教育家应天府人曹诚在杨悫和戚同文曾讲学处建造学舍150间，藏书1500余卷，广招学生。经由应天府知府上报朝廷，受到宋真宗赞赏，翌年将该书院正式赐额为"应天府书院"，为读书求学者提供了优良的环境。

宋真宗大中祥符四年（公元1011年），应天书院接收了它最重要的一个学生范仲淹。范仲淹家境贫寒，在应天书院求学期间，苦读诗文，夜以继日，五年的学习，他未曾解衣就枕。五年后，他从书院走出去，文武兼备，考中进士，开始了他的政治生涯，终成大器。他把家安在了应天府，母亲病逝，他在家尽孝居丧。期间，应天府知府著名的文学家晏殊特聘请他到应天书院任教。随着范仲淹等资深名人到应天书院，书院逐渐发展成为北宋最具影响力的书院，一跃而位居北宋四大书院之首。后来，范仲淹多次被请到应天书院讲学，并在此多次上书朝廷，提出治国策略，得到皇帝的赏识。应天书院因范仲淹在此讲学，一时间许多学者不远千里慕名到来。他在此讲学期间，特别爱惜人才。有一次，一个书生孙复慕名访他，范仲淹一眼看出这个书生虽然有落魄之状，但气度不凡，便赠他1000钱资助生活。第二年，这个书生再次访他，范仲淹看到他依然穷困的样子，便问为何乞讨度日，书生直言不讳为奉养老母。范仲淹给他月俸3000钱，并安排他在书院读书。孙复心怀感激，从此"笃学不舍昼夜"，学有成就，后来成为宋代著名学者。至清代，应天书院又培育出如被誉为"清初文章第一家"的侯方域等一大批人才。大江南北的学子们，多以能在应天书院求学为荣耀。

应天书院的旧址被黄河的泥沙所埋没，位于商丘归德古城南门外的东城湖内。

插图2-7.2 商丘应天书院

应天书院又称"应天府书院""睢阳书院"。其前身为后晋杨悫所办的私学，公元1009年宋真宗御赐匾额"应天府书院"。宋庆历三年（公元1043年），改为"南京国子监"，为北宋最高学府之一。著名的政治家、文学家范仲淹等一批名人名师在此任教，后人立有《范文正公讲院碑记》以兹纪念。应天书院在宋钦宗时毁于战乱，明朝嘉靖年间，御史蔡瑷在商丘城西北隅以社学改建，沿用旧名。宰相张居正于万历七年（公元1579年）下令拆毁天下所有书院，应天书院在劫难逃。清乾隆十三年（公元1748年），知府陈锡格重修应天书院，但短暂的辉煌后又被废止。2004年初，应天书院已在原址按原貌重建。

第三章　曹魏基业在许昌

地灵

曹魏基业在许昌

1. 许由颍水洗耳

事都有个起因，人都有个来历。追本溯源，是件很有意思的事。

围绕着许昌的起源有许多有趣的故事。许昌姓许，论起许来，还得从上古时期说起。

那时，茫茫神州，地分九州，河南居中，故周公称其为"天下之中"，"中原"的名称就是这么衍生出来的。

上古时期，人们认为华山是第一高峰，上可接天，接天即能通天神，故尊为太岳。崇拜天神就要崇祀太岳华山，于是在五帝时期设置了专管祭祀的官职，叫大祭司，也叫太岳。

第一任太岳叫伯夷，是炎帝第十四代孙，共工重孙，生活在公元前2300年前后。

那时中原地区活动着许多部落，有一个部落的酋长是太岳伯夷的后代，他叫许由。"许"字按繁体写，由"言"和"午"组合而成，含有族人兴旺发达的意思。"由"的来历与他们的劳动有关，许由部落开垦的土地按人划分，每块地一分为四，叫"田"。部落的人口逐渐增多，田地也不断扩大，"田"字出头，变成了"由"。部落酋长被尊为"许由"，可见他在部族中的崇高地位。

《汉书》中有人物列表，列表上称许由为"许繇"，说他"斜膳不食，斜席不坐"，部族的人尊他为高士。

司马迁在《史记·伯夷列传》中讲了许由率领部落迁徙的故事："尧将逊位，让于虞舜，……而说者曰尧让天下于许由，许由不受，耻之逃隐。"这位部落的高士高就高在没有权欲，尧帝把"帝位"让给他，他却像躲避瘟疫一样逃跑了。

插图 3-1.1 许由洗耳图
（清末任伯年绘）

许由，尧时的隐士，居箕山之下。传说尧要将天下让给他，他听到后以为污染了他的耳朵，便到水边去洗耳。它反映了古代文人的复杂感情，既想得到权力的眷顾，又不愿放弃独立的人格。即便是被儒家看作黄金时代的尧舜治世，文人高洁的心灵也不能受到熏染。此幅画描绘许由向自己的好友巢父诉说洗耳时两人对话的情景。任伯年，清末画家。他的绘画发轫于民间艺术，继承传统，融诸家之长，吸收西画速写、设色诸法，形成自己丰富多彩、新颖生动的独特画风，丰富了中国画的内涵。

SERIES ON THE HISTORY AND CULTURE OF

中原历史文化系列丛书

晋代人皇甫谧写的《高士传》中，把许由拒权逃避的细节写得趣味横生："许由，字武仲。尧让天下于许由……，由于是遁耕于中岳颍水之阳，其山之下，终身无经天下色。尧又召为九州长，由不欲闻之，洗耳于颍水滨。时其友巢父牵犊欲饮之，见由洗耳，问其故。对曰：'尧欲召我为九州长，恶闻其声，是故洗耳。'巢父曰：'子若处高岸深谷，人道不通，谁能见子？子故浮游，欲闻求其名誉，污吾犊口。'牵犊上流饮之。"

上古五帝时代实行的是"禅让制"。首领让位时，由各部落推举人选，并由领导对其进行考察，然后才能正式让位。禅让应该是政治佳话，是比较民主的做法。

黄帝之前，中原地区活动着许多氏族部落。黄帝败炎帝、灭蚩尤，拥有了强大的实力和至高的权威，成了部落联盟的共主，坐上了元首的位子，从此，部落联盟共主的接班人选大多出自黄帝一族。

尧想**把帝位禅**让给许由，许由**不肯接**受，就躲到箕山隐**居起来**，许由率领他的**氏族部落**，在这片富饶的地域开始了新的生活。尧又请他出任九州长，他就跑到颍水边去洗耳朵，表示不愿听这种话。这时巢父正好牵着牛走过河边，他问许由为什么洗耳朵，许由说："尧叫我去做九州长，这种话弄脏了我的耳朵，所以要来洗一洗。"巢父听了冷笑一声，说："你如果住在高山深谷之中，不与世人交往，又有谁会来打扰你呢？现在你这样故作清高，其实是为了沽名钓誉，我还怕你洗耳朵的水弄脏了我的牛嘴呢！"说完便牵着牛到上游去饮水了。

巢父是谁？他是一位隐士，与许由是好友。他的名字也是有来历的。上古时，中原地区林木茂密，多有野兽出没，人们经常受其侵扰和伤害。于是有人发明了在树上建造木屋的技术，这样在睡觉时就不担心野兽的侵袭了。于是大家把这个发明人视作圣人，拥戴他为部族首领，号称"有巢氏"，他的后代就是巢姓。巢父在树上筑巢而居，是位大贤，所以，人们称他为巢父。尧知道巢父是社会名流，品德高尚，想把帝位禅让给他，他谢绝了，逃避隐居起来。所以，当他遇到许由洗耳时，才以自己的亲身体会，给许由出点子让他逃跑，避免尧的纠缠。

许由真的又逃了。

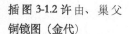

插图 3-1.2 许由、巢父铜镜图（金代）

中国的青铜镜历史悠久，受到人们的喜爱。古代在水银镜出现之前，人们用其光面来照影像，并且它的背面雕刻的纹饰，更具有艺术感染力。此面金代许由、巢父铜镜，直径12.1厘米，厚0.9厘米，重580克，圆形，高沿，背面中间有一钮。画面上高山垂柳，溪水流动，溪旁许由正欲掬水洗耳，他的朋友巢父似刚到来，牵着牛犊，口张而言。此图构画严谨，刻画人物生动，有很鲜明的故事性，抓住了许由洗耳，巢父牵牛张嘴问话情节，形象地定格了这一千古传说的精彩瞬间。该画巧用阴刻线浅浮雕之技法，出现了画面高低起伏之状，立体感极强，古朴典雅，纹饰流畅，审美效果鲜明。

2. 射鹿台

许由洗耳的颍水发源于中岳嵩山，迤逦东下，流经河南登封、禹州、许昌、临颍、周口、颍上、阜阳汇入淮河，为淮河第一大支流，为历史文化之滥觞。《水经注·颍水注》："颍水自竭东经阳翟故城北，夏禹始封于此为夏国。"阳翟即今禹州市。

得名的有颍川、临颍、颍上、颍口等众多重要的历史城市。

　　许由为了躲避尧的让位，带领着他的氏族，沿着颍水顺流而下。为了氏族的生存和生活，许由带引族人多次迁徙，构木筑屋，择地建室，寻找适于人类居住的地方，他们曾在洧上（今湖川镇）观察，后来又在许遒（今许田村）驻足，再后移居于展陂（今桂村乡一带）停留，但仍未满足要求，还继续迁徙。

　　他们终于遇到一块自己理想的居住地。青山绿水的颍水之滨，箕山之麓（今天河南登封东金店至今天许昌、长葛），这里地势平坦，水草丰美，獐鹿成群，这是丰饶之地。站在这块肥沃的土地上，许由和全部落的人异常兴奋。许由决定了，这就是他们的家园，这个地方叫金龟岗（今许昌古城一带）。从此，这块土地揭开了人类文明的历史。原始农业在这里开始发展，许氏族人开始在这里繁衍生息。

　　许由部族在这里披荆斩棘，艰苦劳动，捕鱼打猎，采摘野果，喂养畜禽，打绳结网，磨制工具，制作了石铲、石斧，粗糙笨重的农具，开拓出一块块的农田，长出了庄稼，开辟了牧场。

　　后来，人们把许由部落开垦的田地叫"许田"，许由部落活动的地方叫"许地"。这是许昌之"许"的本源。

　　许由居住地遗址，在今河南省许昌市鄢陵县西南25华里的节化店乡常庄村。后人在这里筑了寨垣，人们叫它"许由寨"。许由寨南北长200米，东西宽70米，总面积14000平方米。现仅有南门，上嵌石额"许由寨"三个字，为清代咸丰十年（公元1860年）重修寨时所刻。

　　据说，许由死后葬于射鹿台。射鹿台位于许昌市东北25公里许田村西，台高约10米，占地1500平方米。台前有石碑两座：一座为清康熙年间许州吏目滕之瑚书"射鹿台"，另一座系清乾隆十二年立，碑文记载了许田村射猎的史实。东汉建安三年（公元198年）曹操东征徐州，白门楼斩吕布后，刘备、关羽、张飞投奔曹营，献帝认刘备为叔，遂拜其为左将军，封宜城亭侯。谋士荀对曹操说："天子认刘备为叔，恐对明公不利。"曹随产生几分疑虑，于是接受了程昱的建议，请天子带领刘备、关羽、张飞等文武大臣到许昌之东北的许田村狩猎，以观动静。当时曹操用汉献帝的金令箭射中一鹿，众人以为是皇上箭法高超，齐呼万岁。曹操却放马遮在献帝面前，迎受欢呼。这惹怒了刘备身后的关羽，他提刀拍马欲杀曹操，刘备

插图 3-2.1 射鹿台遗址

射鹿台遗址位于河南省许昌市东北25公里许田村西，台高约10米，占地1500平方米。曹操迎汉献帝都许后，常陪同献帝到许田一带游猎，并建亭筑台，世称"射鹿台"。古时许田一带森林葱郁，麋鹿成群。东汉建安三年（公元198年）曹操工于心计，设局游猎，在这里上演了一场声势浩大的话剧，凸显自己在最高权力中心的地位，以震慑文臣武将以及刘备、关羽、张飞。

急忙制止。裴松之《三国志·蜀书》注有载："初，刘备在许与曹公共猎，猎中，众散，羽劝备杀公，备不从。"曹操迎汉献帝都许后，常陪同献帝到许田一带游猎，并建亭筑台，世称此台为"射鹿台"。

之所以葬于射鹿台，也是有说法的。当年尧帝听闻许由清节大志，博学多才，倡导农耕生息，过着隐居山林的生活，自得其乐。在巡视嵩山时，看到这里一片祥和，即召见许由。他们会见了，因为尧帝在此表示了要禅位于许由之意，所以此地被称为"禅位台"。由于射鹿台四周田野多为盐碱地，茫茫苍苍，似瑞雪初降之状，故被后世称为"许田积雪"。

插图 3-2.2 哨鹿图（清郎世宁绘）

狩猎是人类最原始的谋生技能之一，在文明发展进程中，狩猎逐渐具娱乐、军事、体育多重性，成为习武练兵、强身健体、振奋精神、谋取收获的综合运动。主要是帝王达官的活动。《周礼》中记载君王四季田猎，称作春搜、夏苗、秋狝、冬狩。田猎逐渐成为统治者的一种礼仪而沿袭。历朝历代君王均保持了狩猎的传统。此画是对乾隆皇帝于木兰山围猎的描绘。郎世宁（公元 1688 － 1766 年），意大利人，康熙年来华传教，历任康、雍、乾三朝，为著名宫廷画家。曾参加圆明园西洋楼设计，他将西洋画技与中国画相融，自成一家。

不过，许由并未在射鹿台长眠，后来迁入许由寨。是谁迁墓并无记载。在《鄢陵县志》上记载，在金代大定三年，墓前建造了许由庙、许由祠、许由塔，但都已荡然无存，其身影只留在文字作品中。

许由是个传说中的人物，但他那不受禅让、不贪权势、不慕名禄的高风亮节，以及他隐居山林的贤逸情操，都被当作华夏民族的一种美德，流传千古。

3. 许国春秋

大禹创建的中国历史上第一个奴隶制王朝夏朝诞生于距今 4000 年前，结束了原始部落联盟制。禹继舜帝之位后，有一个对历史有深远影响的重臣叫皋陶。

皋陶，名庭坚，字聤，是颛顼帝的第七个儿子，历任职于尧舜禹三代。据《旧志》《左传》记载，皋陶是舜、禹时代的"士"，即士师，也叫大理官，就是司法部长。他是我国历史上第一个大法官。他清脸鸟嘴，铁面无私，是包公的形象。皋陶因为协助大禹治水和管理刑法功绩突出而曾被大禹选定为继承人，但先禹而逝（民间传说皋陶活了 106 岁）。

禹即位之后，封皋陶于许，让他接任许由之职，做了许氏部落的酋长，许氏部落很快发展壮大起来。后来，有一部分昆吾氏族的人融入许氏部落，促其发展了手工业。"昆"，小虫子，也形容数量多，古人认为昆虫繁殖能力强，故常借昆虫来比喻人丁兴旺。昆吾的后代逐渐繁衍，发展成一个氏族，这个氏族用昆吾作为族名，有"旺我"之意，寄托了族人的美好愿望。昆吾氏族的封地在黄河以北的濮阳，是夏王朝的同盟部落。位列诸侯的昆吾国，顺理成章地做了夏朝的臣属，世代相袭，

400 年之内未见大的变故。这个氏族的族人最擅长的是制陶技术，其制陶产品应该是当时的品牌。发展到夏桀时已成为一个强盛的侯国，和夏桀关系密切，为此，昆吾族遭到灭顶之灾。

夏桀是中国历史上有名的暴君，被商汤所灭，当然，夏的同盟昆吾国也在被灭之列。昆吾族人被汤灭后，其族人一部分成了商的奴隶，一部分由濮阳南下和许氏部落融合。由于昆吾族人的加入，许氏部族的制陶业也发展起来了。

许氏部族发展到商朝晚期，其酋长叫许星，是许由的曾孙，在今天许昌古城一带活动，辐射方圆几十里。它的北面和西面是郑氏部族，西南和南面是楚氏部族，东南和东面是宋氏部族。

公元前 11 世纪，周武王灭商建立周朝。周武王巩固政权的方法是分封诸侯，他一口气封了 71 个诸侯国"以藩屏周"。

在灭商兴周中，四岳伯夷立了大功，所以，伯夷的后裔文叔被封到许地，改许地为"许国"，文叔是开国之君。因为文叔的爵位是"男爵"，所以，史书上又叫许国为"许南"。

文叔立国，授官设吏，择地建都，都城史称许田，文叔成了一方小奴隶主。许都城池故址在今许昌县东 19 公里处的张潘乡古城，据《括地志》记载，周朝的城郭建制是"王城方圆九里，诸侯按七、五、三递减"，许国属第五等诸侯国，故许国的都城许田应是 3 里到 7 里的规模，都城四周辐射 50 公里左右，在今许昌、临颍县北、鄢陵县西南这一广大地域。这个地区得天独厚，位居当时的"中原之中""国之中央"，加上国君文叔受周天子的青睐，许国昌盛，社会安宁，百姓无忧，这是许国的盛世。这个盛世持续了 500 年左右。

许国历史的记载见于史书《春秋》，这时许国已传位十一世，执政的是第十一代国君许庄公。许国之前 380 多年的历史无从考证。

任何事物总有利有弊，许国虽处"中原之中"，却处在危险的境地，让其防不胜防。许国北邻郑国，郑国的国君郑庄公是个有扩张野心的人物，他要向南扩张，就先要搬掉许国这块绊脚石。周桓王八年（公元前 712 年）七月，郑庄公与齐国和鲁国组成联军向许庄公下手了。两个"庄公"相遇强者胜，许国哪里有招架之力，联军一直攻到许都城下，城破许庄公弃城逃到卫国避难，两年后客死卫国。

都城破，国君亡，按说郑庄公灭许霸占领土目的已达到，可各诸侯舆论大哗，出来干涉。郑庄公怕被指灭国之罪，马上改变策略，就让许国的大夫百里"奉许叔居东偏"，就是让许国的军队靠东移，许国作为战败之国，不敢不服从；而调郑国

SERIES ON THE HISTORY AND CULTURE OF

中原历史文化系列丛书

插图 3-3.1 许国许灵公墓出土的编钟

春秋时许灵公三年，楚师发动阳桥之役，灵公尚未成年，匆忙举行加冕仪式，即随从楚师征伐鲁、卫。许国久受近邻郑国欺凌，灵公无奈四处流亡。30 年后，赴楚求救的许灵公心境凄楚地遽然薨逝。他的臣民将他安葬在溠水南岸，大量珍宝一同深埋地下。这组编钟即为随葬品，编钟铸造精美，由 8 枚编钟（扉棱编钟 4 枚、旋枚编钟 4 枚）、9 枚钮钟和 20 枚甬钟组成。最大的一枚通高近 60 厘米，最小的一枚通高 16.8 厘米，出土后每枚钟都能发出两个不同音高的乐音。这套编钟可演奏古今中外各种乐曲。编钟在古代乐器中有着特殊的地位和作用，是权贵们身份和地位的重要标志。

大夫公孙获率兵驻扎在许国西边，起到监视与控制作用。

　　公元前 697 年，郑国发生了内乱，许国的第十二代国君许穆公乘机回国，夺回都城，恢复主权。但从此许国成了郑国的仇敌，常受郑国的侵扰。特别是在齐、楚、宋、晋、秦五国争霸的 120 年间，小小的许国在夹缝中忍气吞声，任人欺辱。据史书记载，在这 120 年间许国先后被召唤参加盟会 18 次，被迫跟随去打仗卖命 13 次，本国先后遭遇 11 次侵伐，其中郑国占了 9 次。

　　许国在强国中间摇摆，齐强时附齐，楚盛时依楚，晋扰时归晋。无奈之下，第十五代国君许灵公只好屈膝在楚国面前，请求迁都避难。公元前 576 年把都城迁到楚国境内的叶（今河南叶县），成了楚的附庸。但楚国并不是保护伞，而是宰割许国的主人。

　　许迁都后，郑国占领了许国地盘，许灵公气愤至极，乞求楚王发兵伐郑，楚不应，许灵公气绝死去。楚国还是不时令许国迁都，公元前 533 年从叶迁至城父（今安徽亳州市东南城父集）。两年后，楚王又令许迁都于赖（今湖北随州东北）。公元前 529 年，楚又令许迁回叶。公元前 524 年，又把许迁到白羽（今河南西陕县西关外）。18 年后，公元前 504 年，楚再令许迁到容城（今河南鲁山县南）。

　　许国被大国这样折腾来折腾去，已是国将不国了。但郑国仍不放过它，要彻底灭之而后快。公元前 504 年，吴楚一战，楚国败下来。郑国乘机派大将游速率军伐许，奄奄一息的许国毫无还手之力，第十七代国君许哀公许斯被俘，许国灭亡。8 年后，许哀公在郑国含恨而死。

　　楚国复兴后，又帮助许国后裔重新立国。从第十八世许元公到第二十四世国君许结公，许国又延续了 100 多年至公元前 375 年，"许二十四世为楚所灭"，许氏族人从此沦落天涯。

插图 3-3.2 许国故城遗址位于河南省许昌市许昌县张潘乡古城村东南一里许，系周时许国国都，又称"张潘故城"。汉建安元年（公元 196 年）曹操迎汉献帝迁都于此，许都内城为皇城，围 9 里 129 步，有皇宫、御苑、相府等；外城周围 15 华里，东南建有汉献帝祭天的毓秀台等。曹魏时为五都之一，南北朝时被北魏大将周几毁于兵火。故城城垣蜿蜒起伏，状如小丘。在遗址内先后出土有玉璧、青铜器、陶器及建筑构件等。

4. 曹操的许都

　　许国灭亡 154 年后，公元前 221 年，秦始皇灭六国，建立了专制主义中央集权的封建政体，在地方实行郡县制，许国改为"颍川郡"，政府机关设在阳翟（今河南省禹州市），原许国的领地置许县，许县归颍川管辖，许县名自此开始。东西两汉时期，未有变化。

许县如何变成许昌了呢？

说起"许昌"，还得从曹操说起。

西汉末年，中原古战场上烽烟四起，群雄逐鹿，在乱世群雄谱上，最让世人无限感慨的应该是曹操。他是最有争议的历史人物，是集枭雄、奸雄、英雄于一身的传奇人物，几乎支撑起整部三国历史。他玩政治深谋远虑，搞军事出神入化，在文坛上以"建安风骨"的文学风格独领风骚。

许昌，是曹操发迹的根据地。在镇压东汉末年的黄巾军起义中，他脱颖而出。

曹操20岁时被州郡推举为孝廉，授洛阳北部尉之职，后调任顿丘令，征议郎。黄巾军起义时任骑都尉，禁卫军的大队长。他镇压起义军有功升任济南相，因得罪朝中权贵不得不回家"养病"，装病期间养精蓄锐，韬光养晦，以图东山再起。他终于等到了一个机会。

公元189年汉灵帝死，小皇子即位，何太后听政，宦官掌权祸害朝政，何进、袁绍欲除宦官，并召董卓进京相助，可事情败露惨遭屠杀。董卓趁外戚、宦官两败俱伤之际，带3000甲兵乘机进入洛阳，废皇子立刘协。刘协就是历史上有名的献帝，他成就了曹魏家的江山，此是后话了。

董卓独揽朝廷大政，为巩固政权竭力拉拢曹操，任他为骁骑校尉。但董卓的骄横跋扈迫使生性多疑的曹操逃出洛阳，欲回家乡安徽谯县待机。曹操走到陈留郡（今河南陈留县），反董卓的兖州刺史刘岱允许他招兵买马，以扩大反董力量。曹操筹资招募5000人，扯起了反董旗帜，并加入了河北大军阀袁绍的反董联盟。他曾率军在荥阳（今河南荥阳市）与董军一战，但失利退回。在围剿黑山中获胜，袁绍任他为东郡郡长，其后又任兖州牧，曹操从此有了自己的地盘，并拥有一支号称30万的军队。

曹操任兖州牧后，准备把父亲曹嵩接来，途中被徐州陶谦部下所杀，曹氏家人大小十几口被害，万贯家财被掠一空。曹操为报杀父之仇，两次攻打徐州，进行疯狂屠杀。在徐州还没立稳，后院失火，兖州城里应外合，被吕布占领。曹操立即回师，与吕布恶战百余天，胜负难分，各自退兵。直到公元195年击败吕布，第二年击破汝南颍川黄巾军，攻下了许县（今河南许昌）。

许昌，开始了新的历史时期。曹操从这里才真正构建起了他的曹魏大厦，汉献帝刘协是他创造神话中最有用的一枚棋子。

汉献帝刘协生于乱世，沦为傀儡。在宫廷内乱中太监张让带着汉少帝刘辩和他的弟弟刘协逃出京城洛阳，路上遇到带兵进京的董卓。张让被吓跑了，刘辩、刘协落入董卓手中。董卓问宫内的情况，17岁的刘辩只哭不说话，董卓焦急之下只好问9岁的刘协。刘协把宫中发生的事说得很详细而且有条有理，董卓看上了他，带到京城废了刘辩，立刘协为帝。

董卓另立刘协，毒死刘辩，把持朝廷，引发大乱，群雄并起，打着讨董大旗，互相攻伐。十八诸侯讨伐董卓，联军授予曹操奋武将军。董卓害怕，裹胁着小皇帝

SERIES ON THE HISTORY AND CULTURE OF 中原历史文化系列丛书

插图3-4.1 曹操高陵出土的刻铭"魏武王"的石碑

位于河南省安阳县安丰乡西高穴村南曹操墓的发掘，揭开了一个千古之谜。这是一座带斜坡墓道的双室砖券墓，规模宏大，结构复杂。主要由墓道、前后室和四个侧室构成。斜坡墓道长39.5米，宽9.8米，最深处距地表约15米，共出土器物250余件，其中以刻铭石牌和遗骨最为重要。这些出土的文字材料为研究确定墓主身份提供了重要的、最直接的历史学依据。

刘协驱赶着数百万百姓，逃向长安。义军攻入洛阳时，城中一片瓦砾。

时隔一年，董卓被王允、吕布所杀，接着王允也被杀，小皇帝刘协被李傕、郭汜抢走。刘协在两个将军手中做了3年傀儡皇帝，李、郭互相火并中，一些将领乘机把颠沛流离的小皇帝送回洛阳。

董卓之乱以后，东汉王朝名存实亡，各州郡失去了控制。各地官僚、豪强乘机争夺地盘，形成了大大小小的割据势力。势力比较大的有冀州的袁绍、南阳的袁术、荆州的刘表、徐州的陶谦和吕布等，他们相互攻伐，使成千上万的百姓在混战中惨遭屠杀，许多地方是"白骨露于野，千里无鸡鸣"的荒凉景象。势力很小的曹操打败了黄巾军，在兖州建立了据点，打败了陶谦和吕布后，成为强大的割据力量。

插图3-4.2董卓画像（寄雨绘）

董卓，凉州军阀，汉灵帝末年被召进京，旋即掌控朝中大权，至少帝、献帝时均为权臣，官至太师，封郿侯。为人残忍嗜杀，倒行逆施，玩弄权术，践踏法律，破坏经济，残害人民，招致群雄联合讨伐，但联合军在董卓迁都长安不久后瓦解。董卓被其亲信吕布所杀。《三国志》的作者陈寿评说："董卓狼戾贼忍，暴虐不仁，自书契已来，殆未之有也。"

公元195年，长安的李傕和郭汜发生火并，外戚董承和一批大臣带着献帝逃出长安，回到洛阳。洛阳的宫殿早已被董卓烧光了，到处是碎砖破瓦，荆棘野草。汉献帝到了洛阳，没有宫殿，住在一个官员的破旧住房里。一些文武官员没有地方住，只好在断墙残壁旁边搭个草棚，遮蔽风雨。最大的难处是粮食没有来源。汉献帝派人到处奔走，要各地官员给朝廷输送粮食。但是大家正在忙着抢地盘，根本不把皇帝放在眼里，谁也不肯送粮来。朝廷大臣没有办法，尚书郎以下的官员只好自己去挖野菜。这些平时养尊处优的官员，哪里受得了这个苦，有的吃了几顿野菜，就倒在破墙边上饿死了。

此时，曹操驻兵许城（今河南许昌），听到消息，他站在了历史的十字路口，小皇帝这颗棋子怎么摆，关系着他未来事业的开创。他立即召集谋士商量。

谋臣颍川郡颍阴（今河南许昌）人荀彧说："诚因此时，奉主上以从民望，大顺也；秉至公以服雄杰，大略也；扶弘义以致英俊，大德也。天下虽有逆节，必不能为累，明矣。"（《三国志·荀彧传》）曹操听了，觉得言之有理。

封建时代，皇帝在人们心中是正统的代表，谁拥有皇帝，谁就能利用这块金牌号令天下，顺之者忠，逆之者叛。曹操意识到刘协虽是个小小皇帝，却是一个巨大的人才资源。现在若能把在洛阳困苦不堪的皇上迎到许城，是顺民之愿，不可让人抢先而错过良机。多谋善断的曹操知道洛阳不是久留之地，"遂至洛阳，奉迎天子都许"，决定立即把16岁的汉献帝刘协迎到许县。

曹操立刻派曹洪带人马赶到洛阳，董承害怕发兵阻拦。曹操就亲自到了洛阳，向他们说明，洛阳缺少粮食，可许城富裕，但运输不便，只好请皇上和大臣们暂搬许城。汉献帝和大臣乐不可支。

许县比起洛阳的优势曹操看得很清楚：洛阳已被董卓"宫室烧尽，百官披荆棘依墙壁间”，已是废墟；而许县粮食充裕，驻有重兵，交通便利，土地肥沃，并且曾是许国都城，规模已具，足以安置朝廷官署。

公元196年九月的一天，一辆华丽的皇舆由戎装楚楚的甲士护卫，缓缓进入许县城门，皇舆中坐的就是东汉第十三代帝王汉献帝刘协。其后跟着的是献帝的两个夫人伏皇后和董贵人的銮舆。他们当晚被安置在军营中，不久住进了皇宫。

许县已成了真正意义上的都城。

许都城池原是许国的国都，民国十二年的《许昌县志》载："许古城在城东三十里，围九里一百二十九步。相传曹操所筑，今存遗址。"据考，许都建有内城和外城，内城是远古时许国的国都，在外城的东南角，呈方形，俗称"皇城"。曹操迎汉帝到许县后，在内城的基础上扩建，大兴土木，盖宫室，筑殿宇，建官署府第，修粮仓武库，扩街道，辟园林，扩建的外城面积比内城大了五倍，成了真正意义上的京畿之地。

插图 3-4.3 击鼓骂曹图（木雕和年画）

此图取自三国故事。祢衡，三国时辞赋家，少有才辩，性格刚毅傲慢，好侮慢权贵。与孔融、杨修交善，因拒绝曹操召见，操怀忿，因其有才名，不欲杀之，罚做鼓吏，祢衡则当众裸身击鼓，反辱曹操。上图是彩绘木雕画，下图是年画，两图构图饱满、匀称，人物形象颇具个性，色彩鲜艳，有浓郁的民族特色。

在都城还建造了著名的许昌宫，宫殿宏伟气魄、富丽堂皇，是汉献帝临朝听政和后妃的居所。在皇城西南角建造了毓秀台，专供汉献帝祭祀天地，台顶有祭祀场地，正中建有大殿，皇帝每年春天在这里"祭祀天神以祈丰年"。还有那个爱好建筑的魏明帝曹睿跑到许昌又建了一座景福殿。

汉献帝刘协被安置到皇宫，宫廷血腥的权势斗争又在许都上演了。

曹操取得了"挟天子以令诸侯"的政治优势，依托许都天时地利的优越条件，展开了他统一中原的攻势。

5. 官渡一战统北方

"自都许之后，权归曹氏，天子总己，百官备员而已。帝忌操专逼，乃密诏董承，使结天下义士共诛之。"（《后汉书・董卓列传》）这就是说，16岁的刘协不管在谁手里都是个傀儡皇帝。被曹操裹胁到许之后，朝廷大权都归于曹操，百官职位只是充个数，形同虚设。刘协不甘于这种耻辱的地位，想夺取政权。建安五年（公元200年），他把密诏写在帛绢上，藏在车骑将军董承的袍带里，后人称为"衣带诏"事件。密诏泄露，董承、偏将军王服、身怀六甲的董贵人等惨遭杀害，并夷三族。刘备逃跑，汉献帝刘协未动。

董贵人被杀后，引起了汉献帝的第一夫人伏皇后的恐惧和愤恨，她与其父伏完密谋杀曹，但其父胆怯，未敢冒犯，建安十四年去世，伏皇后谋曹之事隐而未发。建安十九年，此事泄露，曹操杀害了皇后及两个皇子，受株连者数百人。

自迁都到许之后，汉献帝只是个空有其名的皇帝，连他的宫廷侍卫全是曹操的党羽和亲戚。曹操让皇帝任命自己为大将军，封武平侯，其权力远远超过了汉献帝。他不愧是位有眼光、有雄略、有魄力的政治家。

曹操以许都为根据地，以汉献帝的名义南征北伐，东平西定，创建一统江山。

建安二年（公元197年），曹操率军从许都出发向宛（今河南省南阳）进军，直指守将张绣，但初战失利，右臂中流箭，长子和侄子遇害，损失惨重，退守舞阴（今河南泌阳县西北）。张绣紧追，曹军反击，一战取胜，张绣败走穰（今天河南邓州市），与刘表合作。曹操准备围攻张绣，得知河北袁绍欲偷袭自己的大本营许都，即撤军返许都。此时，张绣的伙伴刘表占据曹军必经之路安众县（今河南省镇平县东南），准备截击。曹操设埋伏圈，大败张绣、刘表，曹操顺利地回到许都。张绣一蹶不振，于建安四年（公元199年）率军降曹。

建安三年（公元198年）九月，曹操从许都发兵，向吕布固守的下邳（今江苏省睢宁县古邳镇）进军，但久攻不下。曹操计用水攻，决开泗水和沂水灌城池，月余后将降城破，吕布被捉杀死。

建安五年（公元200年）正月，曹操率军出许都东征刘备，其理由有二：一是刘备屯兵下邳杀徐州刺史占领沛，呈独霸一方之势，给曹军造成威胁；二是刘备曾参与过谋杀曹的"衣带诏"事件，是嫌犯。曹操出师旗开得胜，打跑了刘备，获其妻子，又乘胜降了关羽，班师回许都。

至此，曹操扫平了黄河以南的割据势力，就移师北上，直指他的老战友袁绍，他们在讨伐董卓的战线上共同战斗过。

袁绍，出身世族之家，门生故吏遍天下，据有幽、冀、并、青四州之胜地，军力雄厚，猛将如云。此时的曹操虽成气候，称霸中原，但与袁绍相比，力量还是悬殊：袁绍军事力量强大，地势上攻退自如，无后顾之忧；曹操只数万兵马，地势上易攻难守。他的优势是可"挟天子而令诸侯"，攻伐袁绍名正言顺。而其最大的优势正如曹操分析的那样："吾知绍之为人，志大而智小，色厉而胆薄，忌刻而少威，兵多而分画不明，将骄而众令不一，土地虽广，粮食虽丰，适足以为吾奉也。"曹操一言，气贯长虹，势压山河。

袁绍带精兵10万，从他的根据地邺城（今河北省临漳县）南下，驻扎于黄河北岸的黎阳（今河南省浚县），并派郭图和颜良占领白马（今河南省滑县），准备渡河攻取曹操的许都。曹操清楚敌强我弱的严峻形势，不可强战，只能智斗。他采取了声东击西、避实击虚、乘其不备的战术，对袁军分而击之，奇袭白马，然后退守官渡。

官渡位于许都之北、黄河之南，离今天的许昌100公里，即今河南省中牟县渡桥村一带。两军相峙于官渡达半年之久。在这决战的关键时期，许都的粮草起到了巨大的作用，留守许都的荀彧动员许都地区的百姓，把准备的丰裕战备物资送到前线，稳定的支前工作为曹军战胜袁军提供了物质保证。

曹操用荀彧之计，出奇兵火烧袁绍的营地和粮草，袁绍乱了阵脚，袁军一片惊恐。曹操抓住战机，火速出击，大获全胜。袁绍身边只有800骑兵，只好逃回河北。两年后，袁绍病死。建安九年，曹操攻破由袁绍两个儿子盘踞的邺城，至此消灭了袁氏的势力，为统一北方奠定了基础。

但是北方还有一个潜在的威胁，那就是三郡乌桓。建安十二年（公元207年）秋，曹操率军出征，历尽千难万险，跋山涉水到达白狼山（今辽宁省哈喇沁左旗东），一举击败数万乌桓骑兵，生俘20万人，与乌桓一战，安定了北部边境。

曹操官渡一战，虽处劣势，却以少胜多，取得了决定性的胜利。可在南征时虽有绝对的优势而惨败，这就是著名的赤壁之战。

曹操在北方完成统一大业后，开始了南方征伐。建安十六年（公元211年）九月，曹操率师从许都出发，西渡渭水，在八里秦川驰骋，平定了马超、韩遂的叛乱，夺取了关中。三国鼎足之势形成，统一了北方，军事上取得了胜利。许都成了东汉的政治和军事中心。

插图3-5袁绍官渡败战图 曹操仓亭破本初

袁绍尽占河北之地后，于建安四年（公元199年）六月，选精兵十万、战马万匹，企图南下进攻许都以争天下。但袁绍为人外宽内忌，好谋无断。而曹操虽只两万兵力，但他能善择良策，攻守相济。故他利用袁绍之弱点，以过人的才智和勇气，屡出奇兵，以卓越的用兵谋略和指挥才能，巧施火攻，致使袁军崩溃。官渡一战，为曹操北方一统奠定了坚实的基础。此图用白描的艺术手法，形象地描绘出袁绍败战之后的狼狈惨状。

6. 经济文化并举

在抓政治和军事的同时，曹操没忘记发展经济，发展经济从粮食抓起。因为形势基本稳定，粮食问题提到议事日程，大批官员和军队的粮食供应很困难。经过10年混乱，到处都在闹饥荒。曹操接受了枣祗的建议，实施了一个重大举措就是"许下屯田"。

"许下"，是一个地区，指许都周围，包括今天许昌县和魏都区的大部分地区，鄢陵县、临颍县、长葛市的部分地区。建安元年曹操颁布了《置屯田令》，屯田有两种形式，一是军屯，每屯60人，有仗打仗，无仗种田。一是民屯，每屯50人。曹操任用了当时的三位名臣做田官，来管理屯田农事。开垦荒地，由官府租给农具和牲口。每年收割下来的粮食一半归官府，一半归农民。

许下屯田获得了巨大的成功，一年下来，获得了丰收，光是许都的郊外就收到公粮一百万斛。

"募民屯田许，得谷百万斛"。对于这个成功的经验，曹操很快在自己的辖区内推广开来，在州郡设置了田官，专管屯田之事。这一措施取得了"仓廪丰实，百姓竞劝乐业"的成效，对复苏农业经济起到了关键作用，不仅解决了军民的粮食供应问题，而且为北定中原积存了丰富的物质。

曹操用皇帝的名义号令天下，又采用屯田的办法解决了军粮问题，还吸收了荀攸、郭嘉、满宠等一批有才能的谋士，他的实力更加强大起来了。

54

曹操不只是以政治家、军事家的身份登上中原霸坛，还以诗人的身份轰动中原，他是"建安文学"的创始诗人。

建安是汉献帝刘协的年号，始于公元196年，止于公元220年。在这24年间出现的文学作品史称"建安文学"，其代表人物是"三曹"和"七子"。汉献帝建安元年，曹操就在他相府西侧建造一座楼，作为以曹操为首的文人学士们的文学活动中心。据史料记载，这座楼高50米，四周出厦带廊，由26根红油漆柱子支撑。四角外伸一米，悬挂着风铃，风吹铃摇，响声悦耳，雄伟壮观，建筑精美，从外看楼有五层，实际上楼内每一层又造有夹层，共十层。在南面正中层悬挂一块匾额，上书《赋诗楼》三个贴金大字，是曹操亲笔书写。

曹操每当有重大国事活动，或者闲暇之余，甚至出征之前、班师回朝，都要约请许都城内的文人雅士到赋诗楼一聚，饮酒畅怀，赋诗吟诵，或谈诗论文，那真是"八方文思涌相府，七子才华会高楼"。从赞美中可以看出其中最活跃、最有成就的是以曹氏为首的"七子"。

"七子"中最早到许的是鲁国孔融，于建安元年（公元196年）到达许都，曹

插图3-6.1《洛神赋图》卷（局部 东晋顾恺之）

《洛神赋图》卷有北宋摹本和南宋摹本两种，分别称为"洛神赋第一卷""洛神赋第二卷"，此取"洛神赋第一卷"。《洛神赋图》卷以曹植的爱情名篇《洛神赋》为题材，以极其鲜明的形象，完整地绘制出一幅连续画图。整幅画卷采取分段连续表现形式，概括描绘了几个重点。此段为卷末《辞别》一段，画家一改汉代平视画法，采用俯视角度，使之视野开阔。曹植驾车登程即将离去，又回首寻望洛神的倩影。五匹骏马，由乘骑护卫，奋力拉车，向前奔驰。顾恺之（公元345—406年），东晋时期杰出艺术家，素有"三绝"（才绝、画绝、痴绝）之称。其作品与绘画理论，对传统绘画发展有深远影响，《洛神赋》为其杰作之一。

操封他为匠作大将。之后，先后荟萃于曹操麾下的有广陵陈琳、山阳王粲、北海徐干、陈留阮瑀、汝南应玚、东平刘桢，他们都是在赤壁之战前到达许都的，还有蔡琰、杨修等一大批文人也陆续来到许都，一时赋诗楼上高朋满座。

远嫁匈奴的西汉大文学家蔡邕的女儿蔡文姬也被曹操接回许都，安排在赋诗楼里。蔡文姬凭着记忆将父亲的400多篇文章进行整理，完成了蔡邕的《汉书》的后续。

插图 3-6.2 曹操大宴铜雀台（木版年画 民国王荣兴绘）

曹操击败袁绍营建邺都，建安十五年（公元210年），曹操修建铜雀台，高十丈，屋百余间，为曹操邀文人骚客宴饮赋诗、与姬妾宫女歌舞欢乐场所，也是兵家战略要地。曹操在其上平定严才叛乱，并接见和宴请从匈奴归来的著名诗人蔡文姬。此幅画为民国时期的"桃花坞木版年画"。这种年画盛于明末至清代雍正、乾隆年间，一直延续至民国。"王荣兴木板年画"题材丰富，构图丰满，造型夸张，色彩鲜艳，线条流畅，不失清雅，富有装饰性和朴实感，具有强烈的地方风格和民族特色。王荣兴年画铺的存在至少延续了200余年，当年悬挂的"王荣兴年画铺"老金字招牌现收藏于南京博物馆。

曹操父子和依附于他们的文人们都是汉末军阀混战的目击者，他们饱受忧患，同情战争灾难中的人民，他们都有一定的政治抱负，曹操又给他们提供了文学创作的条件，所以，一个建安文学集团很快在许都形成了。这些文人们文学创作的主要倾向是"忧时伤乱，悲叹人生的短暂，渴望不朽的功业"。建安文学打破了两汉近400年文学史上的僵化沉寂的局面，把文学作品的创作提到一个前所未有的高度。史称他们为"一代风骨，百世流芳"。

建安"七子"常陪曹氏父子在赋诗楼"觞酌流行，丝竹并奏，酒酣耳熟，仰而赋诗"（《三国志》）。"七子"们的诗篇"怀文抱质，各标其美"，文采飞扬；曹丕的诗清丽秀出，民风厚浓；曹植的诗"骨高气奇，词采华茂"（《诗品》）；而曹操的诗作沉雄豪迈的气概、古朴苍凉的风格、质朴古直的语言更是体现了这位建安文学倡导者的风度与胸襟。

他们的许多优秀诗作都曾在许都飞扬，响彻当时，名冠史册。曹操那首《短歌行》就是在许都一次宴请宾客时的酬吟，成了千古绝唱。

许都，建安文学的发祥地；曹操，建安文学的发起人。

可惜的是，建安文学的诗人活动中心赋诗楼毁于北魏时的兵火，今人只能从那片瓦砾中想象它的繁华和诗人的风采了。

自东汉建安元年（公元196年），曹操迎汉献帝都许，"挟天子以令诸侯"，许都便成为当时全国的政治、经济、文化中心。曹氏父子雄踞许昌，虎视天下，运筹帷幄，图谋霸业。大兴屯田，广纳人才，下令求贤，倡导文学。数年间，猛将如云，文臣如雨，粮秣丰富，仓廪皆满，许都成为他抗衡蜀、吴和最后统一中国北方的大本营。

建安十八年（公元213年），曹操受封为魏公，在邺建魏社稷宗庙。建安二十一年（公元216年），曹操进封魏王，设天子旌旗，出入称警跸，并召集群臣议事。此后，邺城虽是他实际上的政治中心，但黄河流域名义上仍属汉朝，都城仍在许县。

7. 从许都到许昌

建安二十五年（公元220年）五月，魏王曹操病逝，儿子曹丕在许都继位魏王。曹丕，字子桓，曹操次子，卞夫人所生，曾任五官中郎将、副丞相。建安二十二年，立为魏太子。

曹丕继位后，指使一些官员大造舆论"魏当代汉"，一时间许都满城是以魏代汉是天命的谶语之说。

建安二十五年六月，魏相国刘廙、太尉贾诩、御史大夫王郎、禁卫军左中郎将李伏芋等大臣，在曹丕的授意下，径直闯入献帝刘协的寝宫，宣布"汉室国运已终，气数当尽，望陛下效法尧舜，把江山社稷禅让魏王"，逼献帝退位。献帝苦苦哀求保住汉室江山，放声大哭，在哭声中退到后殿，闭门不出。

曹洪和曹休听说后，大为恼怒，带剑破门入殿，站而不跪，厉声呵斥，紧逼献帝出殿，曹休看到掌玺印官，出剑斩杀，夺得玺印。失去玺印就失去了皇位，献帝很清楚这一点，他无奈地走出了后殿，面对满朝文臣武将含泪写了"禅让书"。曹丕还假情假意地"三让""三辞"，表示不接受献帝让位。

真正的受禅表演开始了。建安二十五年（公元220年）在繁阳亭（今许昌西南17公里的繁城镇）举行了"受禅大典"。

《三国志·魏书·文帝纪》记载了禅让的过程："汉帝以众望在魏，乃召群公卿士，告祠高庙。使兼御史大夫张音持节奉玺绶禅位……乃为坛于繁阳。庚午，王升坛即阼，百官陪位。事讫，降坛，视燎成礼而返。"汉献帝看到人心都归魏，便召百官到高祖庙祭祀，以祀告父亲曹操让位的决定，并在繁阳亭建造受禅台。据《水经注·颍水篇》记载有三台，当时称为"灵坛"，每个台子高出地面20米，占地约10亩，规模宏大，气势雄伟。"辛未（建安二十五年十月二十九日），魏王登台受禅，公卿、列侯、诸将、匈奴单于、四夷朝者数万人陪位，燎祭天地、五岳、四渎。"（裴松之注引《献帝传》）之后魏王曹丕走下灵台看祭祀之火，完成受禅典礼的最后礼仪而回。禅让仪式煊赫而隆重，盛况空前。

插图3-7.1曹丕画像（唐代阎立本《历代帝王图》）

曹丕自幼善骑射，好击剑，常从曹操征战。喜好文学，8岁能著文，有异才，是建安文学的代表人物之一，首开中国文学批评史的先河。东汉献帝建安年间为五官中郎将、副丞相，留守邺城。后立为魏国太子，常以从诸生宴游为乐。曹操去世后，曹丕继位为丞相、魏王，不久代汉称帝，在位7年去世。阎立本，唐代画家兼工程学家。艺术上继承南北朝的优秀传统，认真切磋加以吸收和发展，在绘画史上具有重要地位。

曹丕接受汉献帝刘协的禅让，定国号为魏，改年号为黄初，是为魏文帝，追封曹操为魏武帝。魏黄初二年（公元221年），文帝曹丕以"汉亡于许，魏基昌于许"，改许县为"许昌"。魏因汉祚都洛阳，以谯为先人本国，许昌为汉之所居，长安为西京之遗迹，邺为王业之本基，故号五都。许昌为魏五都之一。

汉献帝刘协成为大汉朝400年基业的终结皇帝，曹丕立魏代汉，也首创了封建社会改朝换代中和平交接皇权的方式。

汉献帝没皇帝可当，曹丕怎样安排他呢？有其父必有其子，他的气度一如其父曹操。据《后汉书·献帝纪》记载："冬十月乙卯，皇帝退位，魏王丕称天子。奉帝为山阳公，邑一万户，位在诸侯王上，奏事不称臣，受诏不拜，以天子车服郊祀天地，宗庙、祖、腊皆如汉制，都山阳之浊鹿城。"

冬十月乙卯日，献帝让位，魏王曹丕称天子。献帝被奉为山阳公，食邑一万户，地位在诸侯王之上，向曹丕上奏不必自称为臣，接受诏书不用拜，使用天子的舆车服饰郊祀天地，祭宗庙、祖祭以及腊祭都与汉代制度相同，设都在山阳县的浊鹿城。

魏文帝曹丕建魏半年后，把都城从许昌迁往洛阳。从此，许昌结束了它25年的国都地位。在这25年中，曹氏父子以许昌为大本营，导演了社会大变革，创造了经济大发展，发祥了建安文学，繁荣了文化。许昌作为曹魏的都城，它改变了中国的历史，推动了历史进程。

曹魏黄初二年（公元221年），魏文帝曹丕移都于洛阳。但是许昌的都城地位仍然很重要，曹丕把许昌定为陪都，曹丕心系许昌，毕竟那是他登基帝位并创建魏国的地方，他继位的7年中，有5年曾9次回许昌巡视。曹丕之后的魏明帝登基后，对许昌也是一片深情，他在位13年，曾先后5次行幸许昌。在魏明帝太和六年（公元232年）四月到许昌时还整修了许昌宫，起建了景福楼和承光殿，立儿子穆为繁阳王，这座陪都更加辉煌壮丽了。

但是到了我国历史上极为腐朽和动乱的两晋司马氏王朝，许昌成了各个政治集团争夺的要地，频繁的战争、严重的破坏、沉重的负担使许昌这座曾经风光的汉魏都城，遭受了深重的灾难。

然而，时光抹不去的是许昌的厚实内涵，以及丰富多彩的三国文化。据统计，全国500多处三国名胜古迹中，许昌就占了80多处。其分布之广、真迹之多、品位之高，在中国历史上占有重要地位。

曹丕废帝篡夺刘
太湖精舍陆昔

插图3-7.2曹丕称帝代汉图

东汉末年，曹操挟持汉献帝，统一北方，被封为魏王。曹操病死，其子曹丕继位魏王和丞相，掌管大权。于是欲把傀儡皇帝汉献帝废掉，即亲自导演一场"禅让"帝位大戏。文武百官联名上书，劝汉献帝让帝位于曹丕。汉献帝无奈宣布退位，曹丕择日设坛，汉献帝战战兢兢将玉玺奉给曹丕。历经190余年的东汉退出历史舞台，曹丕改汉为魏，是为魏文帝，定都洛阳，尊曹操为武皇帝，庙号太祖。此图艺术地再现了曹丕登台受禅、汉献帝跪献玉玺的瞬间历史。绘画线条繁简得度，画面布局疏密恰贴，中心人物对比鲜明。

第四章 夏商之都偃师

地灵

四

夏商之都偃师

1. 息偃戎师

偃师位于河南省中西部地区，南屏嵩岳，北临黄河，西邻十三朝古都洛阳。

偃师得名的故事源自周代，五帝之首黄帝的曾孙帝喾居于高辛（今洛阳市偃师市高庄一带），并在高辛地建都叫亳。"亳"，是中国文字发展史初期的帝王宫殿形象，具有京城的意思。帝喾以亳为都约 70 年。

帝喾有四妃四子，其元妃姜嫄生弃，又名后稷。后稷曾在帝尧执政时期担任过主管农业的"农师"，初封于邰（今陕西省武功县）。他的儿子在夏朝也担此任，后失官西奔戎狄间（今甘肃东部和陕西西部），逐渐形成一个部落，叫"周"，其首领就是后稷，后稷是周的祖先。到商王朝的后期，周部落常遭西北方戎狄的侵扰，这时周部落的首领古公亶父，率领周部落从岐山之西，迁到岐山之南的周原（今陕西凤翔、岐山、扶风、武功一带），在那里筑城、建屋、造宫室、垦荒地、设官吏，从此部落发展壮大起来。

插图 4-1 后稷教稼图（汉砖拓图）

古公亶父开始与商朝人来往，学习商的文化和生活方式，并成为商朝的诸侯国之一。周部到姬历为首领时，他和儿子都被商王封为"西伯"，就是西方诸侯之长的意思，所以后来称姬昌为"西伯侯"，就是周人所追称的"周文王"。

周文王死后嗣子姬发继位，是为周武王。他为灭商做了长期的准备，终于选择了他在位的第十一年（公元前 1111 年）初春，率 5 万部众向商王朝发动了大规模的攻击。他们进军到盟津（今河南省孟津县），召八百诸侯会盟，举行誓师大会，周武王发表誓词，声讨商纣王的罪行，鼓舞士气，同仇敌忾，进行军事演习，积极备战。但周武王感到发动总攻的时机不成熟，就退兵到祖先的帝都亳境内，安营扎寨，等待战机。时机一到，周武王率各路诸侯，"师渡孟津"，过了黄河，伐纣大军向商纣的都城朝歌（今河南淇县）进发。两军于牧野（今河南西南）遭遇，但商军 70 万与士气高涨的周军一接触，就溃不成军，节节败退。纣王逃回朝歌城内，自焚而亡，周军冲进朝歌，受到百姓的欢迎。周武王建立了周王朝，自称天子。

但周武王在朝歌只逗留一日，就兵退先王帝喾老家亳休整，"息偃戎师"休整

后稷，名"弃"，黄帝曾孙帝喾之妃姜嫄所生。尧帝时封为农官，舜帝时封号为后稷。他善于种植多种粮食作物，被尊为"百谷之神"。后来，人们出于敬仰和爱戴，便尊称弃为"稷王"。后稷还懂得春种、夏管、秋收、冬藏，赢得了一套完整的农事活动经验，他开创了万古不朽的农耕伟业。后来周族奉他为始祖，并认为他是最早种稷和麦的人。后人尊他为农业始祖。

两个月。"息偃戎师"就是停止打仗的意思。两个月中，周武王举行了庆功大会，在讨伐商纣中论功行赏，还要"相宅度邑"，就是勘察地形，选取建都的地点，要在这个地方建造新都城，并且也动工了。两个月的施工，新都已初具规模。但是当年四月初三周武王回到旧都镐京祭祖就再也没回到亳，两年后就死去了。临终前他还是念念不忘新都的建造，要求继续建好。

周武王虽然没有住上新都新宫，但是他在此的"息偃戎师"为新都留下了名字。据《读史方舆纪要》："周武伐纣，回师息戎，因我偃师。"偃，停息的意思。周武王伐纣之后，回师西亳，息偃戎师，马放南山，牛放桃林，表示不再用兵，在此进行休整。取"因我偃师"中字，"偃师"因此而得名。

偃师之名，诞生在周代，脱胎于"西亳"。

62

2. 夏之都

偃师表达了人类祈求安居乐业的愿望。据古史记言："昔三代之居，皆在河洛之间。"指夏、商、周三个朝代都把黄河和洛河之间作为活动的中心地域，而地处这个地带的洛阳和偃师正是这个中心的中心。故周武王灭商前在这里搞"军演"备战，灭商后即退兵此地休整谋筹建国大计，也是理所当然。

其实，偃师不只是夏、商、周三代的活动中心场所，在8000多年前，我们的祖先就选择了这里为居住之地，土肥水丰的天然条件催生了原始农业，在伊洛平原的偃师境内生存着密集的氏族村落。

传说，华夏民族的祖先黄帝曾"诣首阳山，宰牧从焉"（《广博物志》），他巡察来到偃师的首阳山，现场办公，处理部落联盟事务。而且有意外的收获，"受龙图于河，龟出洛，赤文篆字"（《水经注》），在伊河和洛河的交汇处得到了龟书。黄帝的曾孙帝喾曾在偃师高辛庄一带设都，之后的尧和舜也曾巡游偃师首阳山和洛水一带，设坛祭祖，也意外地在洛水中得到洛书。

夏的前期是部落联盟阶段，他们的活动中心多次迁移，伊洛河一带就是他们的一个活动区域，当然，也无固定的都城。在舜执政时代，禹治水有功，被指定为继承人，成为部落联盟的酋长，定都阳城（今河南登封市境内）。禹按照禅让制的规定，传位于伯益。这激怒了他的儿子启。启在其他部落的支持下打败了伯益，自立为王，开创了中国历史上第一个奴隶制国家——夏王朝。中国社会进入父传子"家天下"的时代。

启死后把王位传给儿子太康，太康把都城迁到斟鄩。斟鄩在哪里？

1959年，考古学者在豫西进行"夏墟"调查时，在偃师市翟镇乡二里头村发现了一处大型遗址。自此，新中国三代考古学者对这一遗址进行了40多次发掘。考古发掘和研究情况表明，这里是公元前2500多年前，中国乃至东亚地区最大的聚落，

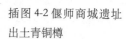

插图4-2 偃师商城遗址出土青铜樽

饕餮纹铜樽高约25.5厘米，口径约21厘米，敞口，肩平折，鼓腹，圈足，主题纹饰为饕餮纹。"樽"，是一种盛酒的容器，也是重要的礼器，包括有肩大口樽、瓠形樽、鸟兽樽三类。此件饕餮纹铜樽，就是有肩大口樽的典型代表。它造型庄重，纹饰精美。饕餮是古代传说的一种凶猛野兽，非常贪吃，据说它什么都吃，以至吃掉了自己的身子。古人认为，饕餮的力量强大，借助于它，其他猛兽不能吞噬，所以铸在祭祀的器物上。

它拥有目前所知中国最早的宫殿建筑群、最早的青铜礼器群及青铜冶铸作坊，是迄今为止可确认的我国最早的王国都城遗址。这个遗址就是夏都斟鄩遗址。沉睡几千年的夏都斟鄩被唤醒了。史书记载："太康居斟郡，羿亦居之，桀又居之。"史书的记载作了印证。

太康在都城斟鄩贪图享乐，不务朝政，终日游猎。东夷部落在后羿的率领下乘机反叛，攻占了斟鄩，赶走了太康，夺取了夏王朝的统治权力。这就是历史上著名的"太康失国"事件。

太康失国携弟仲康逃往东方，客死他乡。太康死后，后羿立太康之弟仲康为夏王，但实权操纵在后羿之手。仲康死后，立他的儿子相为夏王。后羿被他的臣子寒浞所杀，寒浞又杀死了夏王相，自立为王。当相被杀时，相怀孕的王后缗逃奔到有仍，生下少康。少康长大成人收拢夏的残存势力，彻底肃清寒浞势力，结束了后羿与寒浞40年左右的统治，恢复了夏朝的政权，仍定都斟鄩，即征伐东夷，巩固王权，夏王朝发展到了鼎盛时期，史称"少康中兴"。

少康死后，他的儿子杼继承王位，保持了父亲所创的发展势头。其后的五代六王执政时期政治稳定，经济持续发展。直到第十三个国王孔甲执政，夏朝开始衰亡，又传四代，至履癸（夏桀）为王。夏桀是历史上有名的暴君，不务修德，奢侈无度，杀人无数，四处用兵，劳民伤财，最后引起民众反抗，诸侯叛离，被商汤所灭。

夏朝传十四代十七王，延续近500年。夏代太康、孔甲、帝皋、夏桀四个帝王统治时期的都城都是斟鄩，这里是夏代政治、军事、经济、文化的中心。

3. 商之都

帝喾有4个妃子，生了4个儿子。元妃姜嫄，生弃，即后稷，后来成了周族的祖先。次妃叫简狄，"有娀氏之女，为帝喾次妃。三人行浴，见玄鸟堕其卵，简狄取吞之，因孕生契"（《史记·殷本纪》）。简狄是有娀氏国君的长女。"天命玄鸟，降而生商"（《诗经·商颂·玄鸟》）。"玄鸟"，是一种身体呈深青色的燕子。

契长大之后，帮助禹治理洪水，立功受赏。在尧、舜时，他在宫廷中做负责民众教育的司徒，很有作为，被封于商（今河南商丘一带），建一小诸侯国"商国"，定都商，为区别于其父帝喾的"亳都"之名，后人称为"南亳"。契因功赐姓"子氏"。

契生于商，发于商（今河南省商丘），成了商族部落的首领。为了商的生存和发展，契带领族人多次迁徙，寻找更适于居住的地方，实际上，商族就是一个游牧部落。契的商族曾东迁到蕃（今山东滕州市附近），这里虽然水草丰盛，但契的儿子昭明继任商族部落首领后，仍不满足，又率族人内迁至砥石（今河北省石家庄以南邢台市以北一带）。昭明死后，他的儿子相土继首领之位。相土应该是个恋故土的领导，他带领族人赶着畜群又回到商（今河南省商丘），这是他们的老根据地。

在商族的发展史上，相土是个很有作为的首领，在商地他对部族生活进行了重大改革，让各家圈养牛马，把游牧生活变成了定居畜牧，并且开始尝试原始农业的耕种，商族部落向人类文明跨出了坚实重要的一步。于是，商部落的经济实力得到发展，军事力量也壮大起来。

此时的夏王朝政局不稳，夏王启多次发动战争，消耗国力；其子继位，腐败失国。各诸侯国不可控制，王朝苟延残喘，自顾不暇。相土抓住契机，积极壮大商族势力，扩张疆土。"相土烈烈，海外有截"，这首商族人祭祀祖先的乐歌，真实而生动地反映了相土领导的商族部落生气勃勃的景象：威武的相土进行轰轰烈烈的军事征伐，一直打到黄海之滨，征服了海岛上的部落。相土为商族部落的发展壮大奠定了基础。

商祖契传至第六代，出现了值得商史大书的部族首领叫冥。冥为商侯时正处于夏的"少康中兴"时代，被少康任命为"水正"官职，也就是治水的官。冥在任上带领百姓治理黄河水患，身先士卒，勘察水情，清淤疏道，终于控制了黄患，农业有了发展。就在他治水的第十三年，当他率领治黄大军疏通河道时，因长期过度劳累，失足落水，为治黄献身。商族百姓引以为傲，被后人尊为水神。

契之后传至第十四代首领叫天乙，天乙就是历史上有名的成汤。从商族祖先契传到成汤共十四代，前后迁都八次。成汤是商王朝的开国帝王。

据说，汤出生时很神奇，其母夜见白气贯月，怀孕生汤。因生日的天干有"乙"的一天，父母取号"天乙"，起名"履"，

即踏踏实实，一步一个脚印之意。后来长辈又起名叫"汤"，含赴汤蹈火解救族人苦难之意。因其做事多有成功，后人又称其为"成汤""商汤"等，史书上说"汤有七名"。甲骨文中称他为"唐"或"武王"。

汤接商侯之位时，定都于史称的南亳（今河南商丘市东南），当时夏王桀暴虐无道，残害百姓，掠夺诸侯，众叛亲离。商汤为巩固政权，采取了一系列措施，定都稳定国势，聚拢人才，对族人布德施惠、轻赋薄敛、抚老护幼、政令通达，获得了人民的拥戴。商汤顺应民意，在辅佐大臣伊尹的帮助下，首先灭掉了商国附近的葛伯等小国，扩大了势力范围，扫除了前进的障碍。商汤联合东方各诸侯国，在北亳（今山东曹县附近）举行誓师大会，之后，向夏王朝发动总攻。商汤亲率大军，所向无敌，先灭掉夏的属国昆吾国（今河南濮阳西南），然后乘胜攻打夏都斟鄩。夏桀军队不堪一击，夏桀丢下爱妃妹喜逃窜。商汤率威武之师追到鸣条山，夏王朝结束了。

这一年正是成汤任商侯的第18个年头。灭夏后，他回到夏都斟鄩，建立了商王朝，这是中国历史上第二个奴隶制国家。"十八年癸亥，王即位，居亳，始屋夏社"（《竹书纪年》），国家立，要定都，成汤本想以夏都斟鄩为国都，但为了安定大局，安抚夏朝遗民，必把"夏社"保留下来。但若回到商的旧都南亳（今河南商丘东南），

插图 4-3 商朝太姒画像（明代人绘）

太姒（生卒时间不可考），姒姓，夏朝禹的后代有莘氏部落。商朝姬昌在渭水之滨遇到太姒，惊为天人。后来了解到太姒仁爱明理，生活俭朴，姬昌决定迎娶太姒为正妃。但渭水无桥，姬昌决定造舟为梁，舟舟相连，搭成浮桥，亲迎太姒，场面盛大。太姒虽为正妃，但她仰慕长辈之德，旦夕勤劳，力尽妇道。太姒尊号为"文母"，文王理外，文母治内。太姒与姬昌生10名男丁，自少严谨教诲。

那么会削弱对中原的统治力度。所以，为了巩固对中原的统治，于是在夏都附近的先祖帝喾旧都亳重建了一座新都。在夏都斟鄩（今河南省偃师市翟镇乡二里头一带）以东六公里的尸乡（今河南省偃师市城关镇塔庄、新寨一带），建造了新的商城亳，历史上为了区别南亳，称此亳为"西亳"。这里地利形胜，位处伊洛河盆地，东控虎牢，西踞崤函，南以嵩岳为屏，北有黄河之险，是得天独厚的建都之地。

4. 商都四百年

商汤灭夏回到商都，开始了建国大计。为了歌颂灭夏建国的伟业，他命伊尹作乐，表示庆祝。伊尹创作《大护》《晨露》，又整理了《九招》《六列》等旧歌，壮丽宏伟的歌曲振奋了人民的精神。成汤向人民作诰词，在诰词中，他说明了伐桀灭夏的正义性，抒发了与百姓同庆同乐的心情，并表达了亲民的态度，极力宣传神的意志，宣传灭夏正是神的意志的体现，自己取代夏王做天子是上天的命令。于是，四方诸侯都相信了商汤的声威，受到了震动。

商汤要登天子大位了，各方诸侯、方伯、氏族以及部落酋长都献上朝贡的礼物，向商都西亳涌来，形成了历史上有名的"三千诸侯会商城"的声势。在三千诸侯们盛情劝说中，成汤登上了天子宝座。一个新的王朝诞生了，商朝是中国历史上第二个奴隶制国家。

插图 4-4.1 商汤王真像图（《历代帝王真像》绢本绘画册页）

商汤是一位很有作为的君王。定都西亳之后，他主持定官服、改历法、制订刑法《汤刑》，以及各种典章制度。

称帝后的商汤在商城西亳统治 13 年就死去了，死后葬在今偃师市山化乡蔺窑村北，后人称为汤冢。

商王朝的王位继承制是兄终弟及，无弟则传给长子，可商汤的长子太丁早夭，商汤没处理完接班人的问题就去世了，他的开国重臣伊尹扶立太丁的弟弟外丙继承了王位。外丙短命，在王位上 3 年就死去了。伊尹再把外丙的弟弟仲壬扶上王位。可仲壬短命，只做了 4 年的商王，就撒手而去。因仲壬无弟，伊尹只好把商汤长子太丁的儿子太甲，即商汤的嫡孙扶上王位。

太甲自幼丧父，贪玩任性。伊尹做了教育太甲的一系列工作，第一步先选好良辰吉日，召集百官群臣，祭祀先王，借以教训太甲。他发表长篇演说，称颂先王的伟大业绩、高尚的修德治身。最后对太甲提出要求，"君作善则降百祥，作不善则降百殃"。后来，伊尹撰《肆命》《祖后》等文章，教育太甲做事要分清是非，要遵照先祖制定的规矩行事。可这位放纵任性的太甲哪里听得进劝告，头两年还慑于伊尹的压力，不敢违反祖训。到了第三年，忍耐不住伊尹的要求，抛弃了祖训，信马由缰，欺压百姓，强征暴敛，甚至残杀无辜。伊尹以国为重，用"保衡"大臣的

汤在位 30 年，其中 17 年为部落首领，13 年为商朝君主。姓子，名履，今人多称商汤，又称武汤、成汤等，甲骨文称"唐"（为甲骨文的"唐"字）。汤败夏桀于鸣条，一举灭夏，史称"商汤革命"。此图取自《历代帝王真像》绢本绘画册页，这本画册描绘了自伏羲到清乾隆 44 幅帝王像，托名为清乾隆五十三年姚文翰奉敕所绘，但据其绘画质量判断疑为清末民初作品。姚文翰，顺天（今北京）人，乾隆宫廷画家。擅长画人物、道释像、山水。乾隆皇帝称赞他的《放清明上河图》"临摹比肖"。作品有《紫光阁赐宴图》等。画风受西画影响。

权力，把太甲流放到商都西亳郊外的桐宫（今河南偃师西南），此处曾是商汤的离宫、商汤的葬地。伊尹选择这个地方的用意很明显，是要他以先王为榜样，改邪归正，重新做人。太甲反省3年，伊尹代理君王管理国家，处理朝政。太甲经过3年的反省，悔过自新，认识到自己的错误。伊尹把太甲迎回西亳都城。

太甲重新登上王位，以新的面目出现在朝廷上。他勤政爱民，关心百姓疾苦，得到国人的拥戴，受到诸侯们的称赞。最高兴的是伊尹，他作《太甲训》3篇文章褒扬太甲的新政。太甲死后，伊尹为太甲的宗庙起了"太宗"的庙号。

太甲去世由他的儿子沃丁继位，在沃丁当政期间，商朝的五朝元老阿衡（宰相）伊尹寿终正寝，沃丁为他举行隆重的国葬，以太牢（牛羊猪三牲）作祀品，亲自主持丧事，行丧礼3年。19年后沃丁去世，他的弟弟太庚继位。太庚在位5年去世，由儿子小甲继位，小甲在位17年去世，由其弟弟雍继承王位。雍贪图享乐，不理朝政，滥用民力，专制暴虐，搜刮诸侯，引起国人不满，诸侯不朝。由此，商朝出现了衰败迹象。雍在位12年去世，其弟弟太戎即王位。

太戎本来也是一位贪图享乐、懒于朝政的国王，但一个平常的自然现象，改变了他的一生、改变了国家的命运。商朝信奉鬼神。这年宫廷院里桑树和穀树合生一起成一棵，7日之内长成两人合抱大树。太戎即到汤庙占卜，卜者告诉他说，那树是妖怪，是灾祸的先兆，做善事就可免灾。太戎自此关心民众，和好诸侯，积德行善。并且发展生

产，国力大大增强，出现了复兴。太戎在位75年，是商朝历史上享国最长的君王。太戎死后，朝臣们给他立庙号"中宗"，表达了对他的敬仰与纪念。

太戎死后由他的儿子仲丁继承王位。仲丁继位时曾有过一场争夺王位的激烈矛盾和斗争，由于商朝的继承制度不完善。一位商王去世后，可由其子继承，也可由其弟继承，没有明确的规定，于是王位的争夺战在所难免。自仲丁继位后，这种斗争愈演愈烈。仲丁采用的办法是迁都，以此来缓和和掩盖矛盾；并且当时他的叔叔势力强大，干扰朝政，为了摆脱这种干扰，仲丁即位元年就把国都西亳（今河南省偃师市）迁到"嚣"，也称"隞"（今河南郑州附近）。这是商王朝建立后的第一次迁都。至此，从商汤到仲丁，偃师作为商朝的国都，历经10帝，计230年。

《竹书纪年》载："汤居西亳，仲丁元年辛丑即王位，自亳迁于嚣。"1983年，中国社会科学院在洛阳偃师尸乡沟、大槐树、塔庄一带考古发掘，发现了这座商城遗址，揭开了西亳的秘密。商城总面积为190万平方米，城内南中部有宫殿遗址，宫城呈正方形。大殿之后有几座宫殿建筑，东西对峙，系王宫所在地。城内道路纵横、井然有序。城外有环城道路。

《史记·殷本纪》载："帝盘庚之时，殷已都河北，盘庚渡河南，复居成汤之

插图4-4.2 隞墟

郑州商城平面为长方形，城墙周长6960米，有11个缺口，其中有的可能是城门，城内东北部有宫殿区，发现宫殿基址多处，中心有用石板砌筑的人工蓄水设施。城中还有小型房址和水井遗址。城外有居民区、墓地、铸铜遗址及制陶制骨作坊址等。有专家认为该城是商代中期仲丁所迁之隞都，也有认为是商汤的都城亳都。

故居。"又云："帝庚丁崩，子帝武乙立，殷复去亳徙河北。"由此可以看出，商朝曾两次定都西亳。

第二次商都西亳，约在公元前1310年至公元前1140年，经盘庚、小辛、小乙、武丁、祖庚、祖甲、廪辛、康丁、武乙九帝王，计170年。

商代两次定都西亳，共19帝，计400余年。

5. 东汉太学

偃师历史悠久，文化灿烂，有5000年的文明史，先后有夏、商、东周、东汉、曹魏、西晋、北魏等7个朝代在此建都，素有"洛阳九朝古都半在偃"之美誉。地之灵必有人杰，诸如唐朝高僧玄奘、宋朝名相吕蒙正，东汉张衡、蔡伦、班固、王充等，都是在此成就了伟业英名的历史人物。以"二里头文化遗址"为代表的近60个古文化遗址标志了偃师文化的丰富内涵。而偃师拥有中国古代历史上规模最大、人数最多的国立大学——东汉太学，标志着偃师的文化水平的高度。

太学是中国古代的大学，是古代传授儒家经典的最高学府。上古时的大学，称为成均，汉代称庠，夏代叫东序，殷商时为右学，周代称东胶。到东汉时期，汉武帝"罢黜百家，独尊儒术"，采纳董仲舒的建议，在长安建立太学。董仲舒在贤良对策中说："太学者，贤士之所关也，教化之本源也。"东汉光武帝时朱浮上书请广选博士也说："夫太学者，礼仪之宫，教化之所由兴也。"东

汉末著名学者蔡邕更明确指出："太学以为博士弟子授业之所。"说明太学的兴衰直接关系到国家教化的成败。

王莽篡位行新政后，文化教育散乱，太学零落，"礼乐分崩，典文残落""四方学士多怀协图书，遁逃林薮"。光武帝刘秀执政后，深谙董仲舒"太学者，贤士之所关也，教化之本源也"，戎马未歇，即遍访雅儒，采求经典阙文，四方学士云集于京师，于光武帝建武五年（公元29年）在洛阳城南开阳门外（今偃师市佃庄乡太学村西北）兴建洛阳太学。太学为中央官学，是全国的最高学府。太学祭酒，也就是太学校长，兼掌全国教育行政。太学校长权力如此大，可见政府对太学的重视程度。

东汉太学的基本教材是儒家五经，授"孔子之术，六艺之文"，天文、历法、数学等自然科学也列入学习科目，重视技艺训练和伦理教化，也不忽略思想的创新和道义的教育。太学不只是学生学习的场所，也是为皇帝咨询国事之地方，博士、学生都可发表意见，以培养学生关心政治和国事的风气。光武帝刘秀曾多次亲幸太学钦鉴老师们相互论难，考究学生们的学业，观看学生们雅吹击磬的娱乐活动，对

插图4-5.1 东汉太学讲学图（东汉画像砖拓片摹本）

太学之名始于西周。汉代始设于京师。太学初建时为50人，汉昭帝时增至100人，王莽时增至10000人，武帝还下令天下郡国设立学校官，为传播文化起了重要作用。魏晋至明清或设太学，或设国子学，或两者同时设立，均为传授儒家经典的最高学府。东汉画像砖拓片题材广泛，内容丰富，如一幅幅生动逼真的风俗画，凸现了汉代复杂多样的社会生活图景，是研究那个时期政治、经济制度以及社会生活等问题的最可靠的实物资料。这件画像砖上的画，生动表现了汉代经学大师授徒的情景。画面中老师盘腿端坐于教坛上，学生依次跽坐（跪坐）在两旁，教师地位很高，备受尊重。

品学兼优的学生进行物质奖励。不但亲自授课,还与太学生一起对政事进行辩难。这里学风良好,平素学生之间相互讨论蔚然成风,学生也可和负有盛名的学者进行论辩,学术气氛十分浓厚。继承了成就学问家的传统,营造出舆论家的氛围,有效地培养了学生们学思敏捷、善论难的才能。

有好的教学必有好的老师。太学教师从全国各地以能为人师范的标准来选拔,只有那些通晓儒家经典,并且很有名气、有声望的50岁以上的大儒才有资格入选。博士的选任最后要由皇上审定,而且选任时要有官员保举,其举状要写明被举人的品行、礼法、学识、身体状况及家族成员行为是否合乎礼度等。

太学隶属太常管辖,太常为九卿之一。选拔博士祭酒(太学校长)1名,博士(一线教师)14人。当时的经学大师马融、郑玄、班彪、桓谭等名流都先后在太学任教。教师们授课以家法理论为基础,讲授中根据自己的术业研究成果和对儒家经典的独到理解,灵活发挥教学,自成一家之言,教学态度严谨,讲求教学质量。其教学方法有博士主讲,入学早的教授后入学的,提倡自修,采取"大班上课"的形式。尊师重教是太学的优良传统,学生非常尊重师长,师长去世,学生要服丧3年,即使远在外地的学生也要赶来奔丧。

太学的学生称博士弟子,生源来自三个方面:一是官僚贵族子弟,其须有600石以上的经济收入。这类学生相当于保送生,年龄够线不经考试即可入学;二是平民子弟,经全国统考选拔;三是地方推荐生,由郡县选送品学兼优的学生。选拔条件很严格,以德、才为主,注重仪表,要求年满18周岁,个别智慧过人者可作为特招生。

学生贫富不同,在校的待遇有别。除正式学籍的学生,还有勤工俭学的旁听生。一些官宦子弟可享受国家俸禄,而贫寒子弟则不仅衣、粮自理,连照明的脂烛也要自己解决。

学生居住条件差别也很大,有住校生,也有在校外居住的。住校生中有住单间的,有住集体宿舍的,也有单独居住者。《后汉书》中记载了那个"举案齐眉"故事的主角梁鸿在太学生活的情况,有一个细节很有意味。梁鸿入太学受业年龄还小。他性情孤僻,不与人同食,同屋学生做好自己的饭后,好心地让他趁热吃饭,可他不领情,就把火熄灭,重新燃着。由此看,当时学校没有集体食堂,只在宿舍外设灶架锅,自营火炊。

学制为8年,但根据学生入学基础不同,年限比较灵活。据史书记载,还有不少二次入学的。自12岁至60余岁都可入学,年少游太学者亦不在少数。

学生学习采取单科结业方式,每家经典学完后,由博士主持答辩。答辩为50道论辩题,解释多者为上第,引文明者为高说。就整个学业教育而言,这是提倡不同学派之间争论和提高不同学派学术地位的保证。

据历史记载,东汉时的这所古代的"国立大学",其规模之大、师生之多、层

插图 4-5.2 举案齐眉图
(明末清初陈洪绶绘)

太学学生梁鸿的故事载于《后汉书·梁鸿传》:"(梁鸿)为人赁舂,每归,妻为具食,不敢于鸿前仰视,举案齐眉。"明末清初书画家陈洪绶。根据书中描写画此图。画面绘梁鸿妻孟光双手托盘送茶饭以至眉间,身体前倾,眼睑低垂,神态恭敬;梁鸿同样身体前倾,双手接盘,神态安详。陈洪绶,号老莲。其山水、花鸟、人物皆长,且尤以人物画中的仕女、婴戏、释道、肖像著称。其所绘人物,大多体格高大飘逸,衣纹细密清楚,细条流畅有力。表现技法灵活多变,极大地丰富了中国传统人物画的表现技法。陈洪绶去世前一年绘举案齐眉图。

次之高，均为当时世界所仅见。自太学始创，其后屡加扩修。至建武二十七年，建造的讲堂很宽敞，长 10 丈，宽 3 丈；至顺帝时达到空前规模，"凡所造构二百四十房，千八百五十室"；汉灵帝时，太学学生多达 3 万余人，应是世界上最早的国立大学、最早的研究生院。

由于学生来自各地，师承不同，所受经书难免章句有误，当时儒家经典辗转传抄，多生谬弊，为此，灵帝在熹平四年（公元 175 年）诏令当代名儒蔡邕、马日磾等订正儒家经本文字，由蔡邕等以隶书八分体刻立石碑 46 块，史称"熹平石经"或"一体石经"，立于太学门前。石经的内容包括《尚书》《周易》《春秋》《公羊传》《仪礼》《论语》等，这实际上就是中国历史上官定的儒家经本。碑落成之时，其观视摹写者，车乘日千余辆，填满大街小巷。

太学生学业期满，经过朝廷考试，合格者就可任官，所以当时的读书人都以能到太学深造为走向仕途的敲门砖。东汉太学为东汉政权培养了大批有用人才，在反对宦官专权的斗争中，充分体现了他们的价值。他们的强大舆论被称为"清议"，充分显示出了太学生的舆论威力，在一定时期内对于整顿史治都起了一定作用。

东汉末年，除汉明帝、汉章帝，皇帝都在幼年即位。朝中大事多由太后主持，其政治上依靠父兄，形成外戚专权的局面。皇帝长大，对外戚专权不满，身边无可依靠，无奈选择了宦官向外戚夺权，于是，滋生了外戚、宦官交替掌权的政治怪胎。

这些外戚贪婪骄横，无所不为，引起太学生们的愤慨，他们以极大的政治热情投身于同黑暗势力的斗争。上书皇帝主持公道，依法办事，并和各州郡的学生相互联络，联合较为清廉的士大夫进行"清议"，评价朝廷政治，针砭时弊，揭露宦官的罪恶。于是，一个反对外戚宦官擅权的营垒形成了气候，对外戚、宦官进行了猛烈的攻击，在东汉末年的腐败土壤中，激荡成一股汹涌澎湃的"清流"，涌现出一大批以清高自居的政治反对派。

汉桓帝永兴元年（公元 153 年），冀州刺史朱穆因打击横行州郡的宦官势力被治罪，罚往左校服劳役。太学生刘陶等数千人上书朝廷，指责宦官集团的罪恶，赞扬朱穆的忧国忧民，以示肃清奸恶的精神和立场，表示愿意代替朱穆服刑劳作，致使汉桓帝不得不赦免朱穆（《后汉书·朱穆传》）。汉桓帝延熹五年（公元 162 年），一向"恶绝宦官，不与交通"的议郎皇甫规拒绝贿赂当权宦官，受到诬陷，遭严刑治罪，太学生张凤等300 余人发起集会，向朝廷陈情，皇甫规得以赦免（《后汉书·皇甫规传》）。太学生往往不畏强权，为民请命，大胆弹劾朝中权贵，挽狂澜于即倒，扶危厦之将倾。

东汉太学遗址位于今偃师市佃庄镇太学村（亦称大郊村）附近。经专家考古发掘可知，太学遗址规模宏大，南北长方形，长 220 米，宽 150 米，四周围墙成院。院内布列一座座长数十米的房屋。整个太学遗址可分为东西两大部分。仅东部面积就达 3 万多平方米，在遗址内部，也发现有大面积的建筑基址。西南遗址东西长方形，长 200 米，宽约 100 米。

太学始创于西汉武帝时期，鼎盛于东汉。其后，经曹魏、西晋，洛阳太学至北朝末衰落，历时六七百年，是屹立在世界东方的第一所国立中央大学，对后世产生了深远的影响，堪称我国教育史上的奇葩。

古战场荥阳
第五章

地灵

五

古战场荥阳

1. 变　迁

荥阳，位于郑州西 15 公里处，北临黄河，而它的古城在其东北的古荥镇。古荥阳因位于荥泽西岸荥水之阳而得名。

"荥泽"，据古书《尚书·禹贡》记载："荥波既潴。"即济水自温县潜行入河，南溢为"荥"，聚集成"泽"，称为荥泽。《晋地道志》说："济自大伾山（今荥阳广武山汜水口子以西段）入河，与河水斗，南溢为荥泽。"足见济水停聚，而成"荥泽"。

荥泽的形成调节了济水、黄河水系。济水由黄河分出后，流经古荥泽沉淀，泥沙减少，水质变清，成了适于人类居住的地方。春秋时期，在荥泽以北建筑了一座城池，因位于荥泽西岸荥水之阳，被称之为"荥阳"（今河南省郑州市古荥镇）。

插图 5-1 古运河鸿沟

鸿沟是中国古代最早沟通黄河和淮河的人工运河，位于古代荥阳成皋（今河南省郑州荥阳）一带，西汉时期又称狼汤渠。东周末期战国魏惠王十年（公元前 360 年）开始兴建。一直是秦、汉、魏、晋、南北朝等朝代黄淮之间的中原地区的主要水运交通线路之一。该鸿沟北临万里黄河，西依邙山，东连大平原，南接中岳嵩山，是历代兵家必争的古战场。楚汉相争时，是两军对峙的临时分界，自此把鸿沟比喻为对垒分明、不可逾越的界线。

大禹在荥泽分大河为阴沟，引注东南。公元前 360 年，战国时魏惠王在荥阳东开挖鸿沟，这是中国古代最早的大运河。鸿沟从荥阳引黄水流向东南，与淮水、泗水、济水、汝水等汇流，荥阳与河南的陈（今河南省淮阳县）、山东的定陶等当时的名城以及江兴一带连成一张商业网。秦始皇疏通鸿沟，与淮河、泗水形成河运，把淮河南北的粮食水运到秦国的荥阳粮仓敖仓。

鸿沟，不仅是水运河道，还可灌溉农田，在战国秦汉魏晋长期的历史发展中，促进了这个地区的经济发展。荥阳位于鸿沟与黄河交汇处，得水陆交通便利，成为中原地区政治、经济、文化的中心之一。西汉时主管财政的大臣大司农桑弘羊，把荥阳列入"天下名都"之一，与蓟（今北京）、邯郸、洛阳等名城并列一起。

在经济发展中行船停泊，航运、邮驿开通了。但是黄河的泛滥和济水的沉淀使荥泽泥沙淤积，逐日邊增，终于至汉平帝（公元 1—5 年）之后，"荥泽塞为平地"

（《尚书正义》）。从此，荥泽消失了，只在史籍上留下"荥泽""荥波""荥播"等名称，但"荥阳"保留下来了。

荥泽消失了，济水也失去了泥沙沉淀之所，位于黄河流经它的中下游交界处的荥泽也没有泥沙沉淀池。黄河水变成黄色，而济水的遭遇是毁灭性的，200年后至两晋时，济水只在大地上留下依稀可辨的遗迹。在荥泽消失前，人们称黄河为"河"，因其河水颜色变黄，人们形象地送给它一个名称叫"黄河"。成书于汉武帝征和年间的《史记》，全书中找不到"黄河"一词。可见"黄河"正名始于东汉。

自楚、汉以鸿沟为界之后，荥阳已无战事。公元前221年，秦始皇统一全国建立秦朝，荥阳设为县，并在荥阳设置三川郡。到西汉时期，三川郡改为河南郡。西晋泰始元年（公元265年），河南郡改为荥阳郡。北魏孝文帝太和十年（公元493年），荥阳城废。荥阳（今河南省古荥镇）治所就迁移到大索城（今河南省荥阳老城）。大索城中间高，四周低，索河半绕城池。城南面群峰峙立，城北面广武山横卧，是大索城天然的屏障。东拥京襄重城，西跨虎牢关隘，扼中原之咽喉。

古荥阳被废与"荥泽塞为平地"有关，鸿沟水利系统逐渐丧失了漕运功能，更是重要的原因。古代筑城都是军事上的设施。当失去了军事意义后，城也就废弃了。荥阳迁走城弃，那一片土地上人口大减、土地荒凉。但古荥阳留下了深厚的文化，千百年来仍闪烁着光辉，古荥镇成了中原的名镇。

历史上许多军事活动均发生于此。春秋鲁隐公五年（公元前718年）击败燕师于此；鲁襄公二年（公元前571年）晋悼王会诸侯于戚以谋郑，用孟献子"请城虎牢以逼郑"之计，开始在此筑城；战国时期齐、楚、燕、韩、赵、魏六国驻兵虎牢关和秦国对抗；楚汉争霸时（公元前203年），刘邦、项羽在此争城夺关；唐代李世民大战窦建德、宋建炎二年（公元1128年）岳飞大破金兵于竹芦渡，一直到元、明、清仍是鏖战纷繁，时闻杀声。

2. 晋楚邲之战

晋楚城濮一战，楚国失败，但其锐气不减，长期以来，在南方地区处于超级大国的优越地位。其国地广人众、物产丰富、兵力充裕。城濮之战后不久，楚庄王同晋争霸之心不死，意欲东山再起。为了迷惑晋国，减轻晋国对楚国的压力，他表面上向晋国抛出了橄榄枝，要和平不要战争，发出了向晋国讲和的信号，暗中却积极发展军力，伺机再北征中原。

城濮胜利后，晋国被胜利冲昏了头脑，对楚国放松了警惕，并且与盟友秦国分道扬镳，几度兵戎相见，秦晋同盟关系陷于瓦解。晋国以友为敌，把秦国推向了楚国，秦国向楚国靠拢了。楚国无形中又扩大了自己的实力。

楚国北进中原的预谋终于付诸军事行动。

楚国出师，势如破竹，一气吞并中原南部的江、蓼、六等小国，降服了郑国和陈国，迫使蔡国、宋国等国归附。楚庄王继位后，国力进一步增强，楚国的野心日益膨胀。

楚庄王借口讨伐陆浑，陈兵于洛邑境内，公然向周天子挑衅，询问象征国家权力的九鼎大小和轻重，欲取代周天子的野心昭然若揭。他虽遭到诸侯们的强烈谴责，但他伐晋的目标不会改变，时时在寻求和等待向晋开战的机会。

晋国岂容败楚势力在中原扩张，立即召开盟会，商议对策。楚国深知郑在争霸全局中的重要性，降服了郑国，便封锁了黄河，即可阻晋南下。楚国决定先拿郑国开刀。郑国本来就在晋、楚势力的夹缝中生存，采取两面讨好的生存方法，以求自保。可晋国与楚一战胜利之后，便咄咄逼人威胁郑国。郑国权衡利害，无奈之中就投靠了晋国。基于此楚庄王更坚定了伐郑决心，于周定王十年（公元前 597 年）春，以郑通晋为罪名大举伐郑，拉开了晋楚邲之战的序幕。

同年六月，郑国都城被楚包围，但始终等不来晋国援军。当楚围郑两个月后，晋景公就委任荀林父为中军元帅，率军救郑。由于晋军延误战机，进军又慢，郑国都城终被楚军攻陷。郑襄公肉袒请和，楚国与郑国结成联盟，开通

了进入中原的通道。消息传来，缓慢的晋军才抵达今河南省黄河北岸的温县地区，只能"望河兴叹"了。

中军元帅荀林父和上军主帅士会主张暂不渡河，观望楚军动静，待其南撤时乘机进兵，逼郑归附。但坚决反对这个正确主张的是中军副将郤縠，他认为失掉郑国，称不得"力"；面对敌人而不打，称不得"武"，绝不可失掉称当霸主的机会。他求战心切，求胜心急，不听军令，独自率部渡河击楚。犹豫不决中的荀林父被迫令全军渡黄河，进军至邲地，由西而东背靠黄河摆开军阵。

楚军闻悉晋军渡河列阵，内部也发生了战与退的矛盾，令尹孙叔敖主张不可与晋军正面冲突，要乘胜而撤；而宠臣伍参则全面分析了晋军内部将帅不和、士气低落的弱势，主张抓住战机，主动进攻。楚庄王采纳了伍参的意见，率兵向北推进，抵达管地（今河南省郑州市一带）。

就在大战一触即发的前夕，郑国使臣来到晋营，转达郑襄公劝说荀林父进攻楚军，并答应郑军也将协同作战。对郑国的这一劝战建议郤縠赞成立即出战，认为败楚服郑，在此一举。下军副将栾书则认为，郑国的劝战是为自身利益，郑国将在晋楚速战中决定自身去从。中军元帅荀林父一时犹豫。正在此时，楚庄王派使者到晋军说明楚北上意在伐郑，与晋无关。实际楚使摸清了晋内部的混乱分歧。楚庄王再派使者入晋营，表面上向晋国求和，实则麻痹晋军。晋军主帅以为楚有意求和，便放松了戒备。楚庄王见时机已到，突派人向晋挑战，打击了晋军的士气。楚庄王又引晋军来挑战，楚军以此为由，大军出动，猛攻晋军，乘胜进逼晋军大营。楚军

插图 5-2 楚庄王绝缨之智图

楚庄王，春秋时期楚国最有成就的君主，春秋五霸之一。一天夜晚，楚庄王宴赐群臣，正喝得酒酣耳热之际，灯火突然熄灭，有人趁机拉扯美人衣服，美人就把那人的帽带拉断，并向楚庄王报告，要求点灯找出那个人。楚庄王却说，自己赐宴，怎可为一女子节操而使臣子受辱。于是传令："今晚同我饮酒，喝到帽带断为尽兴。"百多位大臣都把帽带拉断。灯火点亮，群臣尽兴而去。三年后，晋楚交战，一大臣冲锋陷阵，五战五胜。楚庄王讶异地说："我没特别优待你，为何为我出生入死呢？"那大臣说："我就是那个醉而失礼的人，我愿肝脑涂地以报大王不杀之恩。"

SERIES ON THE HISTORY
AND CULTURE OF

中原历史文化系列丛书

如潮，晋军慌乱一团，急渡河北逃，兵多船少，自相打杀，死伤惨重。楚军终于扳回了败局，取得了战争的胜利，撤军凯旋。

邲（河南省荥阳北）之战，以楚胜晋败画上了句号。

3. 楚汉鸿沟之战

鸿沟是条人工运河，历朝都很重视。战国时魏惠王十年（公元前360年）魏惠王开鸿沟，在荥阳北开口（荥口），引黄河水经圃田入大梁。《史记·河渠书》记载："荥阳下引河东南为鸿沟，以通宋、郑、陈、蔡、曹、卫，与济、汝、淮、泗会。"秦始皇疏鸿沟以通淮、泗，漕运淮河南北粮食至荥阳敖仓。隋炀帝大规模修治洛河、黄河、汴河，连通济渠，沟通南北，连接东西，是当时的水运枢纽。唐代输天下之粮于武牢仓、河阴仓，再运至长安。北宋视汴河为国之命脉，漕运四方粮食至汴梁，荥阳人称为运粮河。为荥阳提供了发展的良机，促使经济发达，市场繁荣。

鸿沟今天静静地伸躺在荥阳广武山下，那干涸后种满了庄稼的河道，绿意盎然，一片祥和景象。但在2205年前的深秋，汉王刘邦和楚王项羽经过血流成河的拼杀，汉楚两军列阵鸿沟两岸，汉西楚东，隔沟对峙。

项羽进入秦都咸阳，大肆烧杀抢掠，失去民心，无法立足关中，分封诸侯后即罢兵回楚都彭城（今江苏徐州）。不久，齐、赵和彭越起兵反楚，项羽即调遣主力击齐。汉二年（公元前205年）四月，刘邦乘楚、齐两军胶着之际，以项羽杀害义帝为口实，出师立名，联络五国诸侯，加上本部组成联军56万，东征攻楚，一举攻占楚都彭城。正在与齐国进入胶着战争状态的项羽闻悉后留众部将击齐，自率3万精兵南下。

再说刘邦，占了彭城，尽收货宝美人，置酒高会。陶醉于胜利之中，处在戒备松懈之态。项羽率军发动突然袭击，大破汉军，汉军往泗水方向溃逃，楚军紧追不舍，

插图5-3《鸿门宴图》（洛阳出土汉代墓室壁画）

西汉墓室壁画《鸿门宴图》以长卷式构图，纵23厘米，横顶边140厘米，底边193厘米。此图刻画了发生在秦末过程中具戏剧性的历史事件。公元前206年刘邦即定函谷关，平定河北的项羽率兵至此，破关进入鸿门，危及刘邦。项羽设宴欲杀刘邦，席间项庄舞剑，意在沛公，刘邦巧计逃走。此幅墓画描绘出了鸿门宴杀机四伏、剑拔弩张的场面，全图以墨线勾描，来表现人物较大的动势和神情，并用大色块渲染，对比强烈，形象逼真，有声有色。

76

杀汉军十余万人，刘邦父母和妻子被俘。汉军被歼数十万，刘邦险些被虏，仅率数十骑突出重围，逃回荥阳（今河南荥阳东北古荥镇）。

刘邦军屯荥阳、成皋（今河南荥阳西北汜水镇）一带，联合反楚力量分兵扼守险要，以争取时间，发展自身实力，待机再战。同年五月，刘邦在荥阳得到萧何征得的关中兵员补充，韩信亦率援军赶到，于是在荥阳东一举战败楚军，阻遏了楚军的西进攻势。楚汉双方在荥阳、成皋一线相持，进行了长时间的拉锯战，互相攻伐长达两年之久。所谓"大战七十，小战四十"。

公元前204年楚军包围了荥阳，刘邦感到形势危急，向项羽求和。项羽听从谋士范增的计策，拒绝汉军的讲和要求，并决定乘胜追击。刘邦势单兵弱，便接受谋士陈平的建议，对楚军实行反间计，设法离间项羽和范增的关系。项羽有勇无谋，果然中计，对范增生疑，并把他驱逐出军。范增蒙受不白之冤，含恨离去，途中病死。从此，项羽失去了智多星，多误战机。

刘邦复取成皋，屯兵广武，取敖仓之粮而用。项羽闻知成皋失守，急回师广武，刘邦闭城不出。楚军粮食缺乏不利久战。项羽前来挑战，刘邦当众宣布项羽十罪状。项羽大怒，命人开弓射箭，一箭射中刘邦胸口。

为了迫使刘邦投降，项羽采用了一个阴毒的办法，《史记·项羽本纪》中对此有精彩的描写：据城东把俘虏来的刘邦的母亲拉至广武山上，烹饪器具鼎镬，隔鸿沟要挟刘邦说："你若不早投降，我就把你母亲下锅煮死。"刘邦故作镇静地说："当初咱二人共同反秦，在怀王面前誓盟结为弟兄，我的母亲就是你的母亲。如果你要煮咱们的母亲，别忘了给我一碗肉汤。"项羽听后恼羞成怒，要杀掉刘太公。这时，项伯劝项羽道："杀太公不是时候，也对楚军不利。"项从其言，太公幸存。

刘邦不战不和，坚守不出，项羽耐不住刘邦的软拖硬磨，要和刘邦单挑决斗，对刘邦说："天下匈匈数岁者，徒以吾两人耳，愿与汉王挑战决雌雄，毋徒苦天下之民父子为也。"（《史记·项羽本纪》）意思是：天下纷争动乱数年了，是我们两人的缘故，愿意与你单独挑战决一雌雄，何必连累天下百姓的父亲和儿子呢。刘邦笑着说："吾宁斗智，不能斗力。"（《史记·项羽本纪》）刘邦拒绝了。

此后不久，刘邦兵分两路，一路仍在荥阳同项羽相持，一路经武关南下宛、叶，想引诱项羽南下。此时韩信也率军到达黄河北岸，声援荥阳。从此汉军有了更为巩固的后方，关中的萧何更是源源不断地运来兵员、粮饷。"汉王军荥阳，取敖仓"（《史记·项羽本纪》），刘邦此时将广粮足，稳坐钓鱼台。而项羽已支撑不住了。汉四年（公元前203年）八月，楚军粮尽，项羽只得反过来向刘邦议和，刘邦跟项羽斗的是智，他暂时接受了项羽的讲和要求，只因自己还未能调来韩信、彭越援军。于是双方订立和约，以荥阳之东的鸿沟为界，"中分天下"（《史记·项羽本纪》），沟东归楚、沟西属汉。至此，楚汉两军在荥阳、成皋一线两年零五个月相持对垒，休兵罢战。

汉四年（公元前203年）九月，项羽遵约东撤，可刘邦违约过鸿沟向楚军突然发起战略追击。项羽遭垓下之围，在四面楚歌中，乌江自刎。

荥阳鸿沟对垒画上的句号，成了400年汉帝国的一块基石，刘邦踏着百万人的尸骨登上了皇帝的宝座。

4. 虎牢关

　　周武王建国之后分封诸侯，把自己的一个弟弟虢仲分封到荥阳西北的汜水，史称东虢。

　　据《水经注·河水》记载，周穆王姬满在圃田泽打猎，命随从掠林惊兽时，忽然看到有老虎在芦苇丛中游荡，"天子将至，七萃之士高奔戎生捕虎而献之天子，命之为柙，畜之东虢，是曰虎牢矣。然则虎牢之名，自此始也。秦以为关，汉乃县之"。虎牢关之名，源自西周。

　　虎牢关位于河南省荥阳市区西北部18公里，为洛阳东边的门户和重要的关隘。它南连嵩岳，北濒黄河，山岭交错，自成天险，有"一夫当关，万夫莫开"之势，为历代兵家必争之地。自秦代起，开始在虎牢设立关口：秦代名为虎牢关，东汉建武元年置成皋关，东汉灵帝中平元年设旋门关，魏、晋为黄马关，隋设金堤关；东晋太宁三年赵主石虎讳"虎"改为"武"，唐代避高祖李渊祖父讳，亦改"虎"为"武"，称虎牢关为武牢关；北宋大中祥符四年，真宗以虎牢关为"玉关之枢会""鼎邑之要冲"，诏改为行庆关；明洪武四年改虎牢关为古崤关；明晚期至清复为虎牢关，因在汜水之西，也称为汜水关。

插图5-4 三英战吕布图（雕版清末年画）

年画始于古代的"门神画"，清光绪年间，正式称为年画，是中国特有的一种绘画体裁，也是农村老百姓喜闻乐见的艺术形式。年画题材广泛，形式多样，具有浓郁的乡土气息、民俗风格。此画构图饱满、主题突出，结构紧凑。特别是人物造型形象生动，很有个性，紧张激烈的沙场厮杀场景，表现得酣畅淋漓。此图所表现的是《三国演义》中的一个家喻户晓的精彩故事，画面里，以刘备、关羽、张飞为一方，与猛将吕布血拼大战。战马或昂首嘶叫，或低头前冲，刻画其神韵准确，奔腾气势不可阻挡。

　　虎牢关之所以名垂天下，是因为中国古典名著《三国演义》，作品对刘备、关羽、张飞三英战吕布的精彩描写，家喻户晓。

　　曹操传檄告天下，联络十八路诸侯，讨伐董卓。在汜水关前，曹军中关云长温酒斩董卓大将华雄，董卓有些慌了，带着他的干儿子吕布驻扎在虎牢关。

　　虎牢关下，诸侯齐集，豪杰如云。两军阵前，吕布身着红锦百花袍，身披兽面吞头连环铠，手持方天画戟，坐下嘶风赤兔马，吕布出阵了。他大喝一声："吕布在此，谁人前来送死！"话音未落，曹营中幽州公孙瓒，舞动铁槊直取吕布。吕布挥起方天画戟，战不到三个回合，公孙瓒招架不住，拨马败退。

　　吕布不放，纵马直追。正在此危急关头，曹营中有人一声怒吼："三姓家奴吕布，休要猖狂，燕人张翼德在此！"曹营中张飞飞马而出，圆睁环眼怒声如雷，手持丈八蛇矛，直取吕布。吕布一惊，舍弃公孙瓒，转身迎战张飞。顿时虎牢关下风起云涌，战鼓威震八方。诸侯观阵，一片喝彩，声盖九天！两将一气大战80个回合，不分胜负。

这时，曹营中的虎将关云长，瞪起丹凤眼，竖起卧蚕眉，手提82斤青龙偃月刀，催马上前，夹击吕布。刹那间，刀若闪电，矛似流星。三将酣战50个回合，吕布愈战愈勇，关张寸步不让。三人交战难分难解之时，曹营中又一将一马当先，奋起冲出，手持雌雄双剑，冲上前去助战，此人正是刘备刘玄德。

一场精彩的三英战吕布开始了！

吕布虽然雄勇无双，怎奈独力难支。大战十余个回合，吕布已难招架。他急中脱身，举起方天画戟，急取刘备，照着刘备脸上虚刺一戟，刘备急忙闪躲，吕布反身飞马便回，奔回虎牢关内。

罗贯中虚构的这场三英战吕布，人们记住了，也记住了虎牢关。"刘关张三英战吕布"成了虎年关的名片！

5. 武牢之战

其实，人们对真实的虎牢关曾经的辉煌知之甚微，甚至虎牢关前那些真实的历史战争被放置在记忆的角落。例如在虎牢关的历史上，李世民与窦建德的武牢之战就是名扬史册的大战。

中国历史上有无数以少胜多的著名战役，虎牢关之战是最具神秘色彩的一仗。李世民在此战役中一举歼灭了窦建德集团的精锐力量，进而攻陷洛阳消灭了王世充军，为李唐王朝一统天下，打下了坚实的基础。

插图 5-5.1 凌烟阁功臣图（唐阎立本绘制）

武德九年（公元626年），李世民发动玄武门之变，被立为太子，唐高祖李渊不久被迫退位，李世民即位，年号贞观。唐贞观十七年二月二十八日，唐太宗"为人君者，驱驾英才，推心待士"，为怀念随同打天下的有功之臣，命画家阎立本在官内三清殿旁的凌烟阁内绘制二十四位功臣的画像，大书法家褚遂良题字，这就是著名的《凌烟阁二十四功臣图》，即《凌烟阁功臣图》，以表彰开国的功臣勋将。其比例皆真人大小，画像均面北而立，太宗常在阁内面墙向画怀旧。阎立本，唐代画家，官至宰相，精于绘画、建筑，且擅工艺、篆隶书。其父子三人以工艺、绘画闻名于世。此壁画为其传世之作。

唐高祖的爷爷叫李虎，封建社会中，皇族名字中的每个字，都被民间禁用，以避免皇族名讳。因此，"虎牢关"中的"虎"字是忌讳，虎牢关也就改名为"武牢关"，发生在虎牢关那场著名的战争，也叫"武牢之战"。

隋炀帝多次发动战争劳民耗财，军阀割据，民不聊生，最终引起统治危机。隋朝末期爆发了各路英雄的起兵反隋。公元613年，刘元进据吴郡，自称天子，同年被灭。直到杨素的儿子杨玄感于黎阳（今河南浚县东北）举兵叛变，达官子弟纷纷参加，隋朝统治阶级正式分裂，带动全国各地纷纷叛乱。群雄割据，数量繁多。其中势力最大的有：

河南地区的翟让、李密的瓦岗寨起义军。

河北地区有窦建德的起义军，至大业十二年（公元616年），窦建德领导河北叛军转战河北各地，占据冀州大部分地区，成为这个区域中势力最大的一支叛军。第二年，窦建德自称长乐王，自封夏王，建国夏，定都乐寿（今河北献县）。

大业十三年（公元617年）五月，太原留守、唐国公李渊在晋阳（今山西太原市）起兵，十一月占领长安，拥立隋炀帝孙子代王杨为帝，改元义宁，即隋恭帝。李渊自任大丞相，进封唐王。义宁二年（公元618年）五月，李渊夺位称帝，定国号为唐，隋朝灭亡。

大唐武德三年（公元620年）七月，唐军在李世民的率领下，出关进攻王世充。王世充反隋自立称王，国号郑，是隋末最能扫荡群雄的将领之一，枭雄李密就败在他的手里。他占据地盘北至黄河，东至今鲁南苏北，南至豫西鄂北。

李世民率唐军向洛阳进发，乘势对洛阳周围守军展开攻击，王世充军的局面迅速恶化，各地守将纷纷不战而降。王世充已没有独立对抗的能力，无奈之下派使者向窦建德求援。窦建德与王世充是敌非友，王世充此举实为饮鸩止渴，但除了出此下策别无他法。一直隔岸观火的窦建德，看到壮大自己实力的机会来了，李王交战两败俱伤，他想收渔翁之利。他答应了王世充的请求，于武德三年十一月，带领30万大军，一路攻陷管城（今郑州），推进到牛口（今荥阳牛峪口）。

李世民得知窦建德出兵之事，立即前往堵截援军。但是此时李世民的主力部队正在围困洛阳，进行破城的攻坚战，他只能调出不足万人的精锐部队，这一万精兵也是攻城的疲劳之师。而相比之下，窦建德从河北向洛阳赶来，一路高歌，节节胜利，士气正旺。

李世民名动天下，窦建德自河北起兵之后，百战百胜，未逢一败，也是威震天下的名将。如今两个名将相遇，力量却是天地悬殊，兵力以1万对30万，士气以疲劳之兵对昂扬之军，李世民军绝无胜算的可能。

然而李世民深谙用兵之道，首先要抢占重要的关口武牢关，以阻王世充的援军

80

插图 5-5.2 唐太宗立像轴（故宫南熏殿旧藏古帝王像轴）

李世民，杰出的军事家、政治家，为唐朝的建立与统一立下赫赫战功。唐朝武德三年七月，李世民领兵8万向东攻打洛阳的郑国王世充。经过8个月的作战，占领虎牢，河南50余州相继归降。李世民进逼洛阳，将其合围。王世充向夏王窦建德求救。窦建德怕唐灭郑后危及自己，决定先联合郑国攻击唐朝，再伺机灭郑，夺取天下。他率兵10余万连续攻克管城（今河南省省会郑州）、荥阳（今河南荥阳）、阳翟（今河南禹县）等地，进到虎牢的东面。李世民与窦建德大战，王世充投降，窦建德被俘。此图唐太宗虬髯，头带乌纱帽，身着窄袖黄袍，束带，脚登革靴，一派威严尊贵之帝王气场。

窦建德西进。他亲率 3500 名精兵强将，迅速占据了武牢关，切断了窦建德与王世充的联系。然后，李世民又与窦建德斗智。他据武牢关之险，闭门不出，避开正面对垒，与窦建德打起了消耗战。接着，李世民又悄悄派一支部队截断窦建德的粮草，随后，派人牧马黄河北岸，做出唐军粮草不足的假象，以引诱窦建德发动出战。窦建德果然上当，在汜水东岸摆开 20 余里阵势，欲与唐军决战。李世民仍紧守武牢关，闭门不出。窦建德被拖得疲惫不堪，士气不振。李世民抓住战机，立即选数百精锐铁甲勇士，组成突击队，猝不及防地杀出关口，冲进窦建德军营中，窦军一触即溃，被生俘者不计其数，连窦建德也难逃被擒的命运。李世民为攻洛阳消灭王世充军打下了关键的一仗。

李世民用了 3 个月的时间，消灭了王世充的援军，扫清了洛阳外围的守敌，周围郡县全部落入李世民手中，洛阳成了一座孤城。王世充人马在城中严重缺粮，连树皮草根都吃完了，饿死的不计其数，3 万户人口只剩下 3 千户。危在旦夕，王世充支撑不住了，但他绝不投降，亲自出面向李世民求和，双方在洛阳城外隔着洛水谈判，李世民不答应，谈判破裂，破裂就意味着开战。王世充只得全力迎战，无奈人心已失，连战皆败，正面打不过，那只好用偷袭了。

李世民经常带少数人到最前线去看地形、侦察敌情，王世充早就摸清了李世民这个行动规律，一直都在等待合适的机会。机会终于在九月的一天出现了。那天，李世民只带了 500 骑兵到魏宣武陵看地形，王世充立即率步骑兵万余人前往突击，将李世民重重围困。唐军主力悉李世民情况危急，大将屈突通即领兵前去拼命救援，但不能敌众，被王世充拦截堵回。王世充的大将单雄信杀散李世民的卫士，直冲到李世民马前，举槊刺向李世民。突然一将冲过来，从侧面举枪把单雄信挑落马下，此人是李世民的名将尉迟敬德。随后，尉迟敬德护卫着李世民杀出重围，此时唐军主力赶到。尉迟回身向王世充发起进攻，冲进王世充军中，如入无人之境，唐军士气大振。王世充挡不住李世民的猛攻之势，全军覆没，仅以身免。

6. 古冶铁中心

先进的冶铁技术支撑了古战场上冷兵器的一片天。荥阳是汉代的冶铁中心。

20 世纪 60—70 年代，在古荥镇发掘出约西汉中晚期至东汉时冶铁和制造铁器工场的遗址。遗址南北长 400 米，东西宽 300 米，总面积为 12 万平方米，为汉代河南郡铁官的一号作坊，是目前世界上发现的规模最大、时间最早的冶铁遗址，简称"河一"。

在古荥镇汉代冶铁遗址的两次发掘中（1965 年、1975 年），发掘出两座规模较大的汉代冶铁高炉残迹和水井、水池、船形坑、四角柱坑、陶窑等，还出土了陶制鼓风管、耐火砖和铸造铁范用的陶模，以及 318 件铁器、380 多件陶器、8 件石器，还发现 10 余件大铁块，最重者达 23 吨。

发现这 23 吨重的大铁块，有一个十分有趣的故事。

插图 5-6.1"生熟炼铁炉"图（取自喜咏刊本《天工开物》）

此图为《天工开物》中所附的古代炼铁工艺示意图，描绘了古代炼铁炉和炒铁炉串联操作方法。书中对生铁和熟铁串联冶炼方法的记述，是当时对传统冶炼方法的革新。该法把冶炼生铁和熟铁的设备串联在一起，使所炼得的生铁液直接流入炼铁炉，炼成熟铁。这种连续作业的冶炼方法，降低了成本和炒铁时间，提高了工效，为当时世界上最先进的熟铁冶炼工艺。《天工开物》是明代学者宋应星所著，刊印于明朝崇祯十年（公元1637年），书中上篇记载谷物的栽培和加工方法等；中篇包括砖瓦、陶瓷的制作、造纸方法等；而矿物的开采和冶炼，以及宝石的采集、加工等，集中于下篇描述。文字明快生动，绘图优雅古朴、翔实，被誉为"百科全书之祖"。

　　故事发生在 30 多年前。1975 年，寒冬料峭。古荥镇一位生产队长带领村民深翻平整土地，这是上级布置的任务。深翻到一块叫"红土岗"的土地，为何土呈红色？老百姓有个说法：在汉代楚汉争霸时，刘邦被项羽围在荥阳城里，就在荥阳城即将攻破的危急时刻，汉王无法突出重围。困难出现了，奇怪现象也出现了。汉将纪信挺身而出，请求和刘邦互换衣服以让主子脱险。于是刘邦乔装为普通人，自西城门逃走。纪信穿着刘邦的衣服，乘坐着汉王的车，插着汉王的旗，出东门大喊："我就是刘邦！"楚军以为刘邦前来投降，抓住他之后，大呼上当，用火烧死了纪信。今天，古荥镇的百姓们或许是出于对此地的历史大事件的纪念，也或许是出于对纪信的敬佩，认为"红土岗"是纪信的鲜血染红的。

　　深翻平整"红土岗"时，有人发现了一个蛙形的东西，几个人上去要拉出来，但那玩意像生了根。不过土地是要平整的。于是请来了大力士东方红拖拉机，但尽管加足马力往外拉，只把拴在那"蛙"上面的钢丝拉断了。后来拉出一个小的，是积铁块，原来那个拉不出来的大积铁块，大得吓人，足有 20 多吨重。

　　村民们顺藤摸瓜，继续北挖七八米时，碰到比铁还硬的东西，用坚硬的工具砸上去，火花耀眼。原来这是炼钢高炉的炉基，看来人工是无能为力了，如何解决这块"硬骨头"，有人出了招，用炸药炸。高炉上用钢钎打个洞，填上炸药，放入雷管，拉出导火线。导火线点着了，大家屏住气等待那激动人心的"轰隆"声，随着雷管的熄灭却是一片神秘的沉寂。

　　可深翻平整土地的生产不能停下，重新起爆！重新起爆一切就绪，正在这个当儿，闻讯赶来的郑州市文物管理处的处长带着他的助手来了。他在现场说明了保护文物的重要性，但村民们不相信保护文物有那么重要，还是执意点火引爆！就在这危急时刻，一位随行的文物工作者突然登上高炉声色俱厉地说："要炸这高炉就把我一起炸掉。"大家一怔，看他的阵势不像开玩笑。村民们不得不重视这个不一般的高炉，答应暂停爆破，立即请示上级。文物管理处处长连夜上报市领导，市长着即批示：那个高炉不是一般的价值，必须保护起来。镇党委书记也给予了高度重视。

挖出来的竟是 23 吨重的铁块，它是汉代冶铁遗址博物馆中的实物见证。

这个用生命保护下来的古荥镇冶铁遗址，是西汉中期至东汉时代官营冶铁联合作坊，它证明了汉代冶铁技术的先进、规模的宏大，确立了中国古代冶铁技术在世界冶金史上的重要地位。

古荥镇的冶铁遗址反映了中国汉代冶金技术已达到最高的黑金属冶铸技术水平。两座规模较大的炼铁高炉残迹东西并列，相隔14.5米。炉基深3米，炉缸为椭圆形，面积8.5平方米，炉壁厚1米。其中一号椭圆形竖炉容积可达50立方米，这是目前中国发现的古代容积最大的炼铁炉，日产量估计为0.5～1吨，也是当时世界上最大的高炉。直到公元16世纪中叶，西方才出现过圆形高炉，这是世界冶铁史上的一个奇迹。

在古荥镇发现的这些冶金工艺技术处于世界遥遥领先的地位。从出土的318件铁器中，有犁、犁铧、铲、锄、凹型臿、臿、镢、双齿镢等农具206件，锛、凿、锤等手工工具5件，六角轴承和齿轮9件，10余件农具上有"河一"的铭文。这个作坊规模巨大，除冶炼大量生铁之外，还用生铁铸造铲、锛、镢等农具和工具，也生产大量的铁范。说明在汉代铁已经广泛应用于农业和手工业生产，生产力有了前所未有的发展。

汉代冶铁技术的发展，使之有了成批制造农具和武器的能力。冶铁术为汉代走向强盛发挥了重要作用。

插图 5-6.2 郑州古荥镇汉代冶铁遗址

郑州古荥汉代冶铁遗址位于郑州市西北20多公里的古荥镇。遗址南北长400米，东西宽300米，总面积12万平方米。发掘范围炼铁炉炉基两座、炉底积铁10余块，最大的重约23吨，矿土堆约60立方米、水井一眼、水池一处、四角柱坑、烘范炉十三座、船形坑一个等遗迹。遗迹的分布显示出，以炼铁炉为中心组成的一套完整的冶炼系统，已经使用煤饼做燃料，用于预热鼓风。这是汉代国家冶铁专营时期河南郡第一冶铁作坊，反映了我国汉代已达到最高的黑金属冶铸技术水平，是目前世界上发现的时间最早、规模最大、保存最完整的冶铁遗址。

最古歌乡古长葛

第六章

地灵

最古歌乡古长葛

1. 名之溯源

中国古代的地名或以河为名，或以山为名，或以星座命名，或以飞禽走兽起名，也有以植物命名的，"长葛"就是一种以植物命名的地名。

在中原腹地有一块地方，到处生长着一种植物，叫葛。葛，是一种纤维植物，它的纤维可用来织头巾、衣服、披肩、纱布等。生活在这里的一个部落中有个人发现了葛的用途，因此人们不再用兽皮树叶遮体御寒了。这个人受到了人们的尊敬，大家又认为他是从天上下来的神人，就叫他"葛天氏"。葛天氏做了这个部落的首领。后人怀念葛天氏那时候的生活，想长久承续那种恩泽，就称这块地方为"长葛"。

《路史》记载："葛天氏，葛天者，权天也。爰拟旋穹，作权象。故以葛天为号。"

"长葛"这个地名，最早见于《春秋左氏传》："鲁隐公五年，宋人代郑围长葛。"鲁隐公五年（公元前718年）距今已有2700多年了，那时长葛靠近郑国。明朝正德十二年《长葛县志》、清代乾隆十二年的《长葛县志》均记载："长葛为古葛天氏之墟，其得名实始见于春秋，迄至于今盖已两千余岁矣。"民国十九年《长葛县志》记载："长葛，盖葛天氏故址也，后人思永其泽，故名曰长葛。"

葛天氏部落生产生活得到进一步发展。在长期的实践中，人们发现葛藤的皮柔韧性很强，纤维也很长，便制成了"葛衫""葛巾"等。《说文解字》中曰："葛，絺绤。"《本草纲目》："'葛'有野生，有家种，其蔓延长，取治可作絺绤。"《诗经》中有"为絺为绤""絺兮绤兮，凄其当风"的诗句。《论语·乡党》也有"当暑，袗絺绤"的圣语。"绤"是指纹理粗的葛布；"絺"是指纹理细的葛布。近代著名史学家吕思勉的《中国通史》说：四五千年前，先民已经开始以葛、蚕丝制作衣服，以遮羞蔽体、御寒防暑，使部族的人告别了蛮荒，向文明迈出了重要的一步。《诗经·葛覃》写道："葛之覃兮，施于中谷，维叶莫莫。是刈是濩，为絺为绤，服之无斁。"

插图6-1.1 葛天氏"古乐八阕"之"依地德"图（阴山岩画）

葛天氏在劳动中创造了"古乐八阕"，葛天氏的后裔葛姓的一支，因擅长饲养牲畜而改姓嬴。他们把其先族葛天氏的"古乐八阕"带到西北地区，传入戎人之中。漫长的历史使"古乐八阕"泯灭了，但其具体形象却被阴山先民在生产中、习俗中保留下来，并以图画形式刻在了阴山（内蒙古中西部）的岩壁上。此幅图中是一群山羊和一群马团团围住五个人，这五人中一人手执牛尾在领导众人载歌载舞，正是庆丰收的"依地德"图。

采回去的葛藤，经过砍砸，煮去外皮，提取纤维，捻成线绳，编织成细麻布和粗麻布，为人们遮羞取暖，抵御严寒。

炎帝神农氏为解民疾苦，植五谷、尝百草，历游大山名川，发现这种特有植物既能充饥又能解毒，遂采其种子传播四海，后人称其为葛根。《黄帝内经》也记载：远古时期，先人们用葛藤搭建葛棚居住，编织葛床睡眠，用葛纤维纺绳织布、编葛鞋；用葛根充饥、医病。葛天氏发现葛是为华夏民族繁衍的一大贡献。

葛不但实用，还是青年男女谈情说爱的媒介，《诗经·采葛》中写道："彼采葛兮，一日不见，如三月兮。"你看，为了能见到相爱的人，就去采葛，这应该是借口，其实满怀希望地能借采葛之机看看相爱的人，却失望了，无限感慨：那采葛的人儿啊！一天看不到犹如三月未曾见面一样！

到黄帝时代葛天氏的部落已渐壮大，这个部落被封为一方诸侯——葛。晋代政治家、针灸医学鼻祖皇甫谧在《帝王世纪》中记载，那时有许多部落，巢氏构木为巢；燧人氏钻木取火；伏羲氏教人渔牧；神农氏授民耕作；葛天氏教民自治，各部都有分工，说明葛天氏是与燧人氏、伏羲氏等其他氏族首领齐名的一个重要领袖。

2. 长葛乐舞

司马迁在《史记·司马相如传》中记载："奏陶唐氏之舞，听葛天氏之歌，千人唱，万人和，山岭为之震动，川岭为之震动，川洛为之荡波。"说明葛天氏的部落是喜爱音乐创作的一个氏族。葛天氏是个贤能的部落首领，部族中人性纯真、世风淳厚，在葛天氏治理下形成了一个和谐部落，被古人称为"理想中的自然、淳朴之世"。葛天氏开创了原始的和谐社会，并且创制了《葛天氏之乐》。

古时，最初的舞蹈、唱歌均是在劳动过程中逐渐萌发、形成的，其舞蹈动作和歌唱内容也常常是劳动过程的简单再现。葛天氏部落是个能歌善舞的部落。在长期的生产劳动中，族人或与野兽为伍，或与植物为依，或在劳动时相互观察各自的动作，或发出不同的声音，久而久之，便形成了一种乐趣。为庆祝捕猎胜利、谷物丰收或某一重大活动，人们手舞足蹈，就是最原始的舞蹈；人们劳动中所哼的号子，就是最原始的歌。经过长时间的演化，这种乐趣由低级到高级，不断发展、完善、提高，便形成了一种成型的唱歌和舞蹈的结合《葛天氏之乐》。吕不韦在他的《吕氏春秋·古乐篇》中记述了这种乐曲的具体内容："昔葛天氏之乐，三人操牛尾，投足以歌八阕：一曰'载民'，二曰'玄鸟'，三曰'遂草木'，四曰'奋五谷'，五曰'敬

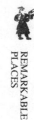
88

插图 6-1.2 阴山岩画

阴山岩画，内容丰富多彩，取材极为广泛，北方游牧民族的衣、食、住、行等各方面的生活，都得到了充分的体现。有他们狩猎、放牧、舞蹈、战争、交媾的场景。阴山岩画有各种动物图像，有天体、文学，有车辆，原始数码等。有的画面发挥了作者的想象力，具有强烈的浪漫色彩；有的画面表现了作者的写实性，给人以真实的感觉。

天常'，六曰'建帝功'，七曰'依地德'，八曰'总禽兽之极'。"他们三人一伍，每人手里都拿着一条牛尾巴，手舞足蹈，嘴里还唱着歌词，是最古老的音乐文化艺术，也是世界上最为原始的歌舞艺术。通过这种形式，表达尊祖先、敬天地的虔诚，反映对农耕、畜牧等农业活动的重视和祈愿。这是葛天氏部族社会生活的一个侧面，是当时社会、经济、文化诸方面的缩影。这是中国最早的歌舞，是中国第一部有文字记载的歌舞，更是中华民族文化艺术的重要源头之一。

歌词虽没有保留下来，但从那八段的内容中，可以看出葛天氏部落的发展："奋五谷"，说明他们已经由以采集、狩猎为主的生产方式发展到了会选择性地种植。当时不但属于原始农业阶段，而且葛天氏部落在中国进入原始农业的时间相对较早，其农牧经验较丰富，为中国原始农业的创立立下了不朽的功劳。"遂草木"，是希望草木葱郁；"总禽兽之极"，是歌唱牲畜繁殖旺盛。这说明他们的畜牧业已经从以打猎、捕鱼为主，转变为打猎和驯养，在畜牧业上已经开始从自然选择逐步走上了人工选择的轨道，为后世人类发展畜牧业奠定了良好的基

础，也印证了他们的生产劳动已经产生了一定的剩余。"敬天常"，祈敬上天、观察日月运行、天气变化的规律，说明他们已能自觉地对农业的自然再生产过程进行不断探索。

《隋书》在风俗志一节中载："长葛人好尚稼穑，重于礼文，其风皆近于古。"一个"古"字，说明葛天氏部落重礼乐的好风尚。

3. 和尚桥

长葛市区东南部的清潩河上，有座颇有名气的桥。据民国十九年（公元1930年）《长葛县志》记载："在县西南15里（原县治在今老城镇），为邑冲要。明嘉靖四十三年（公元1564年）知县蔡绍先创建，因昔有和尚募化，原名和尚桥。""和尚"与"桥"连在一起，必有故事，和尚的故事最能引起兴趣的当然是其风流韵事。因此这座桥也就成了不同一般的桥。

这是一个和尚与一个女人的故事。这个女人的丈夫久病卧床，她为了给丈夫诵经消灾，鬼使神差地跑到村外，过了一条河，上到一座小山上，走进一座庙，找到庙里的一个和尚。和尚为病人诵经不是一次能进行完的，于是，和尚成了女人家的常客。一来二去，女人不只是让和尚来为夫消灾了，和尚也不单是找女人诵经了。

插图 6-2 贾湖七孔骨笛

骨笛，在河南省漯河市舞阳县贾湖村出土，先后出土了三十多支，其中只有5支骨笛保存较好。骨笛的出土证明了早在新石器时代，中国古人就能够制作乐器，是贾湖先民有意识、有目的、有规范地制作的成品，显示了制作技术和演奏技巧的成熟。骨笛用丹顶鹤尺骨制成，笛孔有2、5、6、7、8之别，大多数骨笛为7孔。此件7孔骨笛为河南博物院收藏，呈黄棕色，制作精美，笛身7个圆形音孔，分布均匀，经测音可发出完备的六声音阶和不完备的七声音阶。在目前发现的30多支骨笛中是比较完整的一支，堪称"中华第一笛"。它的发现有改写中国音乐史甚至中华文明史的重要意义和价值。"贾湖文化"被称为人类从蒙昧迈向文明的第一道门槛。

他们"相见时难别亦难"的感情已纠缠不清了。

正当此时，女人的丈夫在和尚的诵经声里死去了。于是，这个和尚不再去女人家里，而是女人到庙里去找和尚。并且女人选择的时间是夜深人静时分，她就要匆匆出村子，涉水过河，爬到山上，走进寺庙。和尚正在焦急地"待月西厢下"。天亮之前，聪明的女人匆匆往家赶，因为家中年幼的儿子在等母亲。

庙里和尚和村里女人的私情渐渐被人知晓；一切又怎能瞒得了村民呢？几乎是无人不知，只是人们不去戳破这张纸罢了。那女人渐渐长大的儿子知道了母亲的所为，但对母亲从来是三缄其口，避而不谈。封建社会里，长辈对子女的爱情可横加干涉，而子女对于长辈的事无权过问，包括感情。

这个女人的儿子长大成人，到了赴京赶考的年龄。儿子很有出息，一考即榜上有名，于是走上了仕途。当了大官，手中有了生杀大权。

村民们对这个女人与和尚之事的看法随着女人儿子的升迁发生了变化，他们认为，蒙羞多年的儿子该消除心头之恨，杀死和尚，为己解恨，为父报仇。但是，儒家的孝道发挥了作用。儿子要尽孝了，父亲不在了，要孝敬母亲。于是，聪明的儿子以方便村民来往于河两岸的名义，拨款在河上修了一座石桥。而儿子的初衷是让

插图6-3卢仝《卓女怨》诗意图（明代佚名）

"姜本怀春女，春愁不自任。迷魂随凤客，娇思入琴心。托援交情重，当垆酌意深。谁家有夫婿，作赋得黄金。"这首诗语言精美，婉转清丽；此图人物形象鲜明，怀春女抚琴诉春愁之态，迷丽娇艳，楚楚动人，兴味隽永，富于情思。唐代诗人卢仝，少有才名，未满20岁便隐居嵩山少室山，不愿仕进。朝廷曾两度要起用他为谏议大夫，均不就。其诗受到韩愈称赞。

母亲去与和尚见面时不再涉水，而是更方便过河，儿子是在行孝道。当然，群众的眼睛是雪亮的，村民们对儿子修桥的用意心知肚明。

女人在与和尚感情的发展中死去。儿子从京城返乡奔丧。村民们的看法又发生了变化。他们认为，那和尚毕竟对他母亲照顾了多年，母亲也是带着感情的满足而离开人世的，儿子也许为了感恩，会将和尚带到京城，以使和尚安度晚年。然而，事情出乎人们意料。欲加之罪，何患无辞。儿子办完丧事，找了个借口杀死了那位和尚。

人们对这件事的看法和评价似乎很无奈，只好在石桥上留下了一副对联：修石桥为母行孝，杀和尚为父报仇。从此，人们便把那座石桥称为"和尚桥"。这样，这位"和尚"还是"雁过留声"了。

和尚桥始建于明嘉靖四十三年（公元1564年），万历十年（公元1582年）乡民李惟臣、谢科募资重修于上流，改名"济众桥"，两旁石栏石荀俱用铁扣，有碑记。清顺治十八年（公元1661年），知县刘涛奉巡宪沈全捐俸，倡导重修，建河伯庙于

北岸，并建沈公祠，有碑记。自改名"济众桥"迄今已有四百多年。但知桥名曰"济众"者甚少，反倒是"和尚桥"越叫越响。在封建社会里，和尚桥的故事，是一个社会悲剧的缩影和真实写照。

和尚桥的名声大，以致后来此处的乡命名为"和尚桥乡"，后改为镇，名曰"和尚桥镇"。

4. 正史之祖钟繇

钟繇，字元常，颍川长社（今河南长葛）人，生于东汉桓帝元嘉元年（公元151年），出身于东汉望族，父亲早亡，由叔父钟瑜抚养成人。

钟繇小时长相不凡，聪明过人。一次，他与叔父钟瑜一起去洛阳，途中遇到一个相面者，便对钟瑜说："此童有贵相，然当厄于水，努力慎之。"这个孩子面相富贵，但是将有一个被水淹的厄运，请小心行走。他们走了不到十里路，在过桥时，钟繇所骑的马突然受惊，钟繇被掀翻到水里，差点被淹死。钟瑜看到算命先生的话应验了，感到钟繇将来一定会有出息，便加倍悉心培养。

钟繇也不负叔叔的厚望，刻苦用功，后来颍川太守阴修很赏识他，被举荐为孝廉，做了尚书郎，并任阳陵（今陕西高陵）县令，可是不久因病离职。钟繇还在宫中任过廷尉正及黄门侍郎，成为皇帝身边的侍从官。

钟繇是政治家也是军事家，对曹操统一北方起了重要作用。

董卓之乱时，钟繇随曹操平乱，献计献策，深得曹操重用。当董卓挟持献帝刘协时，钟繇又与尚书郎韩斌商议，把献帝救出长安。钟繇屡立奇功，被拜为御史中丞，又迁侍中、尚书仆射，并封为东武亭侯。

钧窑月白釉花瓣碗，出土于河南省漯河长葛市"石固遗址"。此碗十花瓣口，口微内敛，器里外凸起，凹进十条线纹将碗自然分成十花瓣形。釉为月白色，上面缀以紫色斑块，圈足。足有伤缺，并有漏釉。石固遗址位于河南省漯河长葛市石固镇，是一处包含裴李岗文化和仰韶文化两个时期的古文化遗址，距今约4500—7400年，地下遗存十分丰富。遗址出土了11800多件石、陶、骨、蚌、铜等器物，证明当时此地是黄河中下游制陶和生产工具中心，而且具有明确的男女社会分工。

董卓专权后，在洛阳废汉少帝立汉灵帝第三子刘协，是为汉献帝。次年，初平元年（公元190年）春，各地的州郡牧守以渤海太守袁绍为盟主的联军，从北、东、西三面包围洛阳讨伐董卓。由于起兵的州郡都在关东（潼关以东），史称"关东军"。自此正式拉开了东汉末年军阀混战的序幕。董卓受关东军的威胁，挟持献帝由洛阳迁都长安。

初平三年（公元192年），司徒王允与中郎将吕布等人密杀董卓，二人共同主持朝政。不到一个月，董卓部将李傕等人击败吕布，占领长安，杀死王允，控制了东汉政权。曹操派遣使者王必联络李傕、郭汜，但二人怀疑曹操的诚意，不愿与其来往。钟繇力劝李傕、郭汜投曹道："今诸侯四起，各怀私心，唯有曹操心向王室。二位辅佐汉帝，如果不能团结忠臣，将来难以控制乱局。"二人虽听从钟繇劝谏，但后又闹内讧，钟繇与尚书郎韩斌筹划营救献帝逃离长安，在杨奉、董承等护卫下进驻安邑。次年，时任兖州刺史的曹操迎接刘协入驻洛阳。钟繇立功，曹任他为御史中丞，后迁侍中尚书仆射，并封为东武亭侯。

建安二年（公元197年）一月，曹操表钟繇以侍中身份为司隶校尉之事，持节督关中兵马，镇守长安地带。钟繇上任后，此时马腾、韩遂诸将恃强居关中时，写信寄马腾、韩遂，劝二人归顺曹操。马腾、韩遂从钟繇之言，并各遣一子入关，表达忠心。钟繇在关中经过几年努力，使荒凉的地区变得民实殷富，为后来曹操征伐关中各地打下了物质基础。钟繇因此功又被任命为前军师。

建安五年（公元200年），曹操与袁绍在官渡相持不下的紧要关头，钟繇将2000余匹战马赠送曹操。为曹操大破袁军立下汗马功劳。曹操写信给钟繇表示感谢，并称赞钟繇劝降马、韩之功，更将钟繇比作萧何。

建安七年（公元202年），袁尚派遣河东太守郭援、并州刺史高干和匈奴南单于攻打曹操治下的河东。钟繇奉曹操之命在平阳围剿匈奴南单于，并邀马腾出兵相助。南单于未败，郭援兵至，钟繇料定郭援将渡汾水，决定待郭援渡半时击之。郭援渡汾水过半时，钟繇、马超出击，大败敌军，并斩郭援首级；南单于不战自降。郭援是钟繇的外甥。庞德得知后向钟繇表示歉意，钟繇答道："郭援是国贼，死有余辜。你不必抱歉。"言毕，放声大哭。

公元220年魏国建立，魏文帝曹丕任命钟繇为大理寺卿，后升为相国、廷尉，深得曹丕重用，二人关系极为亲密。曹丕早在做太子时，随曹操到孟津征战，听说钟繇藏有一块玉玦，便想得到它，但又难以启齿，便密令别人代为传意，钟繇听说后，马上送给了曹丕。曹丕感动之余，写了著名的《与钟大理书》以示谢意。钟繇也写了回信表达内心隐情。

文帝曹丕还曾赐给钟繇"五熟釜"（一种器皿），而且亲自作铭文曰："于赫有魏，作汉藩辅。厥相惟钟，实于心膂。靖恭夙夜，匪遑安处。百僚师师，楷兹度矩。"

曹丕曾对左右大臣称赞钟繇及司徒华歆、司空王朗说："此三公者，乃一代之伟人也，后世殆难继矣！"

公元227年曹丕死，其子曹睿即位，封钟繇为定陵侯，增其食邑人口达到1800百户，并迁为太傅。

钟繇晚年因膝关节疾病、朝拜皇帝甚为不便，明帝曹睿便让钟繇入朝时免去拜礼。由此还首开凡三公有病皆可不拜之先例。

钟繇不但在政治上、军事上取得重要成就，而且他的书法成就在中国书法史上

92

插图6-4.2钟繇画像

钟繇字元常，颍川长社（今河南许昌长葛东）人。曹魏著名书法家、政治家。历任尚书郎、黄门侍郎等职，助汉献帝东归有功，封东武亭侯。功勋卓著，以功迁前军师。曹操委以重任，升为魏相国。曹丕称帝后，封平阳乡侯。钟繇书法造诣高，对后世书法影响深远，为楷书（小楷）的创始人，被后世尊为"楷书鼻祖"。与东晋书法家王羲之并称为"钟王"。南朝庾肩吾将钟繇的书法列为"上品之上"，唐张怀瓘在《书断》中则评其书法为"神品"。

也占有相当重要的地位。

据唐代张彦远《法书要录·笔法传授人名》说：钟繇书法艺术是蔡邕之女蔡文姬所传。宋代陈思《书苑菁华·秦汉魏四朝用笔法》就记述了钟繇的书法成功经过：钟繇少年时从师东汉末年书法家曹喜等人刻苦用功，跟刘胜到抱犊山苦学三年书法。

钟繇学习书法艺术达到入迷的程度。据西晋虞喜《志林》记载，有一次，钟繇与著名书法家韦诞等人研讨笔法，钟繇忽然在韦诞的座位上看见了蔡邕论笔法的书，便求韦诞借阅给他。这部书对韦诞来说太珍贵了，没有借给他。然而，钟繇也太想看这部书法之作了，就苦苦相求，韦诞仍然不答应。钟繇心急不能自己，感情失控，捶胸顿足，用拳头自击胸口，打得身上伤痕累累，口吐鲜血。这种状态持续三天，昏厥奄奄一息。曹操得知，马上命人用五灵丹救治，才活过来。钟繇尽管如此遭难，但韦诞无动于衷，不理不睬。钟繇病愈之后，十分无奈，伤心至极。钟繇也铁了心，誓得此书，直到韦诞死后，钟繇即派人掘墓而得此书。这部书果然不凡，钟繇读了此书后，书法艺术突飞猛进。这虽是一则传说，却印证了钟繇对书法艺术的忘我追求。

钟繇临死时把儿子钟会叫到身边，交给他一部书法秘术，且把自己30多年学习蔡邕书法技巧、掌握写字要领的故事告诉钟会。钟繇矢志勤学，盛暑严寒，练书不辍。旁有一池，常洗刷笔砚，致使池水尽黑。钟繇常以物画练字，长达数尺。睡前坐在床上，用手指当笔，在被子上摹画，久而久之，把棉被画出窟窿。见到花草树木，虫鱼鸟兽等自然景物，就会与笔法联系起来，有时去厕所，竟忘记了回来。钟繇平时就对儿子钟会苦口婆心，百般劝诫，严格要求。钟会也取得了巨大成就，钟繇、钟会父子被人们称为"大小钟"。

钟繇学习书法博采众长，经常与曹操、韦诞等书法大家讨论用笔方法。他兼善各体，尤精隶书、楷书，点划之间，多有异趣，结构朴茂，出乎自然，成为由隶入楷的创始者，后人尊为"楷书之祖"。南北朝时期陈朝的陈武帝陈霸先说："钟繇书法，如云鹤游天，群鸿戏海，行间茂密，实亦难过也。"钟繇在书法史上首定楷书，对汉字的发展作出重要贡献。陶宗仪《书史会要》说："钟王变体，始有古隶、今隶之分，夫以古法为隶，今法为楷可也。"钟繇之后，许多书法家竞相学习钟体，晋王羲之父子就有多种钟体临本。之后张昶、怀素、颜真卿、黄庭坚等在书体创作上都从各方面吸收了钟体之长、钟论之要。钟繇在中国书法史上影响很大，被称为"中国书史之祖"。

钟繇死于魏明帝曹睿太和四年（公元230年），死时明帝穿孝衣凭吊，并谥之为成侯，下诏赞其"功高德茂"。

第七章 六议都城古邓州

地灵

第七章 —— 六议都城古邓州

七

六议都城古邓州

1. 邓国浮沉

　　远古时候，在中原有一个以"登"命名的部落，后来这个部落又叫"邓林"，部落的首领名叫夸父。这个部落的人身强力壮、高大魁梧、意志坚强、心地善良。那时候大地荒凉，毒蛇猛兽横行，人们生活凄苦。夸父为使本部落的人们活下去，每天都率领众人跟洪水猛兽搏斗。

　　有一年，天气炎热，太阳火辣辣地直射大地，烤死了庄稼，晒焦了树木，河流干枯了。许多人被热死。夸父看到这惨景难过极了。他仰头望着太阳，告诉部族的人："太阳实在可恶，我要追上太阳，捉住它，让它听人的指挥。"族人纷纷劝阻他，有的说，太阳离得远，你会累死的。有的说，太阳很热，你会被烤死的。夸父决意已定，为了族人的幸福生活，一定要去征服太阳。

插图 7-1.1 邓州福胜塔

　　太阳又升起来了，夸父告别族人，向着太阳迈开大步追去。太阳在空中飞快地移动，夸父在地上拼命地追赶。穿过一座座大山，跨过一条条河流，大地被他的脚步震得"轰轰"作响，来回摇摆。夸父跑累了就打个盹，将鞋里的土抖落，地上就形成大山。他离太阳越来越近，口渴难耐。经过九天九夜，终于追到太阳落山的地方。夸父张开双臂想抱住太阳，可是太阳炽热，夸父感到又渴又累。他就跑到黄河边，一口气把黄河水喝干；他又跑到渭河边，把渭河水也喝光，仍不解渴。夸父向北跑去，那里有纵横千里的大泽，但是半路上他就渴死了。临死时，他牵挂着自己的族人，于是将自己手中的木杖扔出去。木杖落地的地方，顿时生出大片郁郁葱葱的桃林。这片桃林终年翠绿茂盛为人们遮荫，结出的鲜桃为勤劳的人们解渴、消除疲劳。

　　夸父弃杖化邓林的地方，就是后来的邓州。传说给邓州披上了一层神秘的面纱。

　　其实炎、黄二帝时，一个以邓（登）命名的远古部落活动在今邓州一带。部落首领邓伯温加入了以黄帝为首的中原地区部落联盟，曾跟随黄帝参加过与蚩尤的涿鹿大战。

邓州城区原有一座佛教寺院福胜寺，又称龙兴寺，始建于北宋天圣年间（公元1023—1032年）。福胜寺屡经战火，现已不存，只余一座7层高的佛塔，即福胜塔。塔高36.7米，棱圆锥状，为楼阁式密檐浮雕砖塔，每面都有用砖浮雕的佛龛群，约有一千三百多个佛龛，上雕天王、菩萨、金刚、罗汉、黄巾力士等佛法神像，造型奇特。佛龛的边缘和拱门的周围装饰有各种蔓草花纹图案。图右上圆图为塔砖上的纹饰。福胜塔造型完美，气势雄伟。20世纪80年代修复塔基时发现了地宫，发掘出土了以金棺、银椁、舍利子瓶等为代表的大批珍贵佛教文物。

夏初,大禹就把邓州作为第一个都城。到禹的曾孙仲康为王时,他把儿子分封到了邓地(今河南邓州一带),这个小小的诸侯国就是邓国。中国正史是这样记载的,邓氏十九世祖邓国侯吾离在任期间,励精图治,发展农桑,鼓励冶铁铸造,"邓师铸剑"曾闻名天下,又广泛与列国建交,邓国曾一度崛起,屹立于列国之林,吾离是邓国历史上一位有作为的国君,被称为"中兴之君"。公元前700年,吾离病逝。今邓州市东南八里王,有邓侯吾离的墓,距今2600多年,号称"邓州第一冢",也是全球邓姓公认的始祖。

邓国强盛时期,其疆域北起伏牛山,南至汉水,正处于中原南进、荆楚北图的孔道之上。邓国地势险要,土地肥沃,具有军事优势,因此成为当时南北诸侯国争夺之地。

春秋时期,郑庄公和楚武王的夫人都是邓氏女,并积极参与国家政事,表现出较高的见识和才能,展示了邓国妇女的风采。《春秋·桓公七年》载:"邓侯吾离来朝。"邓侯曾到鲁进行国事访问,这是邓国的一次重大外交活动。邓国访问鲁国之后,就提高了在东周列国中的政治地位,成为周朝南方较为重要的一个异姓侯国。

进入春秋之后,楚国雄起,楚国第十七代君侯熊通,于公元前704年自立为王,成为春秋历史上楚国第一王,即楚武王。

熊通称王之后便在沈鹿会盟周边诸侯,随、黄两都国没有参加。楚武王就亲自率军攻打随国,大败随军,俘虏了随国的戎车和右少师,随国承认了楚国的王号之后,楚国撤军。可见当年楚国气势之盛。

楚武王三十七年(公元前703年),巴国(又称巴子国,今四川重庆北)派使臣韩服前来楚国通报,欲与邓国交好。楚武王对巴国的要求表现得很大度,专门派遣大夫道朔、带句、韩服等人作为向导,随同前往邓国行聘。他们一行人走到邓国南境时,突然遭到鄾(yōu)国人的袭击,韩服、道朔被杀,财物被掠。鄾国是邓国旳属国。楚武王大怒,遂令大夫章赶赴邓国,进行谴责,并要求邓国对此事负责。但邓国态度傲慢无礼,对楚武王的要求不屑一顾。楚武王大怒,立即采取军事行动,联合巴国攻打鄾国,大败邓军。邓国也马上做出反应,派大夫养甥、聘甥率邓军前去救助鄾国。

战斗开始后,邓国军队向巴军发动了三次进攻,但均未取胜。楚国大夫斗廉布阵,把巴军部署于两翼,他亲自率楚军列横阵为中军。邓军又向楚军发起猛烈进攻,楚军佯败往后撤退。邓军求胜心切,立刻组织军队全力追击。这样正中楚巴之计,邓军的侧背两翼,完全暴露给巴军。巴军看清虚实,随即由两翼向邓军侧背发起攻击。这时正往后佯退的楚军马上停止后撤,转身反击。邓军腹背受敌,难以招架,惨败而回。邓的属国鄾人也乘黑夜弃城逃跑。这是春秋时期运用后退包围战术取得胜利的著名战役。

经过"楚巴与邓大战"之后,邓国便与楚为敌。15年后,不断进行领土扩张的

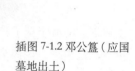

插图 7-1.2 邓公簋(应国墓地出土)

"邓公簋"是古代邓国和应国联姻时,邓国国君嫁女到应国时的陪嫁礼器。为西周中晚期文物。此前应国只是在史书上有所记载,而没有实物依据证明应国的存在。"邓公簋"等众多文物的发现,则揭开了应国的千古之谜。"邓公簋"口沿饰窃曲纹,腹部瓦纹,圈足直径20厘米,高3厘米,饰斜角云纹;圈足下又能置3个乳头形小足,上端饰兽面纹;双耳为兽首衔环;器底外部有明显的方格形铸痕,器底内部有铭文3行共12字:"邓公乍(作)应女曼毗媵簋其永宝用"。

楚国又策划北上攻伐一些小诸侯国。执政的楚文王要攻打申国和吕国，然而邓国正处于要道上，必须借道邓国。楚与邓已是联姻之国，邓国侯是楚文王的舅舅，所以，邓侯不但答应了楚文王的要求，还在楚文王借道到达邓国时热情设宴招待了这位实力强大的外甥。

这时，邓国以雅甥、聃甥和养甥为代表的一批大夫看出问题，极力主张乘机杀掉楚文王。但邓侯固执己见，不听劝告。结果，不幸被大夫们言中，楚文王伐申返回的那一年终于向舅舅撕破脸皮，率军攻打邓国。当然，邓国不是楚国的对手，一战即被楚国灭掉。楚文王十二年（公元前678年），邓国被楚国灭亡了。邓州归属楚国，取"丰盛"之义，改称"穰"。

一个小小的邓国经历了西周、春秋时代，共传22代，延续了600多年。亡国之后的邓侯子孙和邓国百姓为了纪念邓国，便纷纷改姓邓氏。

2．战事频繁

乾隆年间《邓州志》载：邓州"南列荆山，后峙熊耳，宛叶障其左，郧谷拱其右，据江汉之上游，处秦楚之扼塞，沃野千里，地称陆海"，其地理位置十分重要。特殊的地理条件让邓州历史上承载了频繁的战事，使邓州人民承受了难以想象的灾难和痛苦。自公元前703年的"楚巴与邓之战"至公元1948年，发生在邓州境内有记载的大大小小的战争多达165次。

公元198年三月，曹操进攻驻在穰城（今河南邓州市）的建功将军张绣，兵临城下，将张绣围困在穰城中。正在这时，袁绍逃兵投奔到曹操营中，并透露出袁绍的谋士力劝袁绍袭击曹操的都城许县。曹操感到后院不能起火，情况紧急，当即决定放弃穰城，先放张绣一码，急忙班师，撤军向许都进发。

张绣看曹操不战率军而退，抓住战机，率军尾随曹军之后，日夜兼程追击。五月，与张绣结为盟友的荆州州长刘表率军前来助战，驻军安众（邓州东北），据守险要，以切断曹操退路。原来张绣与刘表已达成默契，相互依靠。刘表深知自己粮秣供应全靠张绣，所以张绣的胜负与自己关系密切。

曹操军队到达安众，这才发现刘表挡住了归路，全军已陷入腹背受敌的危险处境。情势紧张，不容迟疑，曹操马上改变战略部署，即乘夜另行开凿险道，佯装逃跑之势。刘表和张绣被曹操的假象所迷惑，立即组织所有兵力，欲向曹军追击歼敌。张绣的智囊贾诩阻止，说："不可追进，追击必败。"张绣不听，一意孤行。其实曹操派部队早已在险要处做好埋伏。曹操带领军队撤退中，看到张、刘军毫无防备，立即反扑过来，打得追兵措手不及；这时，又杀出伏兵。张绣、刘表军反而处于前后夹击之中。结果，曹操置死地而后生，大破刘表及张绣联军。

张绣领败军回到穰城，贾诩登上城楼，对张绣说："现在可以追击了，追则定胜。"张绣道歉说："不纳你之言，落得如此下场，今已大败，如何追击？"贾诩说："情势已变，应立即行动。"张绣信服了贾诩，立即集结残兵，再次向正在撤退的曹兵追击。张绣军追上曹军，交兵会战，将曹操后卫部队击溃。七月，曹操顺利返回许都。张绣得胜而回。

回到穰城，张绣就问贾诩："我用精兵追击曹操退军，你说必败；而用残兵攻击已经取得胜利的部队，你说必胜，完全在你所料，原因何在？"贾诩说："道理很简单，将军善用兵，但不是曹的对手，曹操大军撤退，曹亲自布重兵断后，所以我知你必败。而曹操围攻我们，他们并没有败，也没有把兵力用完，就撤退了，断定是曹的都城发生了变故。曹操既然已经破我大军，他必然带主力轻装急行，而他布置断后的军力，一定不是你的对手，你虽用败兵追击，也可战胜。"张绣佩服不已。

到东晋、十六国时代，穰城（今河南省邓州市）作为军事重镇，前赵、前燕、前秦、后秦等国家为争夺入穰城，战争不断。西魏时期，宇文泰派大将杨忠镇守，以作为攻取江南的跳板。邓州历史上的每次战事都给百姓带来灾难。

元朝末年，政治黑暗，官府横征暴敛，奢侈腐化成风，土地高度集中，社会经济衰败，阶级矛盾和民族矛盾激化。统治阶级内部政局动荡。至正十一年（公元1351年）爆发了红巾军大起义。中原地区以贩布为业的王权响应红巾军刘福通的起义，与张椿等攻占邓县（今河南省邓州市）、南阳（今河南省南阳市），称"北琐红军"。这支义军不断壮大，活动在今河南洛阳、南阳及湖北襄樊、汉水流域，沉重地打击了元朝。

插图7-2 南朝彩色武士画像墓砖（河南邓州南朝刘宋墓出土）

画像砖是古人营造祠堂、墓室、石阙等壁面的一种重要的装饰性图像材料，始于战国晚期，盛于汉代厚葬之风，创新于魏晋南北朝，流行至隋唐宋元，是我国历史文物宝库中的一朵奇葩。20世纪50年代，邓州市张许村发现的南朝刘宋墓，全部是砖构造，甬道和墓室皆用花砖砌成，墓壁画绚丽多彩，栩栩如生，画面内容丰富多彩，构图严谨，生动形象。此幅武士画像砖图，画面为4个疾步前行的武士。其中两位手执长盾，肩扛环首刀，还有两位腰挎矢箙，肩扛长弓，均不戴冠，以帛结髻，穿裤褶，并于膝下束裤。《宋书·礼志》云："裤褶之制，未详所起，近代车马驾亲戎中外戒严之服志。"可见南朝军队之戎装，也是当时平民之常服，与当时士大夫之褒衣博带、高冠大履的装束形成鲜明对比。

元惠宗为之震惊，十二年，派大将失喇巴都等分几路包围邓州，进行疯狂"围剿"。元军攻陷邓州后进行报复，邓州遭受了屠城之难。王权等义军领袖退到襄阳（今湖北襄樊），被俘遭杀害，"北琐红军"遂彻底失败。元军因怕义军再据城而反，便拆毁城池，焚烧房舍，杀尽百姓。自此，邓州城成为一片废墟，城内20余年荒芜，成为无人区。

邓州遭遇了人祸的20年后，祸不单行，又遭天灾，暴雨成灾，积水漫城。以至新县令来上任时，竟找不到何处是邓县（今河南省邓州市）县城。还是路遇一樵夫指路，才找到原城中的砖塔，确认了县城方位。明代洪武二年（公元1369年），知州孔显寻访邓州城旧址，修筑了内城。弘治十二年（公元1499年），知州吴大有修筑了外城。至此，邓州大城套小城的城池建制终成定制，以后虽有增修扩建，也仅限于附属建筑，内外城的布局从未改变。

3. 建都和迁都

据文献记载，邓州历史上曾做过四次都城：大禹之都、邓国国都、楚国别都、李自成新顺国临时之都。《路史·国名记四》载："邓，仲康子国，楚之北境，史

100

云阳之以邓林者，今之南阳。故杜佑以为禹都。"禹都就是大禹的都城，也就是夏的都城，这里包含着一个夏朝的历史故事。

这要追溯到五帝之一的舜帝时代。舜年老要物色接班人，他想让他的儿子商均接位，当然这是打破"禅让"制的做法。这时，禹因为治水功大如天，在部落联盟首领中的威信和权力已大大提升，所以，禹接舜的班是顺理成章的事。在史书《世本・居篇》有记载："夏禹都阳城，避商均也。"那就是说，禹的权力是从商均手里争夺过来的，商均会不甘心，还会夺权。禹无奈避而远之，从原来的住地迁到阳城（今河南登封市告成镇）。禹年老也想把帝位传给儿子启，但迫于部落首领的压力，传给了自己治水时的得力助手伯益。禹死后，启勾结禹的老部下，架空了伯益，伯益也知趣地拱手让出大权，后来启杀了他。启得大权，在他的封地钧台庆祝胜利，都城定在夏邑（今河洛嵩山一带的二里头遗址）。

插图 7-3.1 金棺（北宋邓州福胜塔地宫出土）

金棺，1988 年出土。用金板制成，长 19 厘米，前宽 11 厘米、后宽 9 厘米，前高后低，前高 13 厘米、后高 7 厘米，重 620 克。从正脊两端的吻兽处用金丝连接在前档上方。檐下的上方錾一方框，框内錾刻护法神像两尊，面部表情略有不同，均持剑站立。金棺的后档表面刻六行铭文："维摩院僧赵过，观音院僧惠应，龙山院僧仪朋、张谷，打造人赵素。"棺顶为八棱形，盖顶刻凤鸟、牡丹等纹饰。金棺前部放置佛骨一件，后部放置一件圆形银盒，盒内有佛牙一枚。金棺造型精致，纹饰精美，色泽纯正，含金量超过 96%。

启得帝位的最初一段时间，勤于政事，可到了晚年，吃喝玩乐，日渐腐化，不问朝政。死后长子太康继承王位。都斟鄩城（今河洛阳、巩义西南约 30 公里处），太康既不知爷爷禹创业的艰苦，也未见过父亲启夺位建国的辛劳，他终日沉醉在游猎歌舞之中，结果，东夷各国中强大的有穷氏族的首领后羿乘虚而入，夺取政权，虽然立了太康之弟仲康为傀儡，不久即废仲康，又赶跑了仲康和儿子相。"后羿代夏"大功告成。后羿占据了夏都斟鄩城。

仲康流亡他乡，与兄弟们及其同姓贵族合议，认为邓林（今河南邓州）之地可储积实力，可作将来光复夏朝基业的基地，暂定为夏之国都。

直到仲康之孙，相之子少康长大继位复国，建都夏邑，"少康中兴"时邓林（今河南邓州市）一直为夏都。

就在仲康的"流亡政府"无安身之处时，约于公元前 2150 年，仲康把儿子封于邓林，立邓国。邓林（今河南邓州市）也就成了邓国都城。仲康的后裔在邓国这片土地上含辛茹苦、生息繁衍，经营 800 余载。邓州既是夏的临时都城，也是邓国的都城。童书业的《古马国辩》、吕思勉的《先秦史》均称邓国都城在今河南邓州一带。唐代杜佑著的《通典》称邓为"禹都"。西安碑林的《华夷图》（我国最早的石刻地图之一）、北宋地理总志《太平寰宇志》等均认定邓为夏朝的都城。

公元前 678 年，邓国被楚国所灭，邓国归楚，易名为穰。战国时，楚国建都于郢（今湖北宜城），而穰城位于楚之北部边境，穰城成为楚国的军事重镇。楚国要进入中原，从宜城、襄樊出兵，穰城为必经之地。楚国便在穰城设置别都，即国都以外之都城。从此，只要发生战事楚国的国君就要从郢都移居别都穰城。楚顷襄王十六年秋，楚国和秦国的两国国君曾于别都穰城盟会，商议解决国际争端大事。

在明崇祯十六年（公元 1643 年）三月，李自成曾率农民起义军驻扎襄阳，建"新顺国"，自称"新顺王"，改"襄阳"为"襄京"，修建宫殿，设置行政机构，把

襄阳作为临时国都。随着攻伐明王朝的战事进展，五月李自成又将临时都城襄阳移至邓州。在临时都城邓州，李自成召开了军政领导人的高级会议，会上决定了北伐的路线。九月，李自成亲率百万大军自邓州北上，经南阳，破潼关，踏上了北征灭明的征程，终于消灭了大明王朝。李自成虽然把邓州作为都城的时间很短，但对他进军明王朝的战略意义非常重大。

邓州四次作为都城而载于史册，而从北魏到金代，有六次迁都于此，也是有史可查的。

建立北魏政权的是活动于大兴安岭一带的鲜卑族拓跋部。公元 338 年，什翼犍成为部落首领，在大规模的掠夺战争中，迅速从部落向国家模式发展。公元 386 年，什翼健的孙子拓跋珪在内蒙古的盛乐城称王建国，国号为魏，史称北魏。拓跋珪是为孝文帝。

北魏孝文帝拓跋珪受汉文化的影响，大张旗鼓地进行汉化改革。公元 398 年，他迁都于平城（今山西大同市），平城周围地区半农半牧，很适合这个靠游牧为生的拓跋族向农业文明转变。在他的汉化改革中，受到了

来自鲜卑贵族的阻力，他萌生了向中原迁都之心，这更遭到贵族的反对。于是，孝文帝以南伐中原之名，率 20 万大军南下。到达洛阳后，他假意说继续南下，群臣不明是计，跪奏劝阻，孝文帝顺水推舟，当即宣布以洛阳为都城。

至北魏孝武帝元修永熙二年（公元 533 年），起义军高欢将入洛阳，孝武帝打算将都城迁往荆州避乱，当时的荆州治所在穰城（今河南邓州市），也就是迁都于邓州。但散骑侍郎柳庆极力劝阻，建议以长安为都。孝武帝这才改变了主意，将都城西迁至长安。邓州失去了两次为都的机会。

唐高祖李渊武德七年（公元 624 年）秋，东突厥大可汗颉利可汗和突利可汗倾其全部人马，自原州（今宁夏固原）出兵，向唐朝都城长安扑来，敌人进军至渭水北，直逼长安，高祖李渊害怕了，欲迁都城躲避，他选择的是襄阳和邓州。但遭到他的次子秦王李世民的竭力反对。李渊即派遣李世民出豳州道抵御突厥。唐军与突厥军在五陇阪（今陕西彬县）遭遇，李世民用反间计联合突利可汗离间颉利可汗，与突利可汗结为香火兄弟，使突厥退兵。第二次迁都邓州之事以唐军胜利而结束。

第三次议都邓州发生在唐朝第 21 代皇帝昭宗李晔时代。唐昭宗乾宁三年（公元 896 年），左谏议大夫、同中枢门下平章事、襄阳人朱朴上疏昭宗，建议迁都襄阳、邓州，说："襄、邓之地，实惟中原，人心质良，去秦咫尺，而有上洛为之限，永无夷狄侵轶之虞，此建都之极选也。"此时，黄巢起义军中的朱温降唐之后，逐步掌握朝中大权，牵制了朝廷，迁都之事不了了之。

到北宋时代，又发生一次议迁都于邓州的事。那是在宋钦宗赵桓靖康元年（公元 1126 年）正月，金兵分两路进攻北宋，逼近都城汴梁。宋钦宗欲逃跑，迁都至襄、

插图 7-3.2 银椁（北宋邓州福胜塔地宫出土）

银椁长 40 厘米，宽 20 厘米，高 260 厘米。上部周围铸造仰莲，下边周围铸造覆莲。束腰部位有壶门 12 个。椁床上部四周围栏的下部有透雕的卷草，牡丹栏板。椁前方门楼建，两根方形檐柱承托屋顶，上饰兽脊，压印出瓦垄、瓦当、滴水、檐板等。门楼下竖风字圖，圖额上有楷书铭文两行："诸法徒因生，如来说是因，彼法徒缘灭，大沙门所说。"前后档表面刻有仿木结构的四阿式顶建筑，兽脊、瓦垄俱全。两侧椁板前高后低，表面压印凸起的僧院名称和施主姓名共数十人。银椁前部放置金棺，后部放置玻璃舍利瓶。银椁造型完美，内铭刻大量文字，成为了解当时历史文化的重要资料。

邓之地，以躲避金兵。但遭到京师留守李纲的竭力阻止，迁都之事停止。同年十一月，金兵再度攻伐大宋。于是，南道都总管张叔力劝宋钦宗暂且躲到襄、邓，"以图西据长安"。这次议迁都却是皇帝不同意。第二年，北宋亡。

第五次议迁都于邓州是在南宋时代。北宋灭亡后，宋徽宗第九子康王赵构在大臣推举下于原北宋陪都应天府南京（今河南商丘）登基，是为宋高宗。高宗建炎元年（公元1127年）六月，金兵逼近应天府南京。高宗欲移巡以避其锋，尚书右仆射兼中书郎李纲等人主张迁都襄、邓之地。李纲说："臣尝言车驾巡幸之所，关中为上，襄邓次之，建康为下，陛下纵未能行上策，犹当且适襄、邓，以示不忘故都，以系天下之心。"看来邓州是作为重要迁都之地而被推荐的。但由于宰相黄潜善等人极力反对，高宗最后采纳了黄潜善等人的建议，南下在临安（今杭州）建新都。

到金代，哀宗完颜守绪天兴元年（公元1233年），蒙古军南下，再次猛攻金京师汴梁，元帅猪儿主张迁京师到归德（今河南商丘南），但丞相赛不、右司郎中白华等人却主张迁到邓州，未能形成一致意见。蒙古军攻陷汴京，哀宗逃至归德，后逃至蔡州（今汝南县）。这时有人提出迁至邓州，然而，宋、元联军南北夹击，攻破蔡州，哀宗自杀，人亡国灭。

自北魏、唐、北宋、南宋、金五个朝代，都曾想把邓州作为都城，虽然每次都与都城失之交臂，但说明了邓州确实是历史上一个重要的城市。

4. 韩愈过邓州

两汉之际，古印度佛教传到中国，魏晋南北朝混乱时期广泛流传，隋唐时达到鼎盛，与中国本土的道教、儒学并称"三教"，互相争立，形成鼎足之势。

唐宪宗晚年，迷信佛法。他在凤翔法门寺护国真身塔里供奉着一根佛骨，据说是释迦牟尼佛的一节指骨，每三十年开放一次，让人瞻仰礼拜。这样做就能够求得风调雨顺，人人平安。宪宗派30人到法门寺把佛骨隆重地迎接到长安。一时长安城里人千方百计争取瞻仰佛骨。有钱的捐香火钱；没钱的，就用香火在头顶、手臂上烫几个香疤，也算表示对佛的虔诚。

韩愈向来不信佛，他对这样铺张浪费来迎接佛骨的做法很不满意，就给唐宪宗上了一道奏章，说佛法的事并非中国古来有之，无非是汉明帝以来从西域传来。又说，历史上凡是信佛的王朝寿命都不长。唐宪宗接到谏表龙颜大怒，要处死韩愈，群臣为韩愈说情，韩愈"内怀至忠"，应以宽恕。死罪免去，活罪难逃。元和十四年正月，被贬为潮州刺史。

这一年元宵节的前一天，京城一片过节气氛，但韩愈是罪臣不能回家，必须当日出京。贬官必须按朝廷规定的路线走。韩愈到潮州要走的路是从蓝关进入秦岭山区，翻过险峻的高山，然后南下。

韩愈在天寒地冻中乘马车出了长安，到达蓝关时下起了大雪，关口积雪竟有几尺深，有车不能坐，马也不能骑，只好步行。雪越下越大，寒风砭骨。行走更加艰难，

SERIES ON THE HISTORY AND CULTURE OF CENTRAL PLAINS

中原历史文化系列丛书

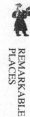

四周杳无人迹。而更让他沉重的是残酷的社会现实给他的精神压力。前面是深不可测的崇山峻岭，脚下是崎岖积雪的小道，迎面是刺骨的寒风。没有驿站，夜晚只能在猎户的破草屋里借宿。草房内四面透风，被薄衣单并不保暖，彻夜难眠，备受煎熬。

韩愈一路跌跌撞撞，九死一生，走出了深山峡谷，来到了邓州境内。气候变暖，冰雪融化，并且有驿

站可以歇脚，但韩愈病倒了。驿卒请来郎中，经诊断说是长久饥寒，过度疲劳，让病人先保暖，醒来后多喝些胡辣汤出透汗，就可痊愈。胡辣汤是邓州有名的小吃。韩愈醒来喝了三大碗胡辣汤，顿时身上冒汗，脸上发热，忙问："这是什么汤？胜比山珍海味。"他得知是胡辣汤，满口称道："美味入口，浑身通泰，如沐春风。邓州胡辣汤，早有耳闻，我知其始创于三国，名吃一绝。长安人也有，可却无此鲜美可口。"诗人言之兴奋不已，叫驿吏取来笔墨，成诗一首曰《次邓州界》。诗曰：

> 潮阳南去倍长沙，恋阙那堪又忆家。
> 心讶愁来惟贮火，眼知别后自添花。
> 商颜暮雪逢人少，邓鄙春泥见驿赊。
> 早晚王师收海岳，普将雷雨发萌芽。

诗人身虽落难，但美味入口，又勾起他忧国忧民的情怀，诗中表达了他对国家统一的渴望。

韩愈不敢抗旨，在邓州驿站歇息一日继续赶路。坐上驿站的马车继续往邓州腹地进发。在车上，他思前想后，感慨万千。尽管心事重重，但进入邓州地界后，顿感天也蓝，地也新，阳光灿烂，空气湿润。最让他感动的是邓州人民浓浓的纯朴的民风民情给了他温暖，使他得到了抚慰和力量。相比在长安时遭人排挤、暗算，甚至被贬，心中愤懑，于是他又作了一首诗曰《路傍堠》，深深地感慨若朝廷能像邓州人民这样宽大为怀，自己也不会遭此难，自己虽做错事也会得到谅解而免罪。他在诗中写道：

> 堆堆路傍堠，一双复一只。
> 迎我出秦关，送我入楚泽。
> 千以高山遮，万以远水隔。
> 吾君勤听治，照与日月敌。
> 臣愚幸可哀，臣罪庶可释。
> 何当迎送归，缘路高历历。

当他走到邓州西北30里曲河驿站时，看到这里田畴沃野，物产丰富，曲河镇繁华，心情激动。特别是曲河镇百姓的热情相迎，更让他心情难平。曲河镇的人们知道了

插图7-4 韩愈《桃源图》诗意图（明代杜堇绘）

韩愈是儒家传统文化熏陶下的文人，故他在《桃源图》诗中，以叙画为缘起，道破神仙诞说；表达了陶渊明隐喻神仙思想的异义，反对唐朝文人对桃源仙境的渲染与支持。明代画家杜堇细心体会诗意，巧妙构思，用白描笔法，以流畅的线条，描绘人物形象。此图选自杜堇绘制的《古贤诗意图》，原图轴由明代金琮选取古人诗篇书写后，杜堇按其诗意绘画。全卷共分九段，画家笔法细劲透逸，所绘人物形象生动有神，山石等点景穿插有致。墨色淡雅，但淡而不薄，雅而不空。构图简洁，意境清幽，皆得诗意要旨，表现出画家高深的艺术造诣。

大诗人来到，奔走相告，争相一睹诗人风采。可韩愈一路劳顿，口干舌燥，牙龈肿痛。驿吏请来医生诊治，服药病情有缓。翌日，牙痛已轻，医生还特备了路上用药，韩愈十分感激医生，未敢多停，匆匆赶路。离开曲河镇时，韩愈又留下了一首《食曲河驿》的诗：

> 晨及曲河驿，凄然自伤情。
>
> 群乌巢庭树，乳燕飞檐楹。
>
> 而我抱重罪，孑孑万里程。
>
> 亲戚顿乖角，图史弃纵横。
>
> 下负明义重，上孤朝命荣。
>
> 杀身谅无补，何用答生成。

一路上，逢驿站他都情真意切地讲述对邓州的感慨，为曲河镇百姓所感动，他赞叹：仲景故园，岐黄之天。民情纯朴，医术精湛。

韩愈只是路经邓州，然而邓州百姓对忧国忧民的诗人，表达了极大的热情；诗人虽是短暂的逗留，但邓州人民把爱奉献给他，而他也把爱奉献给了邓州人民。

邓州人民怀念这位爱国诗人，建造了"三贤祠"以纪念和供奉过路的韩愈以及在邓州做过知州的寇准、范仲淹。

5. 忧乐天下

时当九月金秋，邓州花洲书院菊香飘溢。一位官员乘着酒兴，秉烛执笔，思接千里，浮想联翩，他就是著名的文学家、军事家范仲淹。这是他刚收到好友滕子京的来信。

滕子京，号宗谅，北宋淳化元年（公元990年）出生于河南洛阳。大中祥符八年（公元1015年）与范仲淹同举进士，两人一见如故，结为好友。他曾任大理寺趁丞、左司谏、天章阁待制、礼部员外郎等京官。宋仁宗庆历年间，被任命为繁华的泾州（今甘肃州泾川北）知州。不久，陕西四路马步军都部署、泾略安抚招讨使郑戬告发滕子京在泾州滥用钱财，监察御史梁坚弹劾他浪费公使钱十六万贯，遂先后被贬为凤翔府（今陕西宝鸡市境）、虢州（今河南灵宝市境）等地知州。御史中丞王拱辰上奏，以为滕子京"盗用公使钱止削一官，所坐太轻"。庆历四年春，又被贬到岳州巴陵郡（今湖南岳阳一带）。

滕子京被贬为岳州任地方行政长官，其间他把岳州治理成一个经济繁荣、安居乐业的地方。他决定整修岳阳楼，这是一座江南名楼。新修的岳阳楼规模宏大，极为壮丽。名楼新修，若写一篇文章以纪念是锦上添花；这篇文章若有名人执笔，则更是珠联璧合。该让谁来为此作记呢？他当即想到一位人选，就是自己的好友、文才出众的范仲淹。于是滕子京疾书说明美意，又特意画了一幅岳阳楼草图，名《洞庭秋晚图》，一并派人送至千里之外的邓州。这封信送到范仲淹的花洲书院案头时，睹物思人不禁思绪万千，"同是天涯沦落人"的感受，让他心潮难平。

范仲淹苏州吴县（今江苏苏州市，1995年撤县）人，宋真宗大中祥符八年（公

元1015年），考中进士，从此步入仕途。仁宗天圣六年（公元1028年），当朝宰相王曾、副宰相晏殊很赏识他，保举他任秘阁校理。此时刘太后独揽大权，胡作非为，满朝文武怒而不敢言。但范仲淹不顾自己官小言微，敢怒敢言，冒死上书，请求刘太后把大权交给仁宗皇帝。这触怒了刘太后，遂被赶出东京，贬官至河中府任职。明道二年（公元1033年），范仲淹因政绩卓著被召进朝廷，任右司谏。这是个得罪人的官职，果然没过多久他得罪了把持朝政的守旧官员，受到排挤，再次被贬出京城。景祐二年（公元1035年），他在苏州治水有功，得到朝廷的认可，第三次被召进东京，授天章阁待制。他看到宰相吕夷简等人结党营私、嫉妒贤能，愤怒不已，进行了无情的揭露，但却遭奸佞诽谤再次被排挤出京城，第三次被贬到陕西任职。

公元1043年，范仲淹第四次奉诏回京，不久便被提拔为参知政事（副宰相），与富弼、韩琦等人共同主持朝政。这时的北宋王朝阶级矛盾异常激化，农民起义接连不断，边境夷族又乘虚而入，差不多已成为瓜分豆剖、揭竿而起的境况。为了挽救国家命运，宋仁宗把一向主张改革的范仲淹调回中央委以重任，并请他拿出改革方案，支持范仲淹进行大刀阔斧的改革，并取得了明显的效果。这便是北宋历史上有名的"庆历新政"。但没过多久，他的改革方案又触及了大地主、大官僚的利益，在他们的反对下，这次改革又一次失败。随后，范仲淹又被贬。这次他被贬至邓州任知州。

从他步入仕途到庆历五年，17年间他四起四落，四次进京任职，四次遭贬降职，屡遭打击。但他始终清正廉洁、坚持改革，与朝中一些守旧官员以及腐朽势力做坚决的斗争。

106

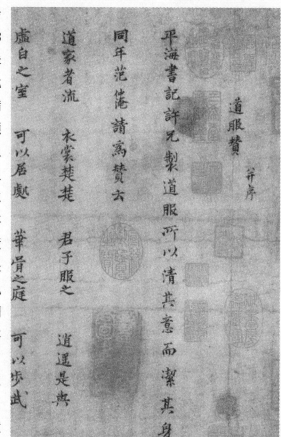
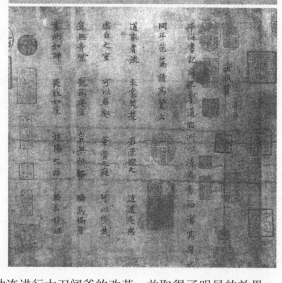

插图 7-5.1 范仲淹《道服赞》帖

范仲淹幼年丧父，母亲改嫁，家境清寒，但志操高洁，力学不缀。"昼夜不息，冬月愈甚，以冰沃面；食不给，至于糜粥继之，人不能堪，仲淹不苦也。"范仲淹不仅以政声文名著称，他的书法也被世人称赞，为收藏之珍品。《道服赞》帖是范仲淹为友人"平海书记许兄"所制道服撰写的一篇赞文，据考证此帖作于宋仁宗皇祐四年（公元1052年）之前。范仲淹在赞文中称朋友制道服是"清其意而洁其身"之雅为。宋代文人士大夫喜与道士交往，范仲淹在赞文中称"道家者流，衣冠楚楚。君子服之，逍遥是与"。穿道服几为时尚，遂成一时风气。此帖行笔清劲瘦硬，结字方正端谨，风骨峭拔。时人称此帖"文醇笔劲，既美且箴"。

插图 7-5.2 花洲书院春风堂

公元 1043 年，范仲淹因主"庆历新政"触及大地主、大官僚的利益，改革失败，被贬到河南邓州任知州。在任上他勤于民事，忧国忧民，深入民间，深得百姓欢迎。为了办教育，在上任的第二年，主持修建了位于邓州东南隅的"百花洲"以及"春风堂"和"蓝秀亭"等建筑，使这里逐步成为环境幽雅、风景宜人的读书学习场所。后来他又创办了"花洲书院"，成为当时邓州的最高学府。在此书院留下了千古名篇《岳阳楼记》。

范仲淹任邓州知州后，勤于民事，忧国忧民，经常深入民间，常到百姓田间地头，有时还亲自耕种，深得百姓欢迎。他重安抚、轻惩罚、废苛杂。

宋仁宗庆历四年（公元 1044 年）范仲淹主持新政失败，自请外放，前往边远的陕西邠州任职。翌年十一月，因患肺病求解边任，任河南邓州知府。他廉洁勤政，得到邓州百姓的拥戴。庆历八年，朝廷将其调任荆南府（湖北江陵），邓州百姓遮拦传旨使者，请求朝廷收回成命，而范公亦愿留任，朝廷破例让他多任了一年，于皇佑元年才离开邓州。范仲淹在邓州任职第二年，开始办教育，修建一座"百花洲"，在里面建造了"春风堂""蓝秀亭"等房屋，环境幽雅、风景宜人，是读书学习的场所。后来他又创办了"花洲书院"，成为当时邓州的最高学府。平时，他常到书院里给众学子讲学。范仲淹在他的《献百花洲图上陈州晏相公》一诗中曾这样描绘花洲书院："穰下胜游少，此洲聊入诗，百花争窈窕，一水自涟漪，洁白令翘鹭，优戏美戏龟。""花洲书院"确实是一处景致迷人、读书学习的良好场所。范仲淹的儿子、官至宰相的范仁纯，北宋理学创始人之一、官至崇文院校书的张载，元祐时的邓州知州韩维等，均"从师范仲淹于花洲书院"。"花洲书院"还因范仲淹应其同年进士、挚友滕子京之邀，在这里写下了千古名篇《岳阳楼记》而名扬天下。"庆历四年春，滕子京谪守巴陵郡，越明年，政通人和，百废俱兴。乃重修岳阳楼，增其旧制，刻唐贤、今人诗赋于其上，嘱予作文以记之。"这段话就是范仲淹在《岳阳楼记》开头写的写作背景。

而在"花洲书院"门前的一块"照壁"上，我们看到正面刻有《岳阳楼记》全文，背面刻的是《滕子京与范经略求书记》，即滕子京在巴陵写给范仲淹的信。

《岳阳楼记》惊动了宋仁宗，因文章中为滕子京歌功颂德，宋仁宗重新认识了滕子京，对他获得好感，便于庆历六年秋，调滕子京到徽州任知府。

第八章

大佛护佑古浚县

地灵

第八章

———

大佛护佑古浚县

大佛护佑古浚县

1. 黎阳千年兴衰

豫北有个名县叫浚县，浚县城是中国第一个县级国家历史文化名城；浚县有座名山叫大伾山，大伾山山不高，但是一座文化高峰；大伾山上有尊石佛，是中国北方最大的石佛。

浚县古称黎阳。

浚县大伾山东有座紫金山，紫金山东北有一段绵延数十米的厚实土城墙，是古代黎阳城遗迹。古黎阳历史悠久，文化灿烂，人杰地灵。

黎阳古城并非今日浚县城所在位置，而是位于浚县大伾山东北1.5公里处，它是古代名著《三国演义》《水浒传》中多次出现的古城，是汉唐大诗人笔下反复吟咏的古城，是明清诗人文中深切追念的古城！

为何称"黎阳"？

"黎"本义为黑色，黄淮平原上有突兀青黑色的石山一座，人们就以色命名，称之为"黎"。还有一种传说：5000年前，黄帝曾和南方蚩尤率领的九黎族作战，蚩尤战死后部分九黎人留在此地，以族人命名，称之为"黎"。

甲骨文有一"黎"字，其字形如一个人正在弯腰割禾，站立处有水源。这种水土肥美、适宜耕作的地方，人们称之为"黎"。商代和周代，浚地均称"黎县"，山称"黎山"。

西汉初，朝廷于黎山脚下、黄河之滨置县。"县取山之名，取水在其阳"（《汉书·地理志》应劭注），故名"黎阳县"，山亦名"黎阳山"。

插图 8-1.1 浚县古城墙小城门"允淑门"遗址

浚县古城始建于明洪武二年（公元1369年），明崇祯十一年（公元1638年），浚县知县李永茂自费重修城墙。明清时多次重修扩建。新中国成立后，原城门、城楼及大部分城池渐次拆除，现仅存沿卫河一段古城墙、姑山南侧古城墙遗迹、古城中心文治阁。古城墙南北长768米，上部砖墙厚1.3米。内实以夯土、白灰灌浆，伴以桐油。城墙南北两侧有券形顶城门两座，北为"观澜门"，南为"允淑门"，也叫"水驿门"，门高4.75米，宽5.48米。门左侧墙壁嵌石碑一通，上有"明崇祯十四年修允淑门"字迹。

历史上的黎阳城，位居大伾山和浮丘山两座山之间，西依卫水。黎阳地襟山带水，沃土水丰，是个宜于人居的好地方。

黎阳古城的布局继承了中国早期筑城的传统，但没有按照完整规划和设计营造，而是以防御、防洪功能为重，因地制宜，依山而建。

黎阳城里有一座阁，以此为中心，伸出东西、南北两条中轴线，形成东、西、南、北主要街道，四条主干道连接四个城门。西门在高地上，城门前有条护城河，是黄河的一个小支流。这里是水路交通要道，西门外建立了码头，南北船只来往，货物装卸繁忙，客商川流不息。过护城河是一条城西的"官道"，经大伾山北麓直通卫河桑村古渡，然后再西通淇奥，西北通顿丘，西南通雍榆、淇口。北门，通古牟城及黄河以北的相、邺；东门，汉魏时期是繁华之地，出城不远是黄河金堤，金堤上檀树成行，檀树也叫"万岁树"，又名"杻树"。万岁树种植于皇家园林，是一种高贵的树。

黄河金堤有黄河渡口叫黎阳津，与对岸的白马津相呼应，有多少游子、旅人，在这表达了依依惜别之情，洒下满怀惆怅之泪。岑参、高适、李白、刘禹锡、骆宾王、王维、贾岛、杨巨源、范成大、罗贯中、王阳明、冯梦龙等历代诗人、文豪在这里发出感慨，留下佳作名篇。

唐代黎阳城南楼外即为由南而北流过的黄河，城南河边还有不少的客舍旅店。唐代边塞诗人岑参客舍黎阳县南楼时，怀念友人，不禁心生愁绪，于是题诗于南楼曰：

> 黎阳城南雪正飞，黎阳渡头人未归。
>
> 河边酒家堪寄宿，主人小女能缝衣。
>
> 故人高卧黎阳县，一别三年不相见。
>
> 邑中雨雪偏着时，隔河东郡人遥羡。
>
> 邺都唯见古时丘，漳水还如旧日流。
>
> 城上望乡应不见，朝来好是懒登楼。

112

插图 8-1.2 浚县明代云溪桥遗址

云溪桥又名廉川桥，位于县城西门外，横跨卫河。始建于明正德三年（公元1508年），为木石结构，嘉靖三十三年（公元1554年）坍塌。船渡11年。嘉靖四十四年（公元1565年）浚县知县魏廉川重修，改为五孔连拱式石桥，桥面平缓，长60米，宽10米，青石砌成。历经500余年，虽经风雨侵蚀和战乱，桥身仍坚固完好，总体建筑结构未发生变化。浚县卫河是中国古代历史上大运河极其重要的一段，云溪桥作为大运河上的一处重要附属遗迹，为研究大运河的历史、发展和变迁提供了珍贵的实物资料，在申报世界文化遗产、国际文化交流、民族文化传播等方面都有重要的社会意义。

同是边塞诗人的高适与友人黎阳渡口依依惜别之时，亦是愁肠满结：

> 飘然归故乡，不复问离襟。
>
> 南登黎阳渡，莽苍寒云阴。
>
> 桑叶原上起，河凌山下深。
>
> 途穷更远别，相对益悲吟。

此情此景怎能不使人心生苍凉？

然而，唐代大诗人杨巨源同好友薛侍登黎阳县楼远眺黄河时，满怀豪情作诗一首：

> 倚槛恣流目，高城临大川。
>
> 九回纡白浪，一半在青天。
>
> 气肃晴空外，光翻晓日边。
>
> 开襟值佳景，怀抱更悠然。

城内东、西、南、北四条主干街上，有许多条规则的直角相交的大街、小巷，街巷内均匀地分布着住宅区、商店、茶楼、酒馆、旅店等手工业作坊。城内及城周修建了许多亭、台、楼、阁及各种庙宇，点缀了市容。

金石记曰："浚城西有卫河环带，河与城相距咫尺，河向东北而逝于天津，直至燕都，商人借此以通贸易，得息不啻三倍此利也。"

古人云："浚城如舟在水中，则所谓舟居非水矣，虽然天如倚，盖地若浮舟，宁唯此城哉。"

古代黎阳劳动人民的城建设计智慧和高超的建筑艺术造诣得到了充分的体现。可以还原一下当时这个最宜人居的小城风采：抬头看蓝天白云，远望两山青螺，近观碧水蜿蜒，水上白帆点点。城内商贾云集，街市繁荣，城门车辆进出，络绎不绝。护城河鱼做戏游，岸柳成行，紫燕翻飞。

"十里城池半入山"。这确实是一座具有山林特色的小城。在明代崇祯年间最

SERIES ON THE HISTORY
AND CULTURE OF
CENTRAL PLAINS

中原历史文化系列丛书

插图 8-1.3 浚县明代古溪桥遗址（石雕）

桥下五个半圆形拱券立于桥墩之上，桥墩两端砌作分水尖，在桥两端的四角墩面上各置卧姿的石雕水兽，低头引颈作吸水状，形象凶猛逼真；券面雕花卉图案，主券正中刻龙门吞水兽。

114

鼎盛时，遂有民谚传曰："南京到北京，比不上黎阳城。"

在那社会动荡、战争频繁的年代，这样一个美丽的小城却被官府盯上了。它西以卫为带，南以浮丘山为屏，沿山崖而筑，背山临水，内平外陡，难攻易守。在官府眼中看到的不是它宜居的环境，而是它地势险要的军事价值，军事防御设施逐渐完善。所以，黎阳被历代兵家划在了必争之列。黎阳不但是当时社会政治、经济和文化交流的繁华盛地，更成了军事防御的要塞，这是黎阳城的悲哀。

这座美丽的小城如今给我们留下的是残垣断壁，片瓦碎瓷、风剥雨蚀的黄土，但它是一面历史的镜子，折射出人文的光辉，串联着伟大民族从原始走向文明的印迹。从这些文明碎片上的只言片语中我们能够发现自己、认识自己、理解自己，引导我们更坚定地迈向明天。

黎阳从周元王时设邑，到西汉高祖时设县，再到唐初设黎州总管府，其间跨越1000多年，黎阳城故址格局基本上未变，仍是头枕金堤，脚踏大伾，南紫金而北大伾。

西周属邶、卫，春秋属晋，战国属魏。西汉高祖年间始置黎阳县。东晋永和七年置黎阳郡。东魏置黎州，延至隋。唐初置黎州总管府，辖4州8县。宋代政和五年升浚州。金代天德二年（公元1150年）十二月，完颜亮下诏变改朝廷内部机构，次年黎阳更名为浚州。为什么改名？天德三年（公元1151年），海陵王完颜亮大举南犯北宋，黎阳位居大运河咽喉要道，古代又有"浚水""浚邑"之说，"浚"有疏通之意。完颜亮是杰出的改革家、政治家、文学家和杀人狂，是一位毁誉参半的人物，他很崇拜北宋的儒学，北宋儒学吸纳了许多佛道经学的思想，所以他任何事都喜欢搞得玄玄乎乎，求这个吉利，求那个吉利。他要让阻挡他南下的道路通畅，把"黎阳"改为"浚州"，就像"北平""建康"等名字一样，图的就是吉利，顺顺利利向南进军。

明洪武二年（公元1369年）降州为县，开始称"浚县"，至今已640多年了。保存至今的黎阳古城，就是明洪武三年（公元1370年）修建的，后又屡经修缮，直到崇祯十一年（公元1638年）已形成今黎阳古城之规模。

不过明代初年，浚县县城已移至浮丘山之北，是古黎阳城的"卫星城"。

插图 8-1.4 浚县古黎阳仓遗址出土的文物

浚县黎阳仓为1400年前隋唐时期的国家官署粮仓，隋开皇三年（公元583年）建置，利用黄河向京师长安转运关东粮食。仓城近正方形，东西约260米，南北约280米，总面积约78800平方米，有84个仓窖，能储粮3000多万斤，可供8万成年人食用1年。自隋朝建起，横跨隋唐宋三代，沿用了约600年。宋政和年间（公元1111—1118年）黄河改道，黎阳仓渐废。黎阳仓遗址出土陶瓷文物标本多达万余件，其中建筑材料板瓦、筒瓦占90%以上，具有代表性的陶瓷和建筑材料标本500余件，带"官"字款板瓦多达200余件。黎阳仓是隋代永济渠沿线规模最大的官仓，对于研究中国隋唐时期官仓管理制度、漕运情况、农业经济及田赋制度、大型仓城建筑的特点、粮窖结构、储粮方法等有着重要的意义。

2. 三教相融大伾山

登上浚县大伾山，抚摸满山遍野的文物遗存，能感受到佛、道、儒三大教派的足迹。登上峰顶，可俯瞰黄河故道两岸的古渡口、古战场、古粮仓，遥望大禹治水的足迹，仿佛听见群雄征战的呐喊……

大伾山兀立于豫北平原，是我国文献记载最早的名山之一。从黄土高原来的黄河，曾流经山下；从《诗经》流出来的卫河，也从山岭两侧滚滚流过。黄河文化、卫河文化闪烁着中华文明之光。

大伾山的"伾"字，含层叠、力气之意；据《辞海》解释："山再成曰伾。"说它是一座再成之山。据史记载，大伾山由两次造山运动而形成，于五亿年前的寒武纪生成，那时地球上还未出现恐龙。可浚县的百姓把它看作神山，山既有神，就有神的传说故事。当年二郎神担山撵太阳时，肩上担了两座大山：大伾山、浮丘山。神也有无奈的时候，他为了追上太阳，要卸包袱了，于是，两座山被扔下，留给了黎阳（今浚县）。浚县百姓是幸运的，"山不在高，有仙则灵"，大伾山和浮丘山无华山之险、泰山之伟、黄山之奇，但为浚县十里八乡、方圆千百里呈现了秀丽风光，更给人民一个求神拜佛、寄托心愿的圣地，还吸引了许多名人到此一游。光武帝刘秀曾登大伾山筑青坛祭天，魏武帝曹操曾登山揽胜，唐太宗李世民也上山观光，

插图 8-2 三教图（明代丁云鹏绘）

三教图为画家想象之作，意在表达对儒、佛、道思想的膜拜以及对儒家学说的尊崇。此图中孔子、老子、释迦牟尼坐于树下共同探究玄理的情景。释迦牟尼置于中心端坐于绿柏与菩提树下，他凸鼻、虬须、红袍，法相庄严慈祥。双目低垂，安详而平静，紧锁眉头而沉于思索。孔子与老子分坐两侧。孔子束峨冠蓄长须，着蓝色暗花长袍，儒雅敦厚，循循善诱，正发表言论；老子骨骼权奇，长眉疏发，着褐色布袍、云头红发，道貌岸然，谨慎而善辩，他注视着对方，似乎准备随时发问。丁云鹏，明代画家，善画白描人物、山水、佛像，无不精妙。

出生于浚县的孔子著名弟子端木、子贡曾在山上悠游。文人留下传颂的诗文，魏晋建安七子之一的刘桢所做的《黎阳山赋》流芳传世，唐代诗人王维、宋代诗人范成大都曾作诗颂大伾山，明代思想家王阳明曾在山上设课讲学，明末大书法家王铎在山上留下墨宝。大伾山文化像一个滚大的雪球，千年宗教风习、石雕造像、摩崖石刻、民族文字、诗文、书法、建筑、墓葬、园林、风物传说等遗存在山上聚集。山上有国家级重点文物保护单位 1 处 10 项、省级文物保护单位 9 处、历代名人摩崖石刻 460 余处、古树名木 420 余株；山上的后赵大石佛、天宁寺，北魏石兽、唐代铭文、浮丘山千佛洞、宋代龙洞、明代神笔王铎题刻、明代王阳明的诗刻等瑰宝。

周定王五年（公元前 602 年），黄河在突宿胥口（今河南浚县申店附近）溃决，改道大伾山东麓东北流。清代著名地理学家胡渭在他的《中国历史地理概论》考证中说："周定王五年，河徙，自宿胥口东行漯川，右经滑台城，又东北经黎阳县南，

又东北迳凉城县，又东北为长寿津，河至此与漯别行而入海，《水经》谓之'大河故渎'。"
历代历史、地理学家认为这次河徙，是大禹治水以后黄河第一次改道。

当黄河从大伾山东边流过时，带给大伾山的是灾害。秦汉以来，黄河在黎阳（今浚县）一带屡次决口。长期以来，百姓苦于水患。因为无力抗拒黄河的泛滥，百姓们把解除水患的希望寄托在上天和神灵上。在民间这种对天和神的寄托总是伴随着神话传说。

相传，大禹治水，"东过洛，至于大伾"。河道疏通后，河水携泥带沙入东海，骚扰了东海龙王的清净，即令海水涨到大陆，刹那间，黄水倒流，泥沙翻滚，田园被淹，祸害百姓。

惊动了弥勒佛，他睁眼一瞧，驾起祥云到了大伾山，看到百姓漂溺洪水，怒火万丈，抬腿跺脚，用力过大，脚下崖石成了大坑。弥勒佛就势坐下，再举右手，把波涛汹涌的海水推回东海，救亿万生灵于水患。

可东海龙王并不善罢甘休，弥勒佛一离开，卷水重来，祸害生灵。弥勒见状，决意留下，不回西天，他端坐山崖，高举右手，目视东方，镇住黄河。

弥勒佛成大石佛以镇黄河之害，这个传说只是百姓美好的歌颂，真正的大石佛与一个和尚有关。

3. 镇河之神大石佛

为镇黄河之害，一位西域高僧佛图澄登上了浚县的历史舞台。明代张肯堂《浚县志》中记载："大石佛，古称大佛岩。石勒以佛图澄之言，巘崖石为佛像，高寻丈，以镇黄河。"

后赵高祖石勒下令开凿大石佛，这是官方作为。

很有意思的是，"石佛"两个字包括两个人，认识了这两个人，就了解了大石佛的来历。"石"指石勒，"佛"指佛图澄。

佛图澄（公元232—348年），西域人，本姓帛氏（以姓氏论，应是龟兹人），又名佛图蹬、浮屠澄，也有史籍称其为天竺人。据说他身高八尺，风姿儒雅。

佛图澄9岁在乌苌国（古印度属国，在今巴基斯坦北部斯瓦特河上游一带）出家，清真务学，两度到罽宾学法。他诵经数万言，善解文义，曾在罽宾国（在今喀布尔河下游流域克什米尔一带）拜名师求学。他能诵数十万言之经，

116

REMARKABLE PLACES

地灵

插图 8-3.1 西域高僧佛图澄画像

佛图澄少年出家学道，背诵经文数百万言，善解文义。晋怀帝永嘉四年（公元310年）到洛阳，志在建寺弘法。但正逢刘曜叛乱，帝京动乱，即隐居山林，以观世变。后来又到襄国（今邢台市），奔投石勒，出谋划策，辅助石勒称帝，建立赵国。石勒登位后，对他崇敬有加，事必问他。石勒死后，石虎废子自称天王，敬奉佛图澄更甚。佛图澄在赵弘扬佛法，推行道化，所经州郡，建立佛寺达893所。追随弟子数百，前后门徒多达万人，高僧辈出。后赵建武十四年（公元348年）辛，享年117岁。

善解文义，知见超群，学识渊博。传说他善诵神咒，能使鬼推磨。他在手掌中涂上麻油杂胭脂，即从掌上看到千里外的事。还能听铃音推算万事，无不应验。虽然没有读汉史儒学，但与学者高士辩论时，所论符合理义，无人企及。

晋怀帝永嘉四年（公元310年），佛图澄到洛阳，志弘大法，初依东海王司马越发展佛教，时年已78岁。他到中原本来想在洛阳建庙立寺，不巧遭遇"永嘉之乱"，适值刘曜攻陷洛阳，潜隐山林草野，静观待变。后来投奔襄国（今邢台市），依在石勒部下。

西晋灭亡后，东晋在南方建立。此时，黄河流域各族统治者混战，在130多年里，北方各族先后建立大大小小15个国家，后赵就是其中一个，其开国君王是石勒。

石勒，羯族人，原住上党武乡（今山西武乡北），祖父和父亲都是部落小头目。西晋大臣王衍看他相貌不凡，怕他将来为害乡里，要抓他却未抓到。并州地区遭饥荒时，刺史司马腾大抓胡人，石勒未能逃脱，被卖到茌平（今山东茌平西北），在师懽家为奴。师懽也看他相貌不凡，怕他闹事，放走了他。

石勒如虎归山，先后联络18个狐朋狗友，号称"十八骑"，然后去河北投靠起兵反晋的公师藩。这时，正是西晋"八王之乱"的混战时期。

石勒作战勇敢，公师藩任命他为"前队督"。可惜他找错了主儿，公师藩不久战败被杀，石勒收集公师藩的残部，又招了一批犯人和流氓，投靠了刘渊。

刘渊，东汉末年匈奴左部帅刘豹的儿子，深受汉文化的熏陶。曹魏咸熙年间，在洛阳作人质时，得到把持朝政的司马昭赏识。父死后刘渊世袭左部部帅之职，晋武帝太康末年，朝廷拜他为北部都尉。永兴元年（公元304年）刘渊回到山西，起兵反晋，立国号为汉，自称大单于，又称汉王。他的势力从山西、河北、山东向中原发展。石勒就是在这时，即永嘉元年（公元307年）投靠刘渊的。刘渊任命他为辅汉将军。公元308年十月，刘渊在平阳（今山西临汾）称帝，命石勒攻掠河北冀州。第二年，石勒已拥兵10万，并进踞到襄国（今河北邢台）。永嘉六年（公元312年）二月石勒屯兵葛陂（今河南新蔡县北），准备南攻建业（今南京）时，佛图澄在石

插图8-3.2 佛图澄幽州灭火神异故事壁画（敦煌莫高窟壁画）

在敦煌莫高窟的初唐第323窟北壁，以全景连环画式画面选绘了佛图澄的三则神异故事：佛图澄河边洗肠、佛图澄幽州灭火、佛图澄听铃声辨吉凶。画面描绘的是佛图澄幽州灭火的神异故事：佛图澄与石虎坐谈论经法，佛图澄忽然说幽州发生火灾，随即取酒向幽州方向喷洒。过了很久，佛图澄笑对石虎说大火已灭。石虎奇疑，派使者前往幽州验证。使者回报，那日四大城门火起，烈焰冲天。忽然南方黑云飘来，随即大雨倾盆，雨中酒气飘逸，火熄烟灭。此图中佛图澄右手端碗，施以神力，奇水向火势喷涌，石虎等众人静观其神变，场面生动，人物形象。

勒大将郭黑略的引荐下，见到了石勒。石勒为了巩固自己的统治，正在提倡儒学，宣扬佛教。

初见佛图澄时，石勒不大相信这个外来和尚，他向佛图澄挑衅地问："佛法有何灵验？"佛图澄说："佛理虽玄远，但可拿眼前的事作证。"

于是，佛图澄现场试验，让人拿来一器皿，盛上水后烧香念咒。须臾，器皿中出现一朵光彩夺目的青莲花。其实这是一种魔术，石勒从未见过魔术，认为这是佛法的威力，从此信了佛图澄。应该说，是佛图澄骗得了石勒的信任。

不久，石勒从葛陂带兵返回河北，途中经过枋头时，有人准备袭击他。这时佛图澄说自己听铃声有凶音，要石勒提高警惕。石勒依佛图澄之言马上做了准备，躲过了这次袭击，于是他对佛图澄更加信任了。

但过了一段时间，石勒又渐渐对佛图澄产生了怀疑，他要亲自试其真假。一天夜里，石勒全副武装，执刀而坐，然后派使者去问佛图澄大将军今晚在哪里。有人偷偷向佛图澄透露了石勒的举动。当使者赶来问话时，佛图澄不等使者开口就反问，当前并没有敌人侵犯，为什么大将军要戒备森严？一语点破，石勒闻报大为吃惊，相信佛法无边，对佛图澄口服心服，自此言听计从。

更让石勒称奇的是佛图澄的一次预言：有一次，石勒的死敌鲜卑将领段波率兵包围了石勒。石勒登上城楼观察敌情，敌军阵势一眼看不到边，石勒心生胆怯。佛图澄冷静地说，我听到的铃声告诉了我，"明日中半，当擒段波"。果然，第二天石勒派兵出城埋伏，恰遇段波，很容易就把他擒获了。石勒彻底信服了佛，信了佛图澄。同时佛图澄劝他少行杀戮，当时将被杀戮的十有八九获免。

光初十一年（公元328年），前赵刘曜攻打洛阳，石勒欲亲自率兵抵抗刘曜，朝廷文武大臣劝谏石勒不要亲自出马。石勒犹疑不定，即去询问佛图澄。佛图澄对石勒说："军队出征，刘曜必擒。"石勒深信不疑，亲自统率步兵和骑兵，直奔洛阳。果然两军交战，刘曜一触大败，落荒而逃，马落水中，即被生擒。

晋太兴二年（公元319年），石勒称赵王，都襄国，史称后赵。

打败刘曜平定前赵之后，统一了北方，以赵天王自称，行皇帝之事，改纪元为建平，这一年是东晋成帝咸和五年（公元330年）。石勒登上皇位以后，对佛图澄更加崇敬，侍奉更厚，有事必问佛图澄，而后才发令行动。

佛图澄以幻术骗得了石勒的信任，石勒命军中奉佛，身体力行拜佛。石勒令佛图澄在他的疆域内大兴佛寺。北方石勒的势力最强、属地最广，辖有今河南、山西、陕西以及河北、山东部分地区。

佛图澄为石勒出谋划策，辅助治国。当然，佛图澄的最终目的是弘扬佛法，推行佛教。他借石勒之威，在赵国州郡建立佛寺893所。追随他的弟子常有数百，前后门徒多达千人，门徒中高僧辈出。

佛图澄在后赵建武十四年（公元348年）十二月八日卒，享年117岁。

石勒，选择了大伾山，依佛图澄之言，敕准大伾山东麓依山崖创凿大石佛。

不过，大石佛这个宏伟工程在石勒生前并未完成，大石佛只是凿了一个轮廓，石勒就死了，他的儿子石弘即位。可不到一年，他的侄子石虎杀了石弘自立为帝。

石虎性情残暴，穷兵黩武，在位 13 年发动大小战争数百次，民不聊生，几乎无可征用之兵，更无余力雕琢大石佛。公元 350 年，冉闵灭掉后赵，建立冉魏。此后，大石佛经过前燕、前秦、东晋，从后赵到东晋十八年经历五个朝代，战火不断，大石佛工程一直被冷落搁置，一直到北魏才再度开工雕琢。

为何北魏接手这个工程呢？

北魏是我国佛教发展的繁荣时期。南北朝时的代国于公元 376 年被前秦灭掉，国君拓跋什翼犍的孙子拓跋珪，于公元前 86 年复兴代国，改国号为魏，史称"北魏"，拓跋珪为道武帝。北魏十四位皇帝中，除了第三位皇帝太武帝拓跋焘曾一度毁佛之外，大部分都信奉佛教。特别是第七位高祖孝文帝元宏、第八位世宗宣武帝元更大力倡导信佛。因此，在北魏皇朝统治的一个多世纪中，佛教得到了惊人的发展。据《魏书·释老志》记载，北魏孝文帝时，全国有寺院 6000 多所，僧尼 77000 多。到了北魏末期，全国已有寺院 3 万有余，僧尼共 200 万了。

随着佛教的兴盛，早已停建的大佛工程终于又复建了。有佛就有佛楼，北魏时期官方为了保护石佛，又盖了一座楼，原为七层高阁，隋、唐、后周均又重修，元末毁于兵火。现今的大佛楼为明代正统十年所建。因为有了大佛楼，大石佛虽经历 1600 多年的岁月侵蚀，如今依旧巍然屹立。

当年修大佛时，百姓纷纷捐钱出力，不少能工巧匠自愿上山雕琢石佛。先凿出了佛头，再雕佛身、佛腿。佛身雕好后，却发现佛脚无处安排。经过大家商议，最后决定挖个深坑，让佛脚伸到地下，于是，就有了"八丈佛爷七丈楼"这一奇观。

北魏之后又接着施工，经历了几个朝代大石佛才得以完成。这尊大石佛身上集中折射了南北朝、唐、宋、元乃至明、清的艺术风格、生活习惯和经济状况。

这尊善跏趺坐式佛像造型古朴，线条遒劲，风格雄健。佛像头部螺发，面方颊圆，面部略呈梯形。大佛目光平视，嘴唇紧闭，表情庄严。它左手扶膝，手心向下；右手曲臂前举，手心向外。大佛身穿五彩方格袈裟，坐在四周方墩上，足踏仰莲，五趾平齐，脚面平直。

佛有几种印式：向心印、愿心印、触地印、说法印、无畏印。大伾山大石佛为"无畏印"，即双腿下垂，左手抚膝，右手曲肘前举、手心向外，意思是能够镇妖除魔，使众生心安。

有人说石佛是阿弥陀佛，其实是弥勒佛。通常所见的弥勒佛，腆着大肚子、盘着腿，一副乐呵呵、平易近人的形象，可是这座弥勒佛却是正襟危坐、神色肃然。

插图 8-3.3 大石佛

大伾山大佛，是一尊善跏趺坐式的弥勒造像，距今已有 1600 多年的历史了，是中国最早的大型摩崖造像，比乐山大佛早 450 多年。它依山而凿，高与崖齐，通高 22.29 米，比洛阳龙门的卢舍那佛高 5.15 米还多，所以被专家称为"全国最早，北方最大"。黄河水从山脚下流过，频频泛滥，开始造佛像以镇之，故又称"镇河大将军"。大佛左手扶膝，右手曲肘前举，手心向外，称为无畏印。大佛承载了 1600 多年来的沧桑，从历史、宗教、艺术上来审视，都有自己独特的价值，集中体现了早期造像古朴雄健的艺术风格。

佛经上说，弥勒佛是释迦牟尼的接班人，但是释迦牟尼死后56.7亿年，弥勒才能成佛，降临人世。目前还在兜率天苦修精进，所以他才有那样庄重的表情，应该说这座弥勒佛是大肚弥勒佛的早期形态。

为什么大石佛不像龙门的卢舍那大佛一样眼中充满慈悲、善意、理解和宽容？为什么大石佛不像卢舍那大佛那样尽显沉稳、庄重、典雅？为什么对于恶也能坦然处之？

因为卢舍那建造于繁荣祥和的盛世唐朝，那个时代的主旋律是和平发展、教化四方，而大伾山石佛创作于战乱不断、水患频繁的后赵，当时最常见的现象是武力征服、血腥杀戮。

大石佛折射了后赵一代的历史，折射了文明进化的历史。

大石佛的开凿实际上是佛教在中国得到认可的结果，也是佛教和中国政治巧妙结合的结果。大石佛所处的时代是武力征服的时代，所以他要获得认可，获得尊重，也必须满面怒容地去，征服凶险残忍，征服血腥暴力。

"以镇黄河"而建的大石佛最初似乎并未能使黄河驯服，据《县志》记载，黄河此后又多次泛滥。也许是年深日久，大佛的威力与日俱增，肆虐的黄河终于在金明昌五年，被大石佛的巨手"推"离了浚县县境。《金史·河渠志·黄河》记载：明昌五年（公元1194年）八月，河决旭武，"灌封丘而东，水势趋南"，河道南徙数十里。自此，黄河在浚县境内断流。

4. "狂欢节"庙会

中国寺庙遍地，有庙必有会，庙会一到，八方来朝。各路香客为庙会主角，敬神祈愿是庙会的主题。而浚县的庙会独树一帜，其规模和声势，名闻遐迩，是浚县百姓的"狂欢节"。

插图8-4.1摩崖石刻（王阳明书）

大伾山摩崖石刻，唐宋以后历代摩崖题刻达200余方。文体有字、记、诗、赋，书体分真、草、隶、篆，数不胜数，琳琅满目。"一字一境界，一书一人生"，这是大伾山文化的精髓。其中有教育家、书法家、哲学家王阳明亲书的摩崖石刻。明弘治十二年（公元1499年），新科进士王阳明送本地名臣王越的灵柩来浚县安葬时，见此地风景秀丽，便在大伾山上授徒讲学，学子闻风而至，越来越多，王阳明便在此建"阳明书院"以课诸生。

浚县庙会的主会场设在碧霞宫。

历史上后赵大伾山石佛建起,浚县庙会即兴。明嘉靖二十一年(公元1542年),浚县知事蒋虹泉主持修奔朝碧霞宫而来。

浚县大伾山、浮丘山两山对峙,大伾山上有名佛,浮丘山上有名庙,珠联璧合。

碧霞宫,又叫"碧霞元君行宫",俗称"奶奶庙"。以南北轴线为中心,两廊对称,三个院落,殿宇80余间,总占地面积11160平方米,是中原地区保存最完整的明代建筑。

碧霞宫里的主人碧霞元君是中国古代传说中的女神。一种说法认为碧霞元君是东岳大帝黄飞虎的女儿,《太平御览》引张华《博物志》曰:"吾是东岳之女,嫁为西海之妇。"另一种说法认为碧霞元君是5000年前黄帝时代的人物,明代高诲在《玉女考略》中说,"黄帝尝建岱岳观,遣女七"修炼,其中修而得道者即泰山玉女,为黄帝所派遣的七玉女之一,被封为"碧霞元君"。这两种说法都出自历史文人笔下,而民间传说则是另一个版本。

传说周武王灭商建周后,为奖赏开国有功大臣,把全国的领地都分给了大臣们。这个分封诸侯的工作就交给了他的辅佐大臣姜子牙。姜子牙论功行赏,分封了全国的名山大川。即使这样的人物也有私心,最后一块风水宝地——泰山,他想留给自己。可武王的护驾大将黄飞虎得知消息后非要把泰山封给自己。黄飞虎的妹妹黄妃知道后也来找姜子牙要泰山。姜子牙看两人的来头不小,自己就放弃了。黄氏兄妹二人一个凭护驾有功,一个仗武王后台,争得面红耳赤。姜子牙出了个主意,谁先登上泰山,泰山就封给谁。黄飞虎高兴了,身单力薄的黄妃哪是自己的对手?

插图8-4.2 杂技戏孩图（北宋苏汉臣绘）

此幅图中那位杂技艺人虽然面对提问的孩童,但他表情认真、神情专注,左手执板击节,右手击锣敲鼓,施展绝技;他好似口中说着唱词,深深地吸引住两个孩童。其中那个较胖的孩子脸部正面,双唇紧闭,双目圆睁,神情痴迷中透出几许神秘。画家刻画人物形象逼真,情态生动,自然流畅,表现出画家细致入微的观察力和游刃有余的艺术表现力。苏汉臣,(公元1094—1172年),汴梁(今河南开封)人,北宋宣和年间画院待诏。南宋绍兴年间复职,孝宗隆兴初因画佛像称旨,补承信郎,师刘宗古,工画道释人物,尤擅画婴孩。传世作品有《货郎图》《秋庭婴戏图》《杂技戏孩图》等。

兄妹二人的"马拉松"比赛开始了。从京城出发,黄飞虎骑上他的麒麟,日夜兼程,直奔泰山。聪明的黄妃要用智取,在起点她就悄悄地用神法把自己的绣花鞋扔到泰山玉皇顶,就往泰山赶去,不慌不忙,若无其事。她终于爬上泰山,只见兄长黄飞虎在南天门上等她。兄长当然是以胜利者的姿态迎接妹妹。可妹妹却胸有成竹地说:"我先到此,看你没到就前去接你,不想没碰上你。"兄长听得一头雾水,妹妹把兄长领到玉皇顶,只见石坪上放着妹妹的绣鞋。但这事瞒不住神机妙算的姜子牙,他知道头脑简单的黄飞虎上了妹妹的当,于是来了个和稀泥,让兄妹二人共管泰山,封黄飞虎为泰山神,住在山下天贶殿;妹妹黄妃被封为"碧霞元君",在山顶碧霞祠受理香火。"碧霞元君"是中国北方尤其是中原广大地区普遍信奉的一位女神,她的全称是"天仙圣母碧霞元君","元君"是道教中对女仙的尊称。

122

插图 8-4.3 货郎卖货图
本画描绘了老货郎卖货、儿童围观购物的欢闹场面。人物的头发、眉目、衣饰等，刻画精心，丝染兼备，变化丰富，用笔熟练。特别是孩子瞳如点漆，炯炯有神，堪称"点睛"之妙笔。再看货郎的货担上，摆放的既有山鼓、风车、葫芦、花篮等儿童玩具和儿童馋嘴的瓜果、糕点等食品；又有木叉、犁耙等农具和瓶、缸、碗、盘等日常生活用品。货郎向前推着独轮车，村童十六个，有前拉后拥者，有两人互夺一物者，有持钱赏者，有伏地者，有负抱者，姿势百态，无不毕肖。

　　那么泰山顶的"碧霞祠"怎么变成浚县浮丘山上的"碧霞宫"了呢？虔诚的老百姓不会去考证的，他们只知道碧霞元君还是个送子娘娘，要想多子多福还得去拜祭她。历来人们都把碧霞元君视为主宰生育的女神，说她能滋生万物。所以在浮丘山为碧霞元君修建碧霞宫以作供奉，也就不言而喻了。

　　浚县庙会会期久，从大年正月初一到二月初二，长达一个月；规模大，近有方圆十里八乡的香客，远至周边晋、冀、鄂、皖等 40 个地区的游人，还有观光的海外华人，赶庙会的人达百万之众，中国北方香火之盛，舍此无二。

　　庙会的高潮是元宵节玩社火。

　　《管子·乘马》曰："方六里，为社。"即方圆六里为一"社"。以社为单位"击器而歌，围火而舞"，故称社火。火具有红火、热闹之意。社火，就是中国民间一种庆祝春节的传统庆典狂欢活动。浚县庙会的社火就是浚县的"狂欢节"。这一天，全县各城镇、乡村的民间艺人都赶往这里。这些民间艺人着戏装、画脸谱、击鼓打锣、吹响唢呐、燃放鞭炮、载歌载舞。山上各寺庙香火缭绕，跪拜祈福。县城市民倾城而出，摩肩接踵；几乎是村不留人，从四面八方涌向县城。县城的大街小巷，人们扶老携幼、呼朋唤友奔向浮丘山顶的会场，齐聚碧霞宫戏台下，观赏社火表演的人里三层外三层，来自省内省外的六十余家社火团体纷纷登场。从早上 7 点开始，踩高跷、划旱船、小竹马、二鬼打架、蹦杆跷、抬阁、龙灯、狮子、舞龙、唢呐、火铳等上百个社火班子轮番表演，一直演到天黑时分。社火表演丰富多彩，看得人心沸腾，目不暇接，眼花缭乱。

　　庙会也给各地来做买卖交易的一次商机，大大小小的摊点，从城内一路排开，一直延伸到郊外的山上古庙前。且不说东西佳肴、南北风味引诱游人的品尝；也不言各类传统朴实、时尚流行的生活用品，单看那些民间艺术品就让人称奇喊妙，朴实的布娃娃、粗顽的石刻百兽、小巧的彩色面人、巧夺天工的刺绣剪纸……无不光彩夺目。在众多摊点上最抢眼的民间工艺品是浚县泥塑，各种泥塑动物憨态可掬，泥塑人物形象朴拙乖巧，不但吸引着大人，更让孩子们恋恋不舍。

浚县泥塑的故乡是浚县杨圯屯村，那里粘柔、滑润、细腻、独一无二的土质使杨圯屯村成了全国著名的泥塑之乡。用这里的土捏制的泥玩具，晾晒或烘烤都不会裂纹，更不会变形。杨圯屯村泥塑不只是有得天独厚的自然资源，他们更有泥塑的天赋。经过取土和泥、揉捏成形、竹棍捅孔、刀片刻纹、麻绳为须、上色装饰，或栩栩如生的人物造型，或千姿百态的动物形象，就在他们手中诞生了。各种泥玩不但形象逼真，而且有声。各种泥塑上面都有孔眼，用嘴一吹，就会发出鸣叫声，那质朴、悠沉的声调带着古老村落的淳厚情感，给人以原生态的自然、淳朴的审美情趣。正因为这独特的音韵，人们给这种泥塑起了一个大俗大美的名字叫"泥咕咕"，亲切而形象。"泥咕咕"在庙会上随处可见，各种怪异神秘的模样随时发出时高时低的声音。"泥咕咕"是庙会上一道特别的风景线，是浚县古城的一张名片。

"泥咕咕"被杨圯屯村民间艺人带进人们的视线，杨圯屯村民间艺人因"泥咕咕"走向全国、走向世界。他们当中有被吸收为省级或国家级民间艺术家协会会员的，有被授予"民间艺术家"称号的，有被命名为省内"民间文化杰出传承人"的，还有的被联合国教科文组织和中国民间文艺家协会联合授予"民间工艺美术家"称号的。他们的作品有的被大不列颠博物馆收藏。

浚县庙会，兴于古代，一路走来，还会一路走下去，成为浚县人民永远的狂欢节。

第九章 修兵勤武古修武

地灵

第九章

————

修兵勤武古修武

九

修兵勤武古修武

1. 牛郎织女源宁地

古时王都及其周围千里以内的地区称为"畿内地"。据历代《修武县志》记载，古修武在殷商时期为"畿内地"，黄帝时叫宁邑，是商王朝直接管辖的土地。殷商时期的甲骨文中，经专家破解今天的修武一带称为宁。而且其中大量有关商王在宁地田猎、驻次、祭祀、敛贡、用兵等活动的记录，宁地对商王朝有举足轻重的政治和军事意义。

宁，甲骨文中有时也写作"濘"。这个字很形象，可以推想殷商时期的古修武草木丰茂、沼泽遍地，各种野兽、飞禽出没其间。殷商王朝从武丁、祖甲以后的诸王多"生则逸，不知稼穑之难，不闻小人之劳，惟耽乐从之"，特别是后期诸王尤其热衷于田猎活动。而古修武地距商都朝歌不足 100 公里，自然成了商王的理想狩猎场所。

插图 9-1.1 敦煌莫高窟狩猎图壁画（西魏）

敦煌狩猎图壁画描绘了两名骑手跃马奔驰，勇健射猎的形象，前一人拉满弓回身射猛虎，后一人追猎三只黄羊。猎人矫健机敏，身手不凡，令人惊叹；凶猛的虎、惊慌的羊，刻画得活灵活现。整个场面渲染得轰轰烈烈，气壮山林。画面中的山峦树木、青龙、白虎，以及东王公、西王母二神仙，把狩猎推至神秘的境界。研究者认为画师来源有四：第一是来自西域的民间画师；第二是来自中央政府高级官吏获罪流放敦煌时携带的私人画师；第三是来自高薪聘请的中原绘画高手；第四是来自五代时期官办敦煌画院的画师。画师巧妙地把佛国的空灵与人间的真实融为一体。

商代迷信鬼神，遇事都要占卜，问个吉凶。负责占卜的官员就把占卜的过程和卜辞都写在龟甲和兽骨上面。商王出游田猎是大事，在出发之前定要卜问游猎的吉凶。甲骨文中形象地描写了一次商王田猎的情景：商王去田猎，他的车驾左边是赤色马。

来到距宁地不远的地方，忽然从宁地窜出一头野牛来，但对商王并没有造成伤害，野牛就被擒捉了。

宁地不仅是商王天然的田猎之地，商王还专门到这里举行祭祀典礼。商朝贵族进献给商王的祭品、牺牲和物品，在经宁地时须经有关人员收验，然后才能送往商都。宁是商王朝的西大门，甲骨文辞显示，商王不仅在这里打猎以训练军队，炫耀武功，而且在这里设置城塞，派兵在此驻守，不但保证了商王打猎时的安全，也可放心地在此临时小住。对外发兵征讨敌国时，宁地是商朝大军的出发地，也是商王在此田猎以震慑晋南和陕西东南诸小国的缓冲区。因此宁地的重要性可见一斑。

不只如此，宁地还是"牛郎织女"的寻根地，牛郎为商部落始祖契的七世孙，其真实姓名叫王亥，被商人尊为高祖。经考古研究，通过文献记载分析，一个上古时期追逐自由爱情的美丽动人的故事出现了：

商部落的第七代首领王亥很有商业经营意识。他拥有一大群牛羊，他和兄弟王恒赶着牛羊，边放牧边贩卖，他的牛羊数量越来越多，大家尊称他为牛王，亲近的人送给他一个爱称叫"牛郎"。

古修武一带有个观国，又因国有《易经》，也称之为有易国。王亥放牛做生意走四方，到了有易国。牛羊群扩大，一个人管理不过来，他就暂时住下，委托有易国的人帮他放牧，准备把这批牛羊处理后再走。就在这时，他无意间认识了有易国部落首领绵臣的女儿。绵臣的女儿正值妙龄，身材窈窕，皮肤细腻，面容姣好，美若天仙，又因她擅长纺织，人们称她为"织女"。织女的美貌深深地吸引了王亥，渐渐地王亥开始为她痴迷癫狂，想尽办法去接近她。其实，王亥不仅懂经营之术，而且自幼向父亲冥学会了一种名为"万舞"的舞蹈。王亥健壮伟岸，四肢

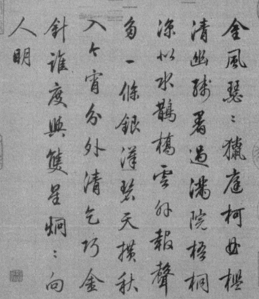

插图 9-1.2 七月桐荫乞巧图（清代陈枚《月曼清游图册》）

七夕乞巧起源于汉代。东晋葛洪的《西京杂记》记载："汉彩女常以七月七日穿七孔针于开襟楼，人俱习之。"七夕，女儿们相聚比赛女红之巧，祈愿巧慧节节拔高，故称"乞巧节"；又有女儿"励志"之美意，故亦称为"女儿节"。此图描绘的就是七月初七仕女们"丢巧针"的"乞巧"场面。清代画家陈枚所绘系列画《月曼清游图》描绘的是宫廷仕女一年十二个月的深宫生活，此图为其中的《七月桐荫乞巧图》。

灵活，加上音乐感和节奏感都很强，把"万舞"跳得至善至美，以至"万舞"后来成了性感舞蹈的代名词。

王亥的"万舞"让有易首领的女儿迷恋，他们开始相爱，经常牵手徜徉在山林里和河溪边。太阳见证了他们的相思，月亮见证了他们的盟誓，一声声"牛郎"，一声声"织女"，轻轻荡漾在他们甜蜜的心间。

他们相恋的消息很快传到了首领绵臣那里，遭到了绵臣的激烈反对。于是，绵臣把女儿关了起来，不许她和王亥来往。王亥前来求见首领，提出愿以所有的牛羊换娶织女，但还是遭到了严词拒绝，并限令他即刻带着牛羊离开有易国。相思的煎熬让王亥昼夜不宁，最终他用财物买通了守卫，带着织女逃了出来。为了不被有易国人发现，他们穴地而居，虽然与世隔绝，但他们相亲相爱，过着幸福快乐的生活。但是好日子并不长久，他们还是被有易国人发现了踪迹，并被抓了回去。首领绵臣羞怒交加，暴跳如雷。他下令囚禁女儿，处死王亥，夺其牛羊。就这样，王亥为了爱情不仅失去了所有的财富，而且丢了性命，落了个魂魄飘异国的悲惨结局。

2. 借雨修整伐纣王

王亥的弟弟王恒听说哥哥被杀，牛羊被夺，就去向有易国讨个说法，结果也是有去无回。王亥的儿子上甲微就号召部众同仇敌忾，为父辈报仇，并向河伯国借兵，合力攻打有易国。最后，有易国大败，首领绵臣被杀，余众也被赶离了家园，从此这里成为商部落的领土，并最终成为商人灭夏的前哨阵地。

商冢就是上甲微打败有易国后重新安葬父亲王亥的墓冢。

商朝末年，商纣王倒行逆施，百姓怨声载道，苦不堪言，诸侯们众叛亲离。远在岐山的周部落首领周武王姬发继承父亲周文王灭商遗志，乘商朝大军在东南远征的机会，以讨伐暴虐的纣王为名，联合各路诸侯组成70万联军，浩浩荡荡东征伐商。公元前1045年12月4日，武王率兵车300辆、虎贲3000人、甲士4.5万人从陕西出发，开始了伐商灭纣的军事行动。公元前1044年1月3日，武王的军队渡过盟津（今河南孟津）。周武王姬发大军进入了商都"畿内地"，行至邢邱（今河南省温县）时，沁河连下三日大雨，河水暴涨。汉代人编纂的《韩诗外传》中记载了商末周初于宁地（今河南修武县）发生的惊天动地的大事：当大军渡过黄河来到邢邱（今河南省温县）通行的大桥时，大桥忽然折为三段，接连下了三天三夜的大雨。"武王心惧，召太公问曰：'意者纣未可伐乎？'太公对曰：'不然。楯折为三者，军当可分为三也。天雨三日不休，欲洒吾兵也。'"古人重视天人感应，认为以下犯上的弑君行为有违天意，是大逆不道的，武王伐纣途中经邢邱时桥折为三，心中害怕，难道是触怒了上天？不然为什么会突然出现这样的事情？于是，召来姜太公问道："桥折为三，天雨三日不休，上天之意是不是不能征讨纣王？"姜太公回答："不是这样的，因为纣王的行为已经天怒人怨了。桥折为三，是上天叫我们把大军

SERIES ON THE HISTORY
AND CULTURE OF
CENTRAL PLAINS

中原历史文化系列丛书

分为左、中、右三军；天雨三日不休，是上天知道大军远征疲累，而以甘霖洗刷征尘，让我们休整一下。"武王听后大悦，于是传令大军，从邢邱（今河南温县）行军到宁地（今河南省修武县）驻扎下来，在那里"修兵勤武"即修整兵器，操练军队。进行作战前最后的动员和备战。经过修整后的周武王讨商大军精神振奋，同仇敌忾，从修武向商都朝歌（今河南省淇县）进发，来到朝歌城南郊的牧野，周军 70 万拉开了与商军决战的架势。周武王的军队以摧枯拉朽之势，向商王朝发起全面进攻，商王拼凑而成的抵御军队一触即溃，商王朝以商王自焚而告终。周武王伐商取胜的过程中，修武作为当时"商都畿内地"发挥了不可替代的作用。

因为周武王在宁地"修兵勤武"，将邢邱更名为"怀"，宁地更名为"修武"。修武由此而得名。

130

3. 南阳名人

公元前 655 年，晋国晋献公宠爱骊姬，杀害太子申生，立骊姬之子奚齐为太子。骊姬诬告晋献公的次子重耳参与下毒，晋献公不做调查便下令缉拿重耳。重耳慌忙逃向国外。43 岁的重耳流亡于狄、齐、曹、郑、楚、秦等国，达 21 年之久。重耳焦虑苦思 7000 天，最后在结"秦晋之好"之后，公元前 636 年，秦穆公派军护送重耳回国。秦军击败晋军，平定晋国内乱，重耳回到都城，须发苍苍的 62 岁的重耳终于登上了王位，是为晋文公。晋国由此大治，并逐步登上春秋霸主的地位。

插图 9-3.1 管鲍分金图（沈心海 1919 年作）

管鲍是指春秋时期的政治家管仲和鲍叔牙，他们俩是好朋友。管仲比较穷，鲍叔牙比较富有，但是他们之间彼此了解、相互信任。管仲和鲍叔牙早年合伙做生意，管仲出很少的本钱，分红的时候却拿很多钱，鲍叔牙毫不计较。管仲和鲍叔牙之间有深厚的友情，亲密无间、彼此信任，成为中国代代流传的佳话。沈心海（公元 1855—1941 年），江苏崇明人，善画花卉、人物、山水，尤精仕女。

晋文公重耳有一次成功的举动。

春秋以后，周天子王权日渐削弱，诸侯崛起，至周襄王时，太叔带起兵背叛朝廷，围攻周都洛邑，周襄王逃到郑国避难。晋文公闻讯后，即率晋国军队前往救助。晋文公打败了太叔带，恢复了周襄王的王位。晋文公护驾有功，得到了周襄王的封赏。周襄王把东起朝歌，西止轵城，北到太行，南濒黄河的土地赐给了晋文公，修武正处在这片广阔的土地上。

修武归属晋国之后，再次易地名，修武成为"南阳"，并修筑南阳城。南阳城里有名人，南阳城跻身于历史名城之列。一对牛贩子从南阳走上了中国历史舞台。

管仲和鲍叔牙自幼就是非常要好的朋友。他们做贩牛的生意就在晋国的南阳（今河南省修武县）一带。鲍叔牙为人敦厚、诚信；管仲处世机智、明理。两人都有学识，有才华，互相敬佩，互相理解，互相帮助。管仲早年丧父，家境贫寒，又要奉养老母。鲍叔牙比他要富裕些，所以，他俩合伙经营贩牛赚了银钱总让管仲拿大头，管仲也不推让。鲍叔牙向人解释说："管仲不是贪利之人，他家比我家穷，他多得些银两是为了养家糊口，赡养老母。"管仲也说："生我的是父母，真心待我的是鲍叔牙。"

鲍叔牙深知管仲有非凡的治世之能，对他礼让、尊重、信任。一天，鲍叔牙和管仲商议说："你满腹经纶，有经邦治国之才，不可埋没。今齐襄公昏庸无道，暴政虐民，淫乱内廷，必有失位之日，后来君主尚难料定。我二人可赴齐国，各辅佐一位公子，助其成事，不论谁成功，都互相提携，共享富贵，如何？"管仲欣然接受。于是，二人弃商从政到了齐国。管仲在公子纠那里谋事，鲍叔牙到纠的同父异母的弟弟小白那里求职，各为其主，尽力相佐。

齐襄公荒淫无道，无端诛杀臣僚，人人自危，纷纷外逃。公子纠由管仲、召忽二人辅佐逃往鲁国；公子小白由鲍叔牙辅佐逃往莒国。公元前 686 年，齐国内乱，襄公被杀，议立新君。流亡国外的公子纠和小白都率兵回国登位，关键是谁第一时间回到齐都，谁就是胜者，胜者为王。小白通过内线得知国内局势，抢先从莒国出发。消息走漏，传到鲁国，鲁庄公准备护送公子纠回国。此时，管仲为使纠稳操胜券，急忙对鲁庄公说："距齐国莒近鲁远，如今之计，主公可带兵护送公子兼程回齐，请借我三十乘车马，抄近路阻击小白。"得到应允，管仲兵马日夜兼程 30 余里，看到前小白人马停歇待炊，拉弓射箭，小白猝不及防，大叫一声伏倒在车辕上。管仲得手，飞驰离去。后面传来一片哭声。

管仲以为公子小白被射死，定下心来，一路上早宿晚起，从容而行。当大队人马到了齐国边境时，探子忽报新君已经登位。鲁庄公得知是小白抢先即位，自己被骗，恼羞成怒，不听管仲劝阻，率军攻打齐国，结果大败而归。

原来公子小白并未被射死。其实，小白见管仲带兵赶来，已存戒心。何况管仲一箭正巧射中小白束衣带钩上，小白急中生智，诈死伏下，骗过管仲，连身边的鲍叔牙也信以为真。鲍叔牙将计就计，在回齐国的路上，把小白藏于后面小车内，让大队人马举哀缓行，回到齐都临淄，得立国君，是为齐桓公。

鲁国被齐国打败了，战败国往往要向战胜国谢罪，鲍叔牙生怕鲁国谢罪时杀死管仲而讨好齐桓公。鲍叔牙为救管仲，心生一计，便暗中给鲁庄公一信，说："管仲是齐国仇敌，齐国国君必欲亲手杀死他而后快。"鲁庄公只得将管仲囚送到齐国。齐桓公念念不忘一箭之仇，今管仲被送上门来，岂能放过。可心存妙计的鲍叔牙急忙去齐桓公那里贺喜，齐桓公问喜从何来，鲍叔牙说："管仲乃天下奇才，齐国今获，岂不可贺。"齐桓公咬牙切齿地说："我恨不得食其肉，寝其皮，焉能用他！"鲍叔

插图 9-3.2 管仲箭射姜小白图（汉画像石砖）

姜小白，齐襄公之弟。齐襄公以滥杀稳定政局，其弟纠和小白恐祸及自身，纠带谋士管仲逃鲁，小白带好友鲍叔牙逃莒。齐襄公死，远在异国避难的纠和小白，闻讯急驰回国争位，以先到者为君王。途中管仲预判姜小白的行踪，快马加鞭到了姜小白附近，假装恭顺，随即向其射箭，姜小白应声而倒，口吐鲜血。管仲认为小白一死，公子纠稳坐君位，便大喜离去。石砖正是描述的这一场景。

SERIES ON THE HISTORY
AND CULTURE OF

中原历史文化系列丛书

牙正色劝说道："天下奇才者多，但能忠于其主的难求啊！若管仲被信任，他会加倍忠心于主公，以他的忠心和才能，可替齐国射得天下，岂是那一射钩可比？"桓公点头称是。鲍叔牙先保住了朋友之命。

齐桓公欲拜鲍叔牙为太宰（宰相），鲍叔牙诚恳地辞谢，并乘机保荐好朋友管仲，说："主公若是只想管理好齐国，有高傒和我就够了。如想建树万世功业，王霸天下，非用管仲莫属！"齐桓公又怀疑管仲的学识，鲍叔牙又进言说："非常之人，必非常礼节待之。如天下知主有公尊贤礼士、不计私怨之度，就会有更多贤才仁人到齐国来效忠！"齐桓公大悟，即命人择定吉日良辰，用"郊迎"国礼，亲迎管仲，同车进城。齐桓公与管仲谈政论时，三日三夜，句句投机，即拜管仲为太宰，且尊称"仲父"，言听计从，专任不疑，常嘱臣僚："国家大政，要先禀仲父；有所裁决，任凭仲父。" 佞臣易牙、竖刁之流，也怕管仲三分。

齐国在太宰（宰相）管仲的谋划下，由鲍叔牙协助，对内改革政治、经济、军事，成效显著，齐国很快富强起来。对外依据中原形势，制订"尊王攘夷"的霸业方针，尊奉周朝王室，挟天子而令诸侯；攘除夷狄侵扰，团结中原各路诸侯，立德树威。公元前681年之始，齐桓公行"尊王攘夷"国策向外发展，雄霸中原三十多年。

公元前453年，赵、韩、魏三家分晋，晋君成为附庸。至公元前403年，周天子正式承认三家为三国诸侯。南阳（今河南省修武县）地属魏国。

4. 三帝幸临

秦始皇统一全国后，废除分封制，实行郡县制，修武自此设县，称修武县。秦二世元年（公元前209年），以项羽、刘邦为首的两支起义军灭秦后，展开了楚汉战争。公元前204年，刘邦在荥阳被围。刘邦向驻扎在修武的韩信求救，韩信迟迟不动。韩信为刘邦一名将，初属项羽，后投刘邦，萧何举荐，任为大将，此谓成也萧何！韩信屡建战功，遂拥兵自重。此时刘邦调遣不动韩信，自己率军浴血奋战，突出重围，几番周折，北渡黄河，当天傍晚赶到修武县。

这时刘邦身边只有夏侯婴，他对韩信按兵不动记恨于心。感到韩信兵力日渐强大，对自己的地位构成了威胁，必须削弱其兵权。刘邦听说韩信和其助手张耳驻扎附近。夜里，刘邦和夏侯婴谋划于修武县传舍（旅馆），商定剥夺韩信兵权的妙计。

翌日凌晨，刘邦独骑闯入韩信和张耳的营帐。守营卫士拦住去路，刘邦诈称："我是汉王使者，有重要军情报告韩将军。"刘邦进入营帐，韩张二人酣睡未起，刘悄悄收取了他们的印信和兵符。接着，举用大将旗帜，召集军中将领。

韩信、张耳闻听外面人声嘈杂，起来一看，不禁大吃一惊，原来汉王刘邦正在军前发号施令。二人赶紧上前请罪，刘邦当面严斥："身为大将，不知警惕，纪律不严，防务松弛。"立即宣布调换他们的军务：张耳坚守赵国地盘，韩信改道攻打齐国。汉王朝在吕后执政时期，吕后欲除韩信，萧何献计，杀害了韩信，此可谓败也萧何！

西汉末年，外戚王莽篡权，建立新朝，苛政暴令，很快在农民大起义中灭亡，在农民起义中，汉朝皇族南阳人刘秀迅速崛起。更始三年（公元25年），刘秀在部将的拥立下称帝，国号为汉，年号建武。之后，他开始逐步消灭各地割据势力。称帝当年率兵征讨青犊军。行前他对部将谢躬说："我追击青犊军于射犬，河内山阳的尤来军势必要惊慌逃奔。如你乘机截击其散兵游勇，必获全胜。"果然，刘秀杀败青犊军后，山阳的尤来军向北逃窜。可是谢躬率兵拦截时，尤来军拼死作战，谢躬大败而回。建武二年（公元26年），刘秀率兵亲征修武，所向披靡，占据修武。更始帝的河内郡守将鲍永、冯衍等得知更始帝已被诸将内讧杀死，穿上丧服，草草祭奠，封上印绶，收缴兵器，身着平民服装奔赴修武县，投靠了刘秀。

西汉和东汉的两个开国皇帝，都幸临过修武县。历史的巧合在这里出现，东汉的末代皇帝汉献帝刘协与修武县更有缘。

东汉献帝刘协，汉灵帝第三子，其母王美人出身于名门世家，举止文雅，善写能画，容貌姣好，身材匀称，深得汉灵帝的宠爱，遭到何**皇后的嫉妒**。何皇后主宰灵帝后宫，出身屠夫家，**靠贿赂宦**官入宫，当了皇后。王美人有孕在身，怕招惹何皇后更大的嫉妒，几次偷偷堕胎，没有奏效，孩子生了下来。何皇后妒性大发，派人把她毒死。汉灵帝不禁勃然大怒，欲废黜何皇后。何皇后事先已买通关节，得到赦免。汉灵帝怕刘协留在后宫再遭暗害，将他抱到永乐宫，由他的生母董太后抚养。

插图9-4.1吕布刺杀董卓瓷盘图（清乾隆瓷器）

司徒王允将貂蝉私下许配给吕布，然后又将貂蝉送给董卓，并告知吕布是董卓接貂蝉回府，择日将与吕布完婚。于是，貂蝉在董卓和吕布之间施离间之计，董吕两人相互猜忌，结下怨仇，吕布借机杀掉董卓。此件瓷盘上绘画即取三国故事里王允巧施连环计的情节。绘画运用流行的宫廷写实的艺术手法，笔法细腻，线条流畅，人物形象逼真。布局完整，疏密有致，营造出紧张的氛围。

灵帝晚年选太子处于两难之中。何皇后儿子刘辨从小寄养民间，举止轻浮，终日鬼混于后宫。刘辨比刘协年长，且是皇后所生，太子之位理应属他。但刘协自小在永乐宫长大，董太后悉心抚养，聪明睿智，举止端庄。其母王美人死于非命，灵帝难免有恻隐之心。因此，有意立刘协为太子。然而这又有违于立嗣以嫡长为先的皇室传统，所以决心迟迟未下。

中平六年（公元189年）四月，汉灵帝去世，立刘辨为帝，是为少帝。刘协被封为陈留王。何皇后升级为何太后，实权在少帝舅舅何进手中，从此何进等大臣与宦官展开了夺权斗争。

先是何进捕杀蹇硕，接着是宦官张让、段珪等杀死何进，司隶校尉袁绍、虎贲中郎将袁术和何进的部将带兵反攻，杀宦官2000人。宦官张让劫持少帝和陈留王刘协逃去，路上碰到带兵前来的董卓，张让跑掉，董卓把少帝和刘协带回京都洛阳。董卓控制了朝政大权，逼着少帝撤免了司空刘弘，自己身居其位。接着，董卓又以司空的身份召集百官开会，议改立陈留王刘协为皇帝。百官大惊失色，慑于董卓的淫威，不敢表示异议。第二天，董卓宣布废除少帝刘辨，立陈留王刘协为帝，是为献帝。9岁的汉献帝，从此开始了傀儡皇帝的漫长生涯。

董卓自封为相国，后又加封为太师，完全控制了中央政权，纵容军队在洛阳劫掠财物，奸淫妇女，无恶不作。于是，天下大乱，群雄并起。次年，初平元年（公元190年）春，各州郡牧守打起讨伐董卓的旗子，纷纷起兵。共推渤海太守袁绍为盟主，从北、东、西三面包围洛阳。董卓挟持献帝迁都长安，洛阳被烧杀洗劫一空。

时隔一年，初平三年（公元192年），司徒王允和董卓义子吕布联手杀死董卓，二人主持朝政。王允大权在握，骄傲自满，气量狭小，难稳局势。未到一个月，董卓部将李傕、郭汜击败吕布，攻入长安，杀死王允，裹胁小皇帝刘协，控制了政权。刘协在长安于李傕、郭汜手中做了三年傀儡皇帝，直到他们相互火拼，一些将领把刘协护送到了洛阳。

此时的中原已是群雄割据争霸，杀伐之声绵亘万里。其中，曹操在军阀混战中脱颖而出，先发制人，率军进驻洛阳，取得了"挟天子以令诸侯"的地位。为了稳固地位，他挟持献帝迁都到自己的老根据地许昌。刘协逐渐长大，不甘于做傀儡的耻辱地位，曾两次密谋除曹，但均以失败而告终。然而，曹操并未杀献帝刘协，因为皇帝还有一块有用的招牌。汉献帝自知回天无术，只好得过且过，诸事不问，而曹操却由魏公加封为魏王，用天子车服銮仪。

建安二十五年（公元220年）正月，魏王曹操去世后，其子曹丕继位。公元220年12月，曹丕逼刘协禅让帝位。曹丕即皇帝位。国号为魏，追尊曹操为武皇帝，庙号太祖，封汉献帝刘协为山阳公，都浊鹿城（今河南修武县五里源乡李固村），邑一万户，位在各诸侯王之上，奏事不称臣，受诏不下拜，以天子车服郊祀天地，宗庙祖腊皆如汉制。并命他即日起行，前往封国山阳（其境域包括今河南省焦作市和修武县西部、北部）。

刘协到都城浊鹿后，稍作安顿，便离开王宫，四处巡游察看民情。他看到了悲惨的景象：连年征战、疫病流行，加上沉重的赋税，致使山阳田园荒芜，民不聊生。臣民们破衣烂衫、面黄肌瘦。这勾起了对自己过去傀儡地位的屈辱、生命朝不保夕的痛苦回忆，坚定了他治理山阳的信念。

第二天，他派人四处张贴榜文，宣布政令，百姓所有赋税减半，垦荒种植，免交三年赋税。山阳百姓奔走相告，无不称颂。刘协常到民间察看，遇到有病的人家，还给病人把脉开药，他在宫中常向太医们学习，医术甚为精湛。

平日，刘协常登浊鹿城北的小山，登高远眺。盛夏，常到山阳国北的百家岩游玩、纳凉、观赏天门瀑布。

刘协做山阳公十多年，山阳百姓休养生息，安居乐业。魏明帝青龙二年（公元234年）三月庚寅（4月21日）刘协寿终正寝。魏明帝曹睿"素服发丧"，率群臣亲自哭祭，谥其为汉孝献皇帝，以规格最高的天子之礼安葬。由大司空崔林监护，

插图 9-4.2 汉献帝禅寝

汉献帝禅寝是东汉末代皇帝刘协的陵寝，位于修武县七贤镇古汉村南，为豫北地区唯一保存完好的帝王陵寝。"汉献帝禅陵"由汉献帝刘协陵墓、刘康墓、刘瑾墓、汉献帝陵寝碑、汉禅陵基址碑记、汉献帝享堂、献帝庙遗址组成。清雍正年间总面积约135亩，清末陆续受到破坏。此图为"汉献帝陵寝碑"，位于汉献帝陵墓南侧，青石，圆首，楷书，高152厘米，宽53厘米，清代雍正九年（公元1731年），知修武县事陈纲、署修武县知事胡睿榕立。

134

准备半年，于八月汉献帝葬在浊鹿城西北10里处（今修武县方庄镇古汉村南）。下葬之日，河南尹亲引丧车，300校尉护卫，太祝进献祭品后，司空校尉覆土成陵。陵墓高2丈，周围200步。当天，明帝在京丧服素冠，亲率群臣百官致祭，盛赞汉献帝"冠德百王，表功嵩岳"。赐汉献帝陵为"禅陵"，下令以禅陵为中心划定135亩，建造规模很大的陵园，设置正副职官员负责管护。

5. 当阳峪绞胎瓷

相传，黄帝身边有一小吏。一次，他把捞回来的鱼放在火上烤，要吃"烧烤"。可惜他厨艺不好，把鱼烤焦了。他又想了个办法，把鱼用泥糊起来放到火里烧。还没等烧熟，黄帝有事叫他，他办完事返回，才记起烧烤的鱼，可惜泥壳里只剩下碎渣了。不过，这个泥壳引起了他的兴趣。这是个爱动脑筋的小吏。他开始琢磨泥壳了。他用泥壳盛点水，竟然不漏水。于是，由兴趣转向探索，用泥做成生活用的器具，再用火烧，反复实验，不怕失败，也许经过成百上千次的试烧他终于成功了，烧制出了有实用意义的泥烧器具，人类文明史上的第一件陶器。《集训》："陶，烧瓦器土室也。""陶"就是烧制瓦器的"窑"。"陶器"就是土窑烧造出来的一种器具。陶器的出现是件很了不起的事。黄帝当然很欣赏，便封他做"陶正"，是专门负责烧制陶器的官。

他有幸发明了陶器烧制的方法，可又在烧陶中遭遇了不幸。在一次烧陶中陶窑坍塌，他被埋在了陶窑里。这时出现了奇迹，燃烧着大火的陶窑，冒出了五彩云烟，他正踩着云烟升上天空。还有传说他看到烧陶的温度不足，为了能快点烧出好的陶器，他就纵身跳进火内自焚加温。开窑后，人们将他的余骨葬在宁地北山之中（今修武北部太行山一带），称他为"宁封子"。

中原之地，位居九州之中，是中华民族的发祥地。陶瓷在这里出现，是人类文明最伟大的发明之一。自商代原始陶器出现起，历朝历代的烧陶制瓷业兴旺，烧陶制瓷的工匠们烧造出风格各异的陶瓷器，创造了瑰丽华美的陶瓷文化。其中，修武当阳峪的绞胎瓷独树一帜。

修武县西村乡当阳峪村位于太行山南麓，整个村子北高南低，距修武县城25公里，三面环山，气候宜人，环境优美，地域面积4平方公里，有得天独厚的地理环境、丰富的自然资源及源远流长的灿烂文化。在这块平凡的土地上历史却为我们留下了一个个难解之谜。

北宋时期这里便烧制出了绞胎瓷，在当阳峪村发掘的古窑址上，现存北宋崇宁四年（公元1105年）《德应侯百灵翁之庙记碑》记录了当年窑业之盛况。

插图 9-5.1 宁封子塑像

宁封子是黄帝身边的一个能工巧匠，传说他是先民第一个烧制出陶器的人，陶器的出现，是人类文明迈出的重要一步。黄帝任他为陶正。"陶正"，周代官名，负责管理制造陶器。在一次烧陶时，他不慎失足掉进炉里被烧死。人们称他为"仙人"。陶瓷业视他为祖先。从西安、河南等地发掘出的大量的彩陶充分证明制陶在我国有几千年的历史。宁封子的事迹在《列仙传》中有记载。《列仙传》是我国最早且较有系统地叙述神仙事迹的著作。

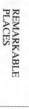

当阳峪瓷窑始于晚唐，盛于北宋，在北宋熙宁至宣和的 50 多年时间里，其瓷业规模之大，令人叹为观止。据当阳峪瓷窑遗址上的宋代窑神碑记载："时惟当阳工巧，世利兹器，埏埴者百余家，资养者万余户。"一个小小村落，窑户就有 100 多家，靠烧造瓷器维持生计的多达 10000 多户。瓷业发达，规模空前，因烧制瓷器而发家的窑户员外有 360 家。可以想象当时的生产场景，窑炉林立，浓烟蔽日，在生产场地，来往穿梭、夜以继日作业的窑工数以万计；送料的商贩、拉货的客商，车水马龙。应该说，以当阳峪为中心形成了一个瓷器生产的工业园区，方圆数十里。再推想一下周边村庄的名称，更反映出它的规模来，"定和村"，就是"定货村"的谐音，是销售处；阎河村，**就是"验货村"的谐音**，是交货处；"圪料坡"，**就是"给料坡"的谐音**，是存放和供应工料的地方。在北宋时期，当阳峪成为当时中国北方的重要瓷都。

当阳裕生产出了白瓷、酱釉、黑釉、绿釉、三彩釉瓷、钧釉瓷等，釉色装饰多姿多彩，其中剔花装饰最负盛名，或黑白融于一器，对比鲜明；或褐白映衬为一体，谐调柔和。**剔花线条流畅，图**案生动，艺术感**染力强**。

在林林总总的当阳峪古瓷中，被中国古瓷专家及收藏者誉为"奇葩"的是绞胎瓷。绞胎瓷也叫"搅胎瓷"，当地百姓叫"花馍瓷"。根据对已出土的当阳峪瓷器的考证，它用绞胎、绞釉、剔花等技法，将白黑、白褐、白灰、白棕等不同胎泥巧妙配合，以特殊工艺手法绞成美丽的花纹，利用搅泥所产生的自然纹饰进行烧制。它的各种纹饰由胎而生，表里如一，内外相通，一胎一面不可复制，每件作品都是独一无二。它有十六种基本纹饰，如云片，如鸟羽，如木纹……。可分为自然纹与规整纹两类。自然纹如流水潺潺，似祥云驾瑞，如群岚叠翠，像大漠孤烟……中国画泼墨的精韵尽显其中。规整纹表现了人们的生活情趣，羽毛纹、草编纹、花卉纹、麦穗纹、旋涡纹、放射纹等，精美绝伦，朴素典雅。

绞成美丽的纹路后，切割拼接成型，上釉烧造成器。绞胎的碗、盘、杯、瓶、枕、动物瓷塑等造型千姿百态。更让人称奇的是酱釉和黑釉器，胎薄如纸，胎白如雪，坚致细腻，釉色如漆。

当阳窑实为北方诸窑之冠，宋代苏东坡的好友、开封界常平司提举程筠对当阳峪瓷器这样赞美："开时光彩惊奇异，铜色如朱白如玉。"当阳峪瓷器的材质、器型、艺术装饰都达到了完美的境界，而且在文字装饰上体现了中国传统道德理念和思想情趣，如"众中少语，无事早归""有客问浮世，无言指落花""未晚先投宿，有路莫行船""路远难传言，风流不立身"，令人不由地点头沉思；又如"日出唱歌去""掬水月在手，弄花香满衣""风吹前院竹，雨折后庭花"，则又让人心领神会，击节赞赏。文化品位高，魅力无穷，因此，当阳峪瓷窑虽为民窑，也常作为

插图 9-5.2 绞胎瓷（焦作当阳峪绞胎瓷有限公司作品）

绞胎是唐代陶瓷业中的一个新工艺，唐代以前尚未出现，宋代靖康之变后失传。所谓绞胎，是将两种或两种以上不同颜色的瓷土糅合在一起，然后相绞拉坯，制作成形，浇一层透明釉，烧制而成。由于泥坯绞揉方式不同，纹理变化亦无穷。能绞出木纹、鸟羽纹、云纹、流水纹，有的如老树缠绕盘根错节，有的如层山叠嶂起伏不定，构思奇巧，变化万千。这件绞胎瓷器，为河南省焦作市绞胎瓷有限公司董事长孟凡斌的作品。

136

贡瓷送往朝廷。

金兵入侵，给当阳峪瓷窑带来几乎毁灭性的打击，绝大多数窑户和窑工们不是被杀，就是南逃。关于当阳峪窑的毁灭，民间传说纷纭。当地窑场有面遮挡太阳的宝旗，在炎热的夏天，窑工们在瓷窑出瓷器时，窑内温度高，窑外烈日当空，酷热难熬，备尝艰辛。这时，人们就会把那面宝旗插在南山坡上，顿时方圆数十里变成阴天，空气凉爽，窑工们干活舒服，效率又高，烧制的瓷器质量也好。

有一天，皇帝到怀州巡视，宝旗遮天，这岂不是遮住了自己的天下，龙颜震怒。他派来3000御林军到当阳峪收旗。消息传到当阳峪，村民们束手无策，特别是那360家窑员吓得手足无措。他们慌乱中把当阳宝旗埋在了一口枯井里，纷纷带着家小四处躲避逃难。

御林军到后，立刻把当阳峪严严实实地包围起来，一片杀气腾腾，逐家搜寻那面宝旗，并扬言旗在人在，找不到旗，村里男女老幼格杀勿论。有个吓破了胆的窑工，向官兵告了密，可是御林军把那口枯井挖了个遍，也没找到宝旗。于是，御林军大开杀戒，没来得及逃走的员外和窑工全都被杀死，村中财物和瓷器被抢劫一空，瓷窑也被毁坏。

当阳峪瓷窑在消失了800年后，在村东一片方圆二公里台地自然形成的断崖上，经雨水冲刷，大量透着岁月润泽、釉面开着细纹的宋代瓷残片裸露出来，这些五彩缤纷的瓷片记录了修武县古瓷窑的辉煌，承载着绞胎瓷为历史文明所作出的贡献。作坊遗迹也时有发现，这是著名的当阳峪瓷窑遗址。据1933年修武县志记载，当阳峪附近裸露在地面的大大小小的古窑遗址有460余座。

目前国家故宫博物院仅存绞胎瓷60余件，保存完好的更是凤毛麟角。20世纪80年代始，孟家瓷坊掌门人孟凡斌大师相继研发出了绞胎瓷、绞釉瓷、剔花瓷、雕花瓷四大系列，瓷器的瓷化程度高，胎质坚硬，质地细腻，器物成型规整，制作精细，器壁透薄，纹理交织，既承古宋瓷之妙意，又具创新之魅态。学界和收藏家极为推崇，称之为"天下之绝工"。老一代古陶瓷专家陈万里先生在《谈当阳峪窑》中说："我以为在黄河以北的宋瓷，除了曲阳之定，临汝之汝外，没有一处足以与当阳相媲美。"日本著名的古陶瓷专家小山富士夫曾说："从不同的角度看，修武窑比定窑、汝窑更有魅力。""孟家瓷坊"——古法当阳峪绞胎瓷以其卓越的品质、精湛的工艺、华美的造型、不凡的气韵之优势，已跻身于国礼宝座，尽显瓷中新贵之尊。"孟家瓷坊"——古法当阳峪绞胎瓷有"诸瓷之王"的美誉，发掘和传承了我国古代瓷器文化。目前，绞胎瓷的研究、制作、生产取得很大的成就，但绞胎之谜还有待于进一步破解。可喜的是一些有识之士正在作进一步深层次的探索。

插图 9-5.3 白釉剔粉雕花瓶（宋代）

宋代的白釉剔粉雕花瓶为修武当阳峪窑的一件典型作品，瓶体造型为小口圆腹式，通体采用白釉剔刻花纹的手法，肩部为卷草纹，腹部主体纹饰为两条几何装饰带间的一条花叶纹。特别是剔刻花纹组成的这种带状装饰最具风格，它利用胎釉自然形成的褐白对比色调，使图案有一种浅浮雕式的美感，在宋代瓷窑中，其装饰艺术之美，令世人叹为观止。此件珍宝现藏于故宫博物院，其高27厘米，口径2.5厘米，底径7.5厘米。

钧瓷之都神垕镇

第十章

地灵

第十章 —— 钧瓷之都神垕镇

钧瓷之都神垕镇

1. 钧 台

"钧"的文化内涵，包括政治、经济、文化等各方面，有多重意义。"钧天"，指天帝住处，意为天之中央；"钧柄"，指中央政权，意味政治大权；"钧席"，意谓执掌大权的人物；"钧容"，意指中央的御林军；"钧曲"，国歌的别称；"钧陶"，本意为制陶，引申出造就、培养和教育人才的意义……诸多含义最初大部分与钧台有关。

钧台，寓意为权力的中心、政治的中央。《吕氏春秋》中说："中央曰钧天。"又说："钧，平也，为四方主，故曰钧天。"这个寓意应该源于夏王朝。

大禹治水，一个中国人耳熟能详的故事，故事的结局是大禹治水成功。今河南禹州市古为夏国，禹受封于此为夏伯。《史记·夏本纪》载："禹在此受封为夏伯。"禹死后，儿子启继位。夏启于夏启元年即位于夏邑，这是中国历史上的一件大事，它标志着中国历史上第一个奴隶制国家的正式建立。夏邑就是今天的禹州市。战国时魏国的编年体史书《竹书纪年》中记载，夏启召天下诸侯、部落首领，到夏邑参加王朝成立的开国大典，"大飨诸侯于钧台"，就是在钧台举行开国大典，并举行盛大宴会。禹州钧台就上升到现在北京天安门的地位。《左传》昭公四年，对当时这个最大的政治事件也有记载："夏启有钧台之享。"于是，"钧台之享"成为中国历史上的第一国宴。夏启选择钧台为开国大典的地方，就是把钧台看成与"钧天"相对应的地方，当作地之中心。

于是，钧台成了夏邑（今河南禹州市）的象征，夏王朝诸帝的践位都在此举行、中央的施政纲领在此颁布、重大国事在此决策，成为夏王朝"皇宫帝苑"的重要组成部分。钧台又称为"夏台"。夏王朝的末代帝王夏桀，曾把构成威胁王位的商汤囚禁于夏王朝监狱夏台，历史上古钧台也被称为"中国第一座监狱"。

钧台原址在禹州市区南三峰山的东峰，距城十里，毗邻颖水。《水经注》上记载了钧台的地理位置：（颖水）"东经三峰山，东南历大陵西，陵上有启筮亭，启

插图 10-1.1 大禹塑像

禹州地处中原腹地，伏牛山脉东麓，万里母亲河黄河南侧，山水相依，是中华民族的摇篮，中华文明的发祥地，华夏民族之根，华夏之都。大禹因治水有功初封于此，称"夏禹国"，大禹则称"夏伯"。大禹治水的故事在禹州广为传颂，禹州也因此而得名，禹州，就是"大禹之州"之意。禹州自古称华夏第一都。耸立在禹州城内大禹治水雕像，表达了禹州人民对大禹的崇仰。大禹雕像已成为禹州市的地标。

享神于大陵上，即钧台也。"

后来，钧台在历朝历代的战乱中荡然无存。清康熙三十八年（公元 1699 年），知州于国壁在禹州城的西北角重建古钧台，清光绪年间曾重修。古钧台的形状略呈长方，坐北朝南，砖石结构。正中有一拱券门洞，南北透过。拱券上额题有"古钧台"三个字，洞门两侧嵌有砖刻楹联一副："得名始于夏，怀古几登台。"钧台上面建有亭殿一座。这座钧台，又毁于民国年间的战乱。

今人所看到的禹州古钧台是当地政府在年久失修的基础上重新修建的。重建后的古钧台较前宽大，形状相近。过洞装有虎钉朱门，门楣上嵌石匾一方，刻有"古钧台"三字。原拱券门洞两侧的楹联仍嵌于大门两侧，台上亭殿为双重檐两滴水宫殿式仿古建筑，周围有 24 根朱红明柱支撑，红柱黄瓦，透花门窗，四边围以青石雕刻的栏杆。它以古朴典雅、宏伟壮观的**形象耸**立于现代**化的城市**禹州市里。**禹州这座地标性的建筑**，总算给后世留下了一处了解夏王朝那段历史发古之幽情的景观。

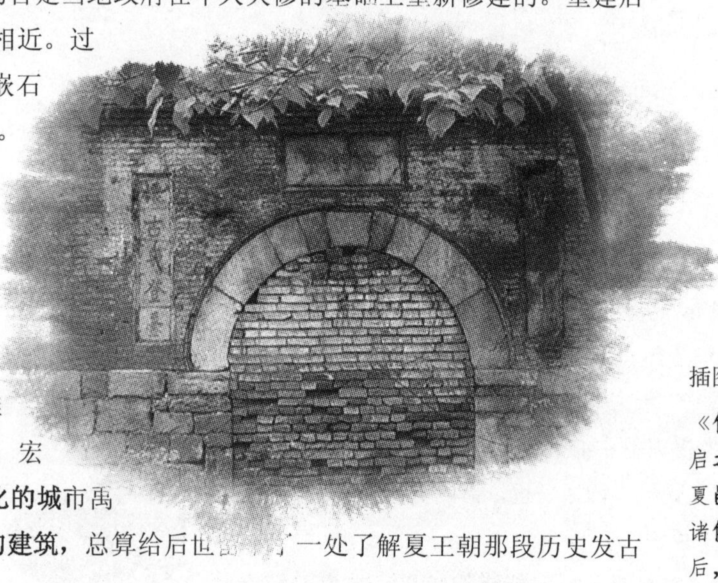

禹州古钧台的名声很大，名声更大的是"钧瓷"。瓷以"钧"命名，有深厚的文化之源。北宋初年禹州以盛产瓷器闻名于世，宋徽宗赵佶曾降旨在禹州设官窑，官窑是专为宫廷烧造贡瓷的。在禹州城内北门里钧台附近设立的官窑规模不断扩大，在烧制艺术上也取得了杰出的成就，窑以当地古迹钧台取名，谓"钧窑"，瓷名"钧瓷"。20 世纪 70 年代中期，河南省文物工作队在今禹州市内的古钧台附近发掘了宋钧官窑遗址，为"钧窑""窑瓷"的正名作了有力的佐证。

钧窑在官府的培育下发展起来了，当它发展到鼎盛时期，神垕镇形成了庞大的窑系，成为钧陶瓷生产最集中的地区。金元明清时期，神垕镇钧瓷生产渐成规模，成为全国日用瓷的主要产区之一，到现在已有 4000 年的建镇史。

钧窑烧出了钧瓷，钧瓷打造出了"钧都"，钧瓷之都。

插图 10-1.2 古钧台遗址

《竹书纪年》记载："帝启之岁癸亥，帝即位于夏邑，大宴诸侯于钧台，诸侯从。"夏启袭位以后，**召集众部落酋长**，在钧台举办盛宴，表示正式继位，建立了中国历史上第一个奴隶制国家夏朝，从此，华夏五千年文明从这片热土开始。《水经注》载："陵上有启筮亭，夏启曾享神于大陵之上。""启筮亭"就是古钧台。那时古钧台遗址当在禹州城南十余里处的柏塔山上，即"大陵"之上。钧台不但是夏都的标志，它更成就了国宝钧瓷。钧瓷由此而得名。

2. 钧 都

神垕镇是唐宋以来驰名世界、独步天下的钧瓷艺术发祥地，有着深厚的文化积淀。

钧瓷以独特的窑变艺术著称于世，是河南省神垕镇独有的国宝，凭借古代造型，"入窑一色，出窑万彩"的神奇窑变，湖光山色，云霞雾雪等被誉为中国"五大官窑"之首。现在钧瓷的生产工艺与水平都得到划时代的提升，常被作为国礼现身世界，成为向世界展示中华民族深厚历史文化的重要名片之一。

钧瓷在 1700 多年的历史长河中，始终闪耀着绚丽夺目的光彩，为世人所青睐，其观赏价值之高、艺术魅力之大征服了一代又一代华夏子孙，并成为中国与世界收藏的热点，成为文物时代发展的见证。

神垕镇历史悠久、文化厚重。5000 多年陶瓷文化的积淀、1000 多年钧瓷艺术的传承、丰富的历史建筑遗存，造就了具有典型中原文化特色的千年古镇。早在夏商时期，这里的先民就从事农耕和冶陶，是黄河流域陶瓷文明的发源地。《禹县志》记载，明成化年间始设镇制。神垕因钧瓷而得名，因钧瓷而兴盛，"神垕"地名曾被古代帝王四次赐封而声名显赫。历史上的神垕一直是中国北方陶瓷生产、销售集散中心，古镇内商贾云集，店铺林立，深宅大院鳞次栉比，明代曾有"进入神垕山，十里长街观。七十二座窑，烟火遮满天。客商遍地走，日进斗金钱"繁荣景象的描述，是中原地区的著名市镇。先后荣获"中国钧瓷之都""中国历史文化名镇"称号，通过国家级"特色景观旅游名镇"考核。

神垕古镇保护区面积达 3 平方公里，镇区内建筑布局合理，整体为东西走向（北寨街为南北走向），自东向西古建甚多。

钧窑原在禹州城内的钧台附近，如何在方圆 30 里的村庄集中发展起来的呢？最有力的说法来自民间：唐代第十八位皇帝唐宣宗李忱，出游路过河南鲁山县段店村，看到尘雾弥漫、烟火冲天，即问地方官这么大的烟火来自何处，地方官如实回答是禹州城烧造钧瓷所致。这位皇帝还倒有点环保意识，即出金口玉言："庙中诸神被烟火熏染，亵渎了神灵，可把钧窑移到神后。"当时的神后由五村相连成镇，位于肖河之岸。于是，钧窑的窑址就选择了这里。从此，在肖河两岸五个古村落一带，摆开了钧窑的阵势。"神后"地名出现在中国的版图上了。今天的钧都神垕镇位于禹州市西南 30 公里。神垕镇四山环抱，北有云盖山，南有大刘山，东有角子山、凤翅山，西有牛头山、牛金山。镇中部有乾鸣山东西走向，以丘陵走势把神垕镇分割为两个盆地，南盆地是神垕镇内以陶瓷工业为主的工业区，北盆地是以农业为主的产粮区，并有肖河纵贯其中。至于"神后"又如何变成了"神垕"？民间仍有说法。

宋时称神垕店，神垕镇的"垕"字几经变化，有传说故事，倒有几许趣味：相传宋徽宗是书画高手，当然也是鉴赏的高手。神垕的钧瓷作为贡品送往汴京宫中，徽宗一见，眼睛亮了，喜不自胜，反复观赏，连称"绝妙，奇珍"！忙问此品产地，由于"神后"之名是唐代皇帝所封，不敢出口言之，就在纸上写出"神后"两字呈上。徽宗说："神后出此珍宝，应以土为上。"随提笔在"后"字上加了一个"土"字，

插图 10-2.1 神垕古镇

神垕地处伏牛山余脉，山川秀美，境内名胜古迹众多，灵泉寺、花戏楼、祖师庙、邓禹寨、钧窑遗址等不胜枚举，历史文化积淀深厚。唐宋以来随着陶瓷业的兴盛，许多富商大贾在此置田、建宅，五个村庄逐渐连成一片，形成了初具规模的神后镇。神后古镇是由四座古镇组成，都修有高大厚实的寨墙，有的高达 3 丈，厚 2 尺多，寨墙上建有军事防御和抵抗匪患、防范洪灾的炮楼。每个寨子都有文雅的名字，如建于清光绪二十年的东寨为"望嵩"。据说站在古寨墙的寨门上可以看到嵩山，故有"望嵩门"之说。每个寨内都有不少传统建筑。从政治、经济、文化、教育、建筑各方面看，每个寨子都像一座小城。

这样"后"字就变成了"上土下后"。到南宋，宋高宗得知国宝钧瓷的产地是先帝徽宗改名，认为把山下的土捧到头顶上，以土压人不吉利，于是把"土"字移到"后"下边，就成了我们今天所看到的"神垕"。故事情节随王朝的更迭而变换，到了明朝，帝位传至第十二位明穆宗朱载垕，为避"垕"之讳，将"垕"字的土墩去掉，写成"神后"。到了大清王朝，慈禧太后很喜欢"神垕"的钧瓷，也关心起钧瓷产地的地名变化，她听了关于地名"神垕"变化的故事，认为把土捧到头上以土压人固然不好，但踩在脚下也可惜，不如背起来，这样"神垕"就变成了"神垢"。据说还是在清朝，有人把背着的"土"墩归位到"后"字下面，又写成"神垕"。但传说故事中未交代搬动这个土墩的是何方神人，查无考证，也就一直沿袭下来，"神垕"就成了今天的钧都。

144

传说往往是查无实据，但民间传说中却能感受出历史的影子。而在史书中的身影应该是真实的身影。据中国最早的一部行政法典《唐六典》记载，"神垕"为十二月神之一，因它属水，神垕的钧窑多火旺盛，用"神垕"命名钧窑所在地，水火平衡，以求平安中大发展。

从中国古人常用"皇天后土"来指天地。"皇天"是主宰天界的玉皇大帝，是尊贵的大神；"后土"是主宰大地山川的后土神，这位掌阴阳生育、万物之美与大地山河之秀的女神，是道教尊神"四御"中的第4位天帝。民间称她为"地母娘娘"。

钧窑所在之地取"神垕"为名，意在"神"者，神灵也；"后"者，"后土"也，即大地。"神垕"就是神灵保佑的土地。它反映了百姓对自家门前所拥有的这片丰厚的瓷土资源的重视和珍惜，他们祈求于神灵保佑，希望钧窑发展兴旺、钧瓷烧造发达。

唐宋以来，神垕镇的陶瓷业逐渐兴盛，许多富商大贾看好了这里的发展前景，纷纷到此置田、建宅、经商，神垕镇也逐步扩大，形成了由东西南北四座古寨构成的老街；从东到西有东大街、西大街、白衣堂街、红石桥街、关爷庙街等街道，道路两侧店铺林立，古民居依势而建。伯灵翁庙、关帝庙、文庙、老君庙、白衣堂等宗教建筑，景观独特；郗家院、白家院、温家院、霍家院、王家院、邓禹楼、温家大院、白家大院、王家大院、辛家院、霍家大院、苗家大院、苗家祠堂等明清民居鳞次栉比。精美的石雕、木雕和瓷艺，古朴典雅，端庄大方。有许多一进三、一进四的庭院，形成经营、生活、制作一体化的具有地方特色的古宅院。

古色古香的建筑与自然风光相映相衬，集历史、自然、人文于一体，独具魅力；钧瓷一条街、古玩一条街、手工作坊一条街等独具特色的街道展现了钧瓷文化的博大精深和钧瓷艺术的神奇。

神垕镇以其历史文化的厚重沉淀，成为名闻中外的钧都；以其"入窑一色，出窑万彩"的神奇技艺，令人叹为观止，享誉天下。

插图 10-2.2 钧彩釉瓷

钧彩釉瓷是中国钧瓷之都神垕镇的又一艺术瓷种。钧彩釉瓷的历史早于钧瓷，唐时的黑釉瓷、青釉瓷以及花瓷，为后来钧瓷的产生与发展奠定了坚实的基础。神垕镇以盛产瓷器而驰名中外，窑口称钧窑。钧窑是中国古代著名的瓷窑，钧彩釉瓷是钧窑的主要产品之一。钧窑是宋代五大名窑之一，其烧制的瓷器因造型古朴典雅、釉色艳丽、窑变美妙、质地细密、坚实耐用而受到世人珍爱。钧彩釉瓷是钧窑的重要产品之一，在中国陶瓷的发展中，钧彩釉瓷应该占有一席之地。

3. 钧 神

钧瓷居中国五大名瓷"钧、汝、官、哥、定"之首。钧瓷之贵在其用料，神垕镇有得天独厚的自然和物质条件，五色瓷土，十色釉药，还有煤等资源蕴藏丰富，据清代道光年间的《禹州志》记载："州（即禹州）西南六十里，乱山之中有镇曰'神垕'。有土焉，可陶为磁。"钧瓷之奇在其窑变釉色，对钧瓷釉色之美，明代张应文著文写道："钧州窑，红若胭脂者为最，青若葱翠色，紫若黑色者次之，色纯而底一、二数目字号者佳，其杂色者无足取。"神垕镇钧瓷乘天地之灵气，得自然之造化，胎质精纯，坚实细腻，瓷品一绝。

中国最早烧制瓷器的是商代，当时的瓷器吸水性和透气性很低。而烧制工艺比较完善的瓷器出现在东汉中晚期，胎体致密坚硬，釉层光泽透明。至唐代，已日趋成熟，但无论是越窑青瓷还是邢窑白瓷，它们的釉色都是单一的，非青即白。钧瓷则不同，它以独特的自然窑变艺术效果，在瓷林中独树一帜、卓尔不群。

钧瓷之魂是它的釉色，釉色之魂是窑变，窑变之魂是钧窑。当那些一体素净、不带色彩的瓷胎入窑之后，炉火高温好像是神奇的魔棒，使它开始变幻。当出窑时，钧窑如一位魔术大师，呈现在人们面前的是钧瓷上色彩绚丽、自然逼真的画面，七彩辉映，让人心旌摇动。神奇的窑变幻化、惊人的艺术效果非人力可为，纯属自然天成。"入窑一色，出窑万彩"，是对窑变准确而精妙的描述。

窑变，是一物理化学变化现象。釉料中的矿物在炉火高温的作用下，呈现不可思议的色变，形成最佳的窑变效果。窑变的因素非常复杂，窑炉的性能、器物在窑中摆放的位置、烧造的温度等因素巧妙地结合起来才能达到最佳状态，从而达到最佳的艺术效果。这正是震撼人心的钧瓷艺术魅力所在。

钧瓷烧制艺术之所以到北宋时期达到鼎盛，有多种原因。大宋王朝以文治国，文化艺术赢来了发展的机遇，社会环境相对稳定，陶瓷艺术的发展和繁荣有了充足的条件。并且花釉瓷长期的探索为宋代自然窑变工艺积累了丰富的经验，窑变技艺日渐成熟。当时，窑变釉瓷器出世了，朝野上下为之震动，那玉润晶莹的自然美立即吸引了文人雅士、王公贵族。宋徽宗传下旨意，要建官窑，专为皇宫烧制贡瓷，窑址选在瓷土丰富的河南禹州钧台附近。这不仅提升了窑变艺术的社会声誉，也促进了钧瓷艺术的全面发展。由此，瓷为钧瓷，窑为钧窑，禹州也打出了"钧瓷之都"的名片。当然，"都"之中心在禹州的神垕镇。

钧官窑自从为徽宗指定之后，烧制的只能是皇家贡品；而皇家贡品要求器物精美、水准高超、具有一定的艺术境界。烧造不计成本、不计工时。成品达到要求的只能供皇家享用；不符合标准的必须打碎深埋，不准流入民间。因此要拿出精品，不但需要高超的艺术修养，更需要惊人的"艺胆"。稍有疏漏或瑕疵，就会招来杀身之祸。

有这样一个传说：相传宋代有个皇帝在梦中看见一对花瓶，色如朱砂之红，亮有鸡血之鲜，晶莹透亮，美艳绝伦。皇帝兴奋难眠，喜欢上的东西定然得到。他即派出大臣四处寻访，河南禹州的神垕镇进入了皇家视线。皇帝传下圣旨，令神垕镇钧窑烧造，要烧制出他梦中见到的宝瓶。

窑工接到圣旨，日夜研制，反复试验，千辛万苦终于依样烧造出了花瓶。可送入宫内，皇帝一看勃然大怒，说和梦中所见宝瓶相去甚远。接着又传下一道圣旨，十天之内烧不出梦中的花瓶，定获满门抄斩之罪。此旨一下，神垕镇陷入一片惊恐，窑工们更不敢怠慢，制作技术层层把关，日夜赶烧。然而，掌控钧瓷窑变之艺其难不可想象，"十窑九不成"的说法并非夸张之辞。圣旨不可违！一天、两天、三天……没有成功。期限越来越近，仍然烧不出成功的花瓶来。出奇之事，必有奇人出来制胜。

嫣红，是一位窑工之女，美丽朴实，心地善良，心灵手巧，自幼跟着父辈学习制瓷，耳濡目染，她对瓷器的造型和烧制手艺颇为精通。她看到窑工们心急火燎地赶制贡品，宫中所限时间一天天逼近，可在一窑一窑的烧制中仍不见奇迹出现。嫣红顿感神垕镇就要大祸临头，父辈的性命也难保全。那天晚上夜来一梦，走来一老翁，鹤发童颜，口中念词，告诉她，要烧制成精品花瓶，须将童女之血喷洒到瓷胎上。嫣红醒来似有感悟，一个信念在心中涌动。

那天，又一窑火燃烧起来了，窑工们等待着，绷紧了心弦，屏住了气息，好像生怕惊动了窑变。炉火烧到决定釉色变化的关键时刻，窑内的奇迹没出现，可窑外出现了惊天地泣鬼神的奇迹，只见嫣红跑上窑顶，纵身一头栽进窑内熊熊烈焰之中，顿时窑中红光弥漫、红浪滔滔。她的举动震惊了窑工。人们忍痛打开了窑门，一对玉般晶润、血般艳红的花瓶，亭亭玉立在匣钵之中。嫣红不但用鲜血保佑了神垕镇的一方平安，而且以生命的代价获得了窑变艺术的发展。正当她的父辈们探索新的窑变艺术时嫣红托梦给他们，要仿照自己的身躯建窑炉，起名为"双乳状火膛窑炉"。双乳状火膛柴烧窑炉火网面积大，能使柴质快速燃烧，迅速升温。而火苗柔和，窑内温度分布均匀，有利于窑变效果的形成。同时，钧釉配方的研制也有了突破，其中铜红釉的使用开辟了新的美学境界，数十年之间，宋代钧窑的窑变艺术提升到一个新的高度，书写了钧瓷艺术灿烂的一页，这一页闪动着钧瓷的韵致。

父老乡亲们为了纪念这位美丽善良的姑娘，盖庙塑像，尊她为"金火圣母"，香火绵延于神垕镇青山绿水之间。

嫣红女的传说美丽凄婉，传说昭示了神垕镇的窑变艺术是神垕人祖祖辈辈用辛劳的汗水换来的，钧瓷绚丽多彩的色釉是代代窑工们的心血结晶。

插图 10-3 粉彩"制陶图"瓷板（清代）

粉彩"制陶图"瓷板，生动地描绘了陶艺制作的全过程，表现出陶艺坊内热闹异常的工作场景，将中国古老的陶瓷制作、陶瓷艺术形象地展现出来，显示了厚重的陶瓷文化。作品用粉彩在莹润的瓷板上绘制而成，着笔工细，设色明快，富有史料价值和收藏价值。

146

4. 钧 韵

钧瓷是雅致的艺术品，其韵致表现在它外观的型韵、色韵、纹韵，内在的气韵、势韵、意韵等方面。

钧瓷的造型古朴端庄，器型规整，胎骨坚实，胎壁厚薄匀称，雕工严谨，线条明快。特别是宋代以后作为御用贡品的钧瓷造型更是充满了皇家的威严肃穆、富丽堂皇、唯我独尊的王者风范。钧瓷的烧制有着明显的仿古格调，着意于再现商周青铜器的古朴典雅，装饰简练，具有鲜明的民族特色。钧瓷的造型体现了中华民族的大气魄。钧瓷有传统的器型，其烧制初衷以实用为主，如碗、碟、盆之类。在发展中，它的实用性渐弱，而审美作用增强，甚至成为单纯的审美体，如瓶、鼎、尊之属。还有人物造型，准确地说这类造型是以神仙为主，如观音菩萨、如来佛祖、武圣关公、活佛济公等。一些动物的造型也越来越符合人们的审美情趣，至于那些异形变化之类的作品都是产生于艺术家的灵感，它的审美情趣更强。

钧瓷的釉色成功，就是窑变的成功。窑变能把铜红釉在窑内高温作用下的流动痕迹惟妙惟肖、美不胜收地彰显出来，烧制出的瑰丽色釉，观之既出人意料之外，察之又在情理之中。青者若蓝天，月白胜美玉，或如紫葡萄熟透，或似玫瑰怒放，红者犹牡丹盛开，深红若海棠献媚。钧瓷的色韵表达的是令人浮想联翩的艺术情趣。钧瓷的色调不同于人工的绘画着色艺术，它的色彩具有古典美，在艺苑里独树一帜。它散发出的瑰丽、美艳、丰富、神奇的信息，会从人的眼中浸润到你的内心，融入人的灵魂，可从中得到如诗如画般的陶醉和至高醇美的艺术享受。

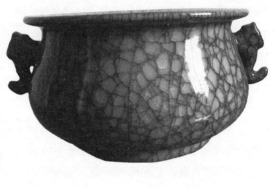

钧瓷的千姿百态的造型、千变万化的色彩，传递出的情感信息就是钧瓷的意境。每件成功的钧瓷都是作者的真实感情，喜怒哀乐尽在其中，幽怨柔媚挥洒自然。观赏把玩者根据自己的生活经历、人情感悟、文化修养、个性特征，都会从钧瓷的色彩里找到自己情感的宣泄和依托。

钧瓷的釉色在窑内高温烧制中渐渐往瓷胎里渗透，瓷胎的釉面自然开裂，渗化的釉彩纹路交叠回旋，增强了釉面装饰的艺术效果。钧瓷的开片非常奇特，眼看釉面裂痕如锤子击碎，但用手抚摸非常光滑。它的纹路有蚯蚓走泥纹、冰片纹、菟丝纹等自然天成的纹路，可谓鬼斧神工。

"蚯蚓走泥纹"在自然窑变中，釉层温度偏低部位，会连续出现形似蚯蚓在泥地上爬过的痕迹，蜿蜒曲折，有单线条的，更多的是线条相互交叉。或青色，或暗红，色泽深浅不一，令人回味遐想。"冰片纹"，也叫"开甲"，是釉面开裂形成的像冰片一样不规则的裂纹。釉面开裂，在日用陶器上是一种致命的缺陷，出现在钧瓷

插图 10-4.1 宋官窑弦纹瓶

官窑即中国古代由朝廷直接控制的官办瓷窑，专烧宫廷、官府用瓷。官窑始于宋代，有北宋官窑和南宋官窑之分。相传北宋大观、政和年间，在汴京附近设立窑场，由官府直接经营。北宋官窑器多仿古，釉质莹润温雅，尤以釉面开大裂纹片著称。南宋官窑器，胎有厚薄，胎质细腻，釉面乳浊，多开片，官窑弦纹瓶釉色厚润莹亮，为宋官窑的代表之作。

上却是一种艺术美。钧窑器釉面开裂，增加了开片装饰，衬托得器物古雅有趣。"菟丝纹"，其流纹栩栩如生如菟毛，动感强，且有立体感，它使钧瓷釉面显得非常细腻柔和。

欣赏钧瓷观其型、察其色、悟其境，是一种美不胜收的享受，而听其声音的韵律更是难得的艺术享受。音律出现"开片"时，就是窑烧成开启窑门的时刻。此时，高温下的钧瓷骤然遇到外面的低温，刹那间天籁般的奇声妙音回旋窑内外，令人心荡神摇。"噼噼啪啪"急缓有致，高低有韵；"叮叮咚咚"，似清泉激流，鸣环佩玉。而守望的钧瓷艺人和工匠们这时更是心与情超凡脱俗。他们听到的是钧瓷灵魂的呐喊，积于心中的喜情、激情、悲情一下子全都释放出来，甚至伴随着笑声、呼声或哭声。这种惊心动魄的美感，是神垕人特有的一种气质，令人敬慕。

5. 钧　辉

钧瓷艺术，闪烁着千年古镇神垕镇的文化光芒，闪耀着民族历史文明的光辉。钧瓷业是神垕人引以为傲的光辉事业。

钧瓷艺术源于唐而盛于宋，在大宋王朝，"雨过天晴云破处，夕阳紫翠忽成岚"的窑变艺术中催生出中国瓷器五彩斑斓的辉煌时代。宋代钧官窑瓷器的雅致、温润的艺术效果缔造了第一个瓷器烧造的艺术高峰，也为钧瓷的审美鉴赏立了一个最高的水准。

然而，北宋末年靖康之变，赵构渡江南逃，北宋亡，南宋立，北方落入金人的统治。地处中原的禹州战祸兵灾之苦更甚，几至十室九空的境地。在这种情况下，宋钧官窑随着制瓷业的败落而烟消火灭，工匠或逃或亡。这是钧瓷艺术的一场劫难，是神垕人的一场灾难。

钧瓷的新生在元朝统一中国后，在相应的条件下钧瓷窑变艺术不但得以延续，而且以河南禹州为中心向大江南北播火相传，一个庞大的钧窑系统逐渐形成。神垕人的钧瓷艺术再次获得了发展的机遇。

但是由于战乱频繁、时局动荡，钧瓷工匠度日艰难，社会地位低下。特别是没有接受教育的机会，不能得到很好的文化熏陶。工匠们的高超技艺全靠家族或师徒口耳相传、继承和发展，一旦失传，那种难度大而复杂的制作技艺会渐渐失传，钧瓷也逐渐断代。从明至清，断烧达数百年。

1949年，神垕镇的战争创伤未愈，国民经济尚未恢复，就办起了河南省第一家全民性质的陶瓷企业。从此钧瓷迎来了它发展的春天。

在政府的重视和支持下，神垕镇钧瓷艺术的能工巧匠们从窑炉的设计建造到釉料的配制，进行了多方面的研制，在钧瓷的工艺特色、成品率、成色率等诸方面，都有突破性的进展和提高。终于，1958年烧制出了绚丽多彩、晶莹如玉的钧瓷制品。

插图10-4.2 钧瓷吉利瓶《红宝石》

钧瓷的造型，主要以手拉坯捏塑成型，除了注重圆、扁、方、长、曲、直、缩、张，刚柔相间，格局合理，虚实得当等特点之外，特别注重做到古朴典雅，美观大方，浑厚庄重，装饰简练，线条明朗，棱角突出，起伏恰当，以增强钧瓷形体美的艺术效果。

148

钧瓷艺术在钧瓷的故乡获得了新生。

神垕镇的钧瓷艺术进入21世纪，在浴火重生凤凰涅槃后，又迎来了一个光辉灿烂的时代。宋代双火膛窑炉的复原、柴烧工艺的恢复，促进了钧瓷烧制技术的发展和突破，创作出可与宋官窑钧瓷器媲美的高端钧瓷精品。令神垕人骄傲不已的是他们的钧瓷精品进入了国礼的行列。1959年人民大会堂落成，展厅选用了神垕双龙大花瓶、八角百花盆等5件钧瓷；1997年7月1日香港回归，一对高1997毫米，底座为宝石蓝的钧瓷花瓶"豫象送宝"，又叫"回归瓶"送给了香港特别行政区政府；2003年起，祥瑞瓶、华夏瓶、乾坤瓶这三样钧瓷精品连续三年在博鳌亚洲论坛年会上被国家领导人指定为唯一的国礼赠送给各国的政要；2006年、2007年，钧瓷"丰尊"在中国举办的东盟博览会上赠送给了各国的领导人；2008年，钧瓷作品"四海升平"被联合国总部永久收藏。

神垕镇的钧瓷艺术"神"了，神垕人更"神"了。神垕镇已拥有陶瓷企业460多家，神垕的能工巧匠们在传承中求发展，在发展中求创新，他们生产的钧瓷、炻瓷、高白细瓷等六大系列，达千余品种，年产量达7亿件，产值18亿元，成为河南省重要的陶瓷出口基地。同时，现代烧制方式和技艺也向多元化发展。柴窑制品清新俊逸、秀丽典雅；煤窑制品热烈奔放，画面宏伟；碳窑制品质朴自然，恬淡无华；气窑制品釉层鲜亮，明丽浅艳。

今日的神垕镇不只是钧瓷业的大繁荣，而且还有深厚的文化资源，"七里长街"是它的代表。

"七里长街"是当地的俗称，现在流行的称谓叫"神垕老街"。它位于神垕中心镇区，由东、西、南、北四座古寨和两个行政街道组成。老街建筑沿街两侧布置，景观独特，建筑类型十分丰富，主要建筑包括宗教建筑、民居建筑、特色市场和店铺等。老街的珍贵就在于"老"字上。这条老街较完好地保存了清末以前老街道的风貌，特别是其间的建筑群、建筑物和许多有价值的建筑细节，乃至周边环境，基本上都保存了原貌。肖河（驺虞河）从西向东穿过老街，河上有驺虞桥，桥连接着东西两个寨。老街有多座寨门，寨墙高大坚固，上有炮楼。寨墙古时即用作抵挡匪患，也可防范洪灾。每个寨子寨门上用青石丹书镶嵌的寨名，文雅有品位，诸如东寨叫"望嵩"西寨叫"天保"等。每个寨子还有不少传统建筑和富有地方特色的民宅、胡同。

神垕境内有唐、宋、元不同时代的古钧窑遗址25处，面积达4平方公里。2001年神垕镇的下白峪古钧窑遗址考古发掘，被评为"中国十大考古新发现"之一。

神垕镇的钧瓷承载了神垕镇厚重的文化，神垕人将钧瓷艺术传承、发展、升华，同时也赋予了千年古镇旺盛的生命力。

插图10-5 神垕镇老街

神垕老街俗称"七里长街"，它随唐宋以来陶瓷业的兴盛而诞生，老街由东、西、南、北四座古寨构成，街道从东到西3.5公里，状如一只巨大的蝎子。街道狭窄，青石板铺路，两侧店铺林立，古民居依地势而建，炮楼、古民居、庙宇鳞次栉比。老街两边有许多胡同，都是交通便道，是神垕经济自古繁荣的见证。而民宅都是深宅大院，无论名字、历史、建筑都是神垕的一大传统特色，每个院落均为一个姓氏聚居，以姓为院名，望门富户，门第高大；深宅大院布局对称，雕梁画栋，砖雕、木雕、石雕细致精美，是明清式建筑风格的典型代表。

第十一章 三省隘口古荆紫关

地灵

三省隘口古荆紫关

1. 商贸之镇

一个小镇毗邻三省的，中国只此一地，这就是河南省的荆紫关镇。

荆紫关镇属河南省南阳市淅川县，南北长约42公里，东西宽约4公里，北依伏牛群山，是连接豫、鄂、陕的交通要冲；西北地及陕西省商南县白浪镇，西南与湖北省郧县白浪镇接壤。荆紫关镇故有"一脚踏三省""鸡鸣三省荆紫关"之称。

"荆"，中国古分九州，荆州为其一，在中原之南。"荆"，落叶灌木，枝条柔韧坚实，古代作为惩罚的刑杖，所以，"负荆请罪"才有屈从、认错之意。可荆紫关的"荆"，指的是一个人。此人是战国时代的人，公元前304年此地属于楚国管辖，楚王派太子荆驻此镇守，国君派自己的儿子守卫之地，可见其重要。于是此地就以人命名"荆子口"。"口者"，出入通过之地也，这也说明荆子坐镇地方的重要性。明王朝中叶，朝廷曾派军队驻守于此，官兵达1000人，并把地名"荆子口"改叫"荆子堡"。"堡"的本义就是军事上防守用的建筑物。"口"也好，"堡"也好，都有战争火药味，这火药味散延到清初。每年当地荆枝开花，紫花漫山遍野十分美丽，当地百姓为表达自己的美好愿望，就把地名"荆子"改叫"荆紫"。在荆紫关镇的月亮湾，有一两山对峙的关口。关口外是800里秦川，关口内是开阔的中原。古时，

插图11-1.1 荆紫关古建筑

西傍丹江，东依猴山，居豫、鄂、陕三省接壤地带，紧临丹江航道码头，是古代商业要地、军事关口。古镇依丹江东岸走势，南北延伸2.5公里，沿街分布700多间清代建筑风格的房舍，错落有致。南街设关门，关门内为平浪宫，碧瓦金檐，气势雄伟，玲珑剔透。中街有山陕会馆，始建于明，重修于清，为山西、陕西富商聚会场所。会馆坐东面西，沿中轴线依次有前馆、戏楼、鼓楼、春秋阁、卷棚和后馆等古建，多为歇山挑檐式建筑，造型新颖奇异，结构复杂独特，木雕石刻繁多，工艺细致精巧，是荆紫关最大的建筑群。还有禹王宫（又名玉皇阁）、万寿宫、清真寺、马饮桥等古迹，多为清代修建，典雅古朴，异彩纷呈。

咆哮的丹江与狭窄的古道在这里共同构筑起一个隘口，有"一夫当关，万夫莫开"之险要。于是人们就把"堡"改成了"关"。

"关"是要塞之意。而古人把"豫之屏障""鄂之门户""陕之咽喉"的称谓都给了荆紫关，这足以说明它不愧为"中原雄关"的美誉。

荆紫关西濒丹江，丹江成就了它的商贸繁荣。丹江是汉江最长的支流。它自陕西秦岭（今商洛西北部）凤凰山南麓的丹江河出山，一泻而下，流经商州区、丹凤县、商南县，穿山闯崖200公里，直奔荆紫关，出了陕西，流入河南淅川县。之后折而向南，在湖北丹江口与汉江交汇，注入亚洲最大的人工湖——丹江口水库。在历史上，这条跨越两省长达443公里的丹江，是江汉平原通往都城长安的唯一水路。据古代地理学典籍《禹贡》所载，丹江在战国时就已通航。

地处丹江之滨的荆紫关，古时交通不发达，水陆并通，这里便形成了豫、鄂、陕三省的贸易中心，历史上各朝政府都十分重视这块商贸活动的繁荣之地。西汉时期，荆紫关就是个小集市，始名草桥关。唐代中叶的长安成为十分繁华的都城，与这条航线密不可分。丹江的滔滔流水源源不断地将富庶南方的重要物资送到长安。处在这条航线上的荆紫关尤为重要，河运码头已发展到上、中、下三处，可泊来往船只上百。

插图 11-1.2 荆紫关的关门
关门位于荆紫关南街，古为守城之用。相传很早就有，只是屡建屡废，多废于战乱年间。现在的关门建于民国三年（公元1914年），门楼是小石雕叠错成花纹状，故称"花城门"。关门像石牌坊，二层级，单拱门，砖石结构，跨街而立。门额上嵌大理石横匾一块，上面刻有遒劲的"荆紫关"三个大字。

据历史记载，安史之乱后，因藩镇割据，阻断了淮河和汴河的漕运，当时的唐朝政府只得通过丹江航运来转运江淮至关中地区的货物。自此，丹江航运逐渐繁荣起来，位于丹江流域的荆紫关镇，在此基础上发展成为了著名的商业古镇。明代的荆紫关航运更发达、商贸更繁荣。"康衢数里，巨室千家，码头上百艇接樯，千蹄接踵，熙熙攘攘，异常繁华。"这是对当时荆紫关河运码头真实生动的写照。航运发展了，商业繁荣了，人员增多了，繁华的街道出现了。

清朝嘉庆年间，荆紫关的水运空前繁荣，商业活动达到鼎盛。清嘉庆七年（公元1802年），荆紫关已成为丹江沿岸最大的豫、鄂、陕三省交界地区的商贸重镇。河运码头上，船舸弥津，每天停泊南来北往的各类船只达百余艘，码头最繁忙时停靠船只达三四百艘，"帆樯林立、绵延十余里"是对它形象生动的描绘。江岸河边服务于船工、客商的酒楼、旅店等鳞次栉比，形成了一条长达600米的大街，各种商贩的叫卖声此起彼落，夜以继日。

丹江水路成为历史上堪与运河、蜀栈并称的我国南北三大通道之一。丰富的丹江水力资源使得荆襄沪杭巨商大贾直挂云帆，溯江而来，云集于荆紫关，三大公司、八大帮会（湖北、陕西、山东、江西、浙江等省商业组织）、十三家骡马店和二十四家大商号等商行相继开业。各帮都建有会馆和庙宇，加上百余家饭馆、酒楼、旅店等，大街上各类人等熙熙攘攘，夜晚灯火通明。河运码头的发达带来了商业的繁荣，为商家提供了揽财掘金的平台。据说，陕西人开办的"德盛正"商行雇员达百余人，拥有70万两白银。

丹江水深河宽，水势平稳，天时地利为荆紫关提供了发展商贸的良机佳地，使它成为一个南北货物转运的良港码头。来自下游装运陶瓷、洋布、洋油等工业品的大商船必须在荆紫关靠岸，转换成载重量3000公斤以下的小船，才能继续上行；而上游来的小商船，到达荆紫关，靠岸后把船上装运的木材、药材等农副产品转换成大商船运往下游。清朝末年，慈禧在八国联军的劫难中逃到西安时，朝廷所需要的大批物资都是从丹江水路经过荆紫关而运入西安的。

荆紫关成为豫、鄂、陕附近7省商贾云集之地，江东沿海日杂百货，秦岭伏牛山间土特产在此地集散。商业的繁荣带来了经济的发达，竟使设在南阳府内的南阳县（今河南省南阳市）城也转往荆紫关，改为荆紫关分防县丞。在清道光、光绪年间，荆紫关曾两度升为河南省直隶厅。光绪二十一年（公元1895年），政府在荆紫关设置了厘金局（税务局）、邮政局、电报局等职能机构。荆紫关经济的发展提升了它的政治地位。

2. 清代一条街

荆紫关古镇上，有一条名街。漫步在这条五里长的古街上，踏着街上厚厚的青石板，看着街道两边的"秦砖汉瓦"、黑漆斑驳的老店，欣赏着隽秀的石雕和木雕，顿然有了重回历史的感觉，更真切地感受到了它的古朴、凝重、深沉和大气。荆紫关南街最南端耸立着一座古关门。古关门砖石结构，跨街而立，高7米，宽6米，进深1米，中间是拱门，顶部有砖砌斗拱，门楣上横嵌着一块石匾，魏体，黑底白字，上书"荆紫关"三字。此门建于1914年，门楼装饰着图案，亦称"花城门"。穿过古关门便是古代建筑群，这就是那条有名的清代一条街。

清代一条街形成于明代，兴盛于清朝中期，是我国北方十三省市目前保存最完好的一条古街。该街分为南、中、北三段，古街道呈南北走向，长2.5公里，宽不

插图 11-2.1 荆紫关古街道

荆紫关古街道，地面青石铺砌，平净整齐。街呈南北走向，分南、中、北三街。古镇山水环拱，南北建筑风格和自然融为一体，古朴而独特。古街长五华里，房舍楼阁古香古色，馆舍殿堂豪华壮丽，房舍屋宇画梁雕栋。一街两行房连房，错落有致。现存明清建筑700多间，基本维持原貌。临街房皆木板嵌成门面，昼启夜闭。里面多是一进几个院落，两侧厢房对称，布局严谨，结构合理。每一院落的门面房两侧前坡，均有封火硬山，高低错落，相互重叠，使街道更加古朴灵秀，典雅多姿。

过六七步，地面均系青石铺砌，平净整齐，一街两行店铺林立，火墙高耸，木做格扇门古朴典雅。700多间古建筑、板门店铺，肩并肩地排立着，错落有致，古香古色，均具清代民间商业建筑风格。这些房屋翘檐雕饰，古色古香，房门都是木板嵌成，昼启夜闭，是生意人的门面房。走进临街房，就是狭长的院落，多是进出几层的院落，两边厢房对称，一个院落多的有20多间屋子，在两街临街房之间，均建有一堵两米长的封火硬山，若有火灾发生，起到阻隔火势蔓延的作用。站在古关门往街道望去，整条街房屋高低错落，相互重叠，古朴灵秀，典雅多姿，顾盼生辉。荆紫关商业繁

156

插图11-2.2 平浪宫

平浪宫，位于荆紫关南街东面，始建于清代。荆紫关码头极盛时期，船商们组建船帮会，取"风平浪静"之意，筹建"平浪宫"，为船工娱乐、集会之地。平浪宫坐东向西，中轴线上现存大门楼、中宫、后宫及配房数间，钟鼓楼各1座。大门楼硬山式建筑，灰色瓦顶，门楣大理石匾额书"平浪宫"。门南侧面题"风平"，北侧面题"浪静"。大门楼两侧面各开边门，边门外侧面是钟楼和鼓楼，上书"风调雨顺"。中殿面左右山脊各竖钢叉，嵌汉字，南为"万石"，北为"千秋"。大门楼和中宫内院南北两侧，南为钟楼，北为鼓楼，两楼顶端南是"风调"、北是"雨顺"。"风平浪静""风调雨顺"和"万古千秋"，反映出人们对美好生活和太平盛世的向往。

荣时期的三大公司、八大帮会、十三家骡马店和二十四家大商行，都在这条街上。

　　长街上著名的古建筑有关门、平浪宫、万寿宫、禹王宫、陕山会馆等，古色古香，其中较为豪华壮观的是平浪宫。

　　平浪宫，是清崇德三年（公元1638年）由荆紫关船工、船商们集资而建，位于荆紫关古街东面。用料奢华，装饰讲究。平浪宫坐东向西，中轴线上大门楼、中宫、后宫及配房数间一字排开。现有房舍22间，均为硬山式建筑，面积460平方米。大门上方屋檐高翘，檐脊正中，装饰一座三层楼楼阁，楼阁左右各有瑞兽相向而坐，精致而有气势。门楣上嵌一块大理石竖匾，上刻"平浪宫"三字。匾额左右各有一方形墙框，内绘彩色墙面。大门两侧墙上各有一扇大圆形窗子，窗上分别刻"风平"和"浪静"四个字。这是"平浪宫"之名的取意，寄托着在丹江恶浪险滩中航行的船工们对航途风平浪静的祈祷、对美好生活风调雨顺的向往，大门楼两侧各开一个边门，边门外侧是突兀拔起的钟楼和鼓楼，比肩而耸，与大门构成一组完美和谐的建筑。钟鼓楼正方形，纯用榫卯，四角攒尖，三层重楼叠起，灰色瓦，砖雕花脊，檐尖都装饰木雕龙头，龙头挂风铃，微风过处，声如天籁。额枋上有木雕花草，梁架做工精致，顶部安有宝珠和塔刹，上书有"风调雨顺"四个字。楼内各有四根大柱，直托楼顶，十二根小柱，分担大柱承重，寓意一年十二个月风平浪静、风调雨顺。楼内所用木料多为质地硬韧的檀木和杉木，风剥雨蚀不走样。一宫两楼，肩并着肩，重叠如波浪，有韵律之美。中宫为硬山式建筑，正脊垂脊均有砖雕。宫内有水牛精、龟精、黑龙精、蛤蚌精等塑像；后宫是简朴的杨泗神殿。中间的杨泗爷，龙袍玉带，年轻俊秀，右手抱宝剑，左手捻避水珠，两旁侍立四位虾兵蟹将。平浪宫原有百十平方米的大戏台，现已不存。

　　平浪宫原是供奉水神杨泗爷的神庙。杨泗爷亦称杨四将军，这是一个美丽的传说。荆紫关黑河里的老龙王被鲤鱼精所迷，经常兴风作浪，掀翻船只，危害船工。龙太子劝父不要祸害百姓，龙王不听，劝多了龙王就免去了龙太子之位，将其赶出了龙宫。龙太子投胎到黑河岸边一杨姓家中，排行老四。杨老四一出生，便能在黑河里玩耍，在浪尖上睡觉。六月初六那天，杨老四用盗出的斩龙剑杀死了兴风作浪的老龙王，鲤鱼精暗箭射死了杨老四，鲜血染红了黑河。自此，黑河风平浪静。为了纪念杨老四，百姓改黑河为丹江，在江岸建杨四爷庙，也称杨泗爷庙，六月初六定为祭日。祭日里，丹江河道里浩浩荡荡排着集结起来的船只，每条船的船头供个盘子，燃上香火，这时总会有一家盘子上忽然出现小青蛇，它是杨泗爷的化身。这家的船就成了船队排头兵，有资格率船队航行到平浪宫码头。这时平浪宫内就有一铜器班出来相迎，引入后宫，把小青蛇供在神案上，燃香祭拜。前方的大戏楼上唱起大戏，延续三天后，小青蛇就走了。庙会期间，船工、船商、香客都要上庙祭祀，还愿的船工、船商烧着高香，将整猪整羊敬献在杨泗爷神像前，以示感谢。荆紫关镇上八大帮会的人也都热情参与祭祀活动。每次出航，船工们都要朝拜保护神杨泗爷，希望出船平安，一帆风顺。平浪宫平时还是船工、船商们集会和娱乐的殿堂。

　　除平浪宫外，位于荆紫关古街道东侧的禹王宫，是荆紫关人民为纪念禹王治水的功绩所建，规模庞大，具有浓厚的清代建筑风格和建筑艺术。

创建于清道光年间的山陕会馆，是陕西和山西两省商人集资创建，位于荆紫关古街东侧面，面积 4000 平方米。

坐落在街道东侧的万寿宫，又名江西馆，为清代建筑，占地 900 平方米。该宫为江西商人集资而建。

还有湖广会馆、清真寺等清代建筑群。这些古建筑群，错落有致地分布于街道两侧，把荆紫关古镇装扮为一座古建筑大观园。

3. 三省一条街

荆紫关镇一镇跨三省之说，应该是广义上的，其实真正坐在豫、鄂、陕三省坐标上的，**是荆紫关镇**上的一条街，就是那**条蒙**上面纱有点神秘感的白浪街。这是中国跨省份**最多的**一条村镇街道。人们生动**地描述**了白浪街的特殊地理位置，素有"鸡鸣听三省，犬吠三省闻"之说。

这条小街上**居住着三个省**的居民。按行政区划，分别**归属河南**淅川的荆紫关镇、湖北郧县的白浪镇、陕西商南县的白浪镇。湖北和陕西原本不叫白浪镇，可白浪街名气太大了，就把镇名随了河南的街名。

白浪街依山临水，因紧靠发源于陕西湘可镇南部的白浪河而得名。它距荆紫关镇中心两公里左右，面临丹江，长 200 来米，宽十几米，居民百十户。**两排屋舍**相对着，北边是筑起的河堤，**南边房**后是田地，一直延展到山脚前。组成这街的不过是几十间房子，一分为二，北边房子斜着向上，南边房子斜着向下。街道中间流淌一道细细的溪水，一半有石条棚架着，一半敞开着，洁净的水静静地流着，一如这安详的小街。

在这条小街上，三省的地界犬牙交错，屋舍相连，分不清三省的分界线。人们从民居还可辨明省份。湖北居民的房子是马鞍形的，陕西人的房子则前低后高，河南人则将房子建成了平面屋顶。

三个地域的文化在这里都得到表现。向北是以古都洛阳为代表的黄河文化；向南是以雄奇三峡为代表的长江楚文化；向西则是以古都西安为代表的秦晋文化。文化的差异也带来了有趣的风土人情：街坊邻里之间，有听豫剧的，有听秦腔的，有

插图 11-3 一脚踏三省碑

一脚踏三省碑，位于荆紫关镇西部白浪街中心，白浪街是荆紫关镇的门户，属豫、鄂、陕三省的交界点。三省界碑原为一块顶角朝天的三棱石，上面分刻河南、湖北、陕西之省名字，故被誉为"一脚踏三省"之地。后建立一座小巧玲珑的三棱大理石塔式碑。通高 5 米，三足碑座，中空，碑顶部似塔式，三根贺珠状柱子支撑之角檐及塔顶，顶中心饰圆形葫芦状作装饰。碑身用绿、黄色大理石贴面，为锥状三面体新界碑。

听汉剧的；走在街上，河南话、陕西话、湖北话三种方言互不干扰，如同浑然交融的协奏曲，令人耳目一新。

三省居民虽有语言差别，却亲密相处，世代通婚。白浪街不少家庭都是由三个省份的人组成。河南的女子嫁给陕西男子，湖北的小伙子娶了陕西姑娘，而湖北的妞又出嫁到河南，形成一种特殊的亲缘关系。三省间相互联姻家庭能占到三分之一。街中有家荆姓陕西人，老汉有八个女儿，三个嫁河南，三个嫁湖北，两人留陕西，人称"三省总督"。老荆做寿时，三个省的人都来了，南腔北调，酸辣咸甜，一家热闹，三省快乐。

白浪街过去没界碑，三省人常为边界发生纠纷。传说，一天夜里，天上降下一块火星陨石，带三个尖，五彩斑斓、光芒四射，嵌入地上。街上居民口口相传，说是上天火星爷传下旨意，让三省的人以此石为界，百姓们信以为真，便在陨石旁建了"火星庙"。清代道光年间，就以火星庙为地界，划清了三省归属，不再发生矛盾。自此，人不分省，都到火星庙进香朝拜。再加上丹江航运昌盛，商贾云集，就形成了繁华的白浪商业街。火星庙毁于何时不详。

白浪街的街心真有一块露出地面的三棱石，一面朝西，一面朝东南，一面朝东北，分别标注鄂、豫、陕。自古以来，以三棱石中心为起点，朝西的一面归陕西管；朝东南的一面归湖北管；朝东北的一面归河南管。小小三角石好像国界，神圣不可侵犯。这块宝贝神奇的三棱石便被称作"三省石"。若是一脚蹬在"三省石"上，便成为"一脚踏三省"的人物了，会带来平安吉祥、天长地久之大福。

1987年，由河南淅川的荆紫关镇、陕西商南的汪家店乡、湖北郧县的洋溪乡共同商定，在白浪街心立一亭子。就在"三省石"上面建一座"三角亭"，三根盘龙柱支撑，高约3米，两人可合抱。"三省石"的下边有渠水穿街心而过，人称"三省溪"。

这里的趣事还有许多。隔一条街甚至一道墙，打过去就是省际长途。为了方便、省钱，更是发展经济的需要，不少做买卖的家庭同时装了两三部电话，往哪个省打电话就用哪个省的电话。用手机打电话信号切换得不好，就是长途漫游了。

在中国版图上有42处位于三省交界的地方，唯荆紫关的白浪街上三个省在这里设了三个基层政府：河南省的淅川县荆紫关镇、湖北省的郧县白浪镇、陕西省的商南县白浪镇。

有的院落房子属湖北，院子却属陕西，甚至一张床跨两省，夜卧两省便是寻常事。因小街不直，在"三省亭"的东侧，有一间六平方米的小屋，跨"三省溪"而建，成了全国最牛的"违章建筑"，门在河南，后墙在湖北，谁也无权拆迁，一动就是省与省之间的民事纠纷。土地证、房产证都没法办，现在是个单身湖北老理发匠住着。

就说吃面条，一条街上有三种风味：湖北居民将面条煮熟捞出晾凉，再加上作料食用，这叫"担担面"。陕西人擀面条长如线，这叫"拉拉面"。河南人将面条煮得又稠又软，这叫"糊涂面"。一条街上，陕西的羊肉泡馍、河南的胡辣汤、湖北的三合汤，三味杂糅，香飘一街。一条街上三省居民的口味不同，湖北人喜辣，有饭必辣。陕西人嗜醋，有酸才下饭。河南人口味重，号称"好厨师一把盐"。就

说住房吧，湖北人把房盖成马鞍形状，院里喜修个类似庙宇的门楼。陕西人房子前低后高，叫"厦子房"。河南人喜欢盖成平面屋顶，住"平房"。

方言更是迥异有趣，就说称谓，一条街上你可听到"妻子"的不同称呼，湖北人称之为"堂客"，陕西人叫作"婆姨"，河南人直呼"老婆"。

三个省的居民相处一街，近在咫尺，都摸清了各省的脾性："天有九头鸟，地有湖北佬。"湖北人处世精明，善于经商，一张嘴便会财源茂盛；能说会道，嘴上从不吃亏，他们是三省之中富有的阶层。河南居民性格大起大落，吃苦能干，勤苦不恋家，强悍又狡慧；少精打细算，钱来得快去得也快。陕西人"中不溜"，勤劳本分，厚道朴实，拙于口才，保守安分，做生意总亏本，不习惯出远门，只在门前小打小闹。

这里的社会治安也是一大奇观。"文化大革命"时期，陕西境内一乱，陕西居民一迈脚就跑到湖北境内；湖北境内一乱，湖北居民一抬腿就跑到河南境内，互为避风港。

三省居民共处一街，和谐相处，各操乡俗，佳话传三省。

4. 战略要地

有 2000 多年历史的荆紫关，除了它的商业繁荣背后的商业史之外，还有掠地争霸的战争史。

荆紫关，自古乃兵家必争之地，也是历史上金戈铁马、征战频繁之地。历史上的秦楚交兵、楚汉争霸都在此留下烙印；荆紫关又是历代兵家屯驻要地，踞此御敌。明代时期，在此驻官兵千余人，称为"百户所"。《清史稿》记载："河南设总兵三人，南阳镇、河涨镇顺治六年置，归德镇咸丰八年置。副将二人，荆紫关协，嘉庆六年置；信阳协，咸丰八年改营置。"当时的荆紫关镇曾驻大批军队。

荆紫关面临丹江，背负群山，下临清流，"西接秦川，南通鄂渚"，是出入秦楚的唯一关口，古有"百二秦关荆为首"之称。春秋后期至战国前期，荆紫关属楚国三户邑，战国后期是秦国所属的商（今陕西商南县东南）、于（今河南内乡县东）之地。荆紫关地势险要，古代又被称为"豫之屏障"。荆紫关凭着优越而独特的地理条件，显示了它十分重要的军事地位，成为历代兵家逐鹿之地。历史上荆紫关在战国时期发生了一场有影响的战争，就是秦楚的丹阳之战。

战争发生在周赧王三年（公元前 312 年）。秦国和楚国是当时两个争霸的强国，两国之间的争夺战不断发生。当时荆紫关的地盘一部分属秦国管辖，一部分是楚国的地域。这便成了两国争夺的目标，成了荆紫关的悲哀。

秦国打败了魏、韩、赵三国之后，战国的格局又一次发生了变化，秦、魏、韩三国结成联盟，齐与楚结成了联盟，这两大军事集团严重对立。秦、楚都占有荆紫关的地盘，相距很近，尤其是齐、楚两大强国结成相当牢固的联盟，对秦构成了严重的威胁。

秦惠王对这种形势深为忧虑，就向丞相张仪问计。张仪说："请大王免去臣的丞相之职，我即可南下游说楚怀王，凭臣三寸不烂之舌，定可让楚怀王与齐国断交，反过来亲近我秦国。"秦惠王答应了张仪之请。

张仪来到楚国，以重金贿赂楚怀王的亲近大臣靳尚，然后才去拜见楚怀王。张仪即向楚怀王展开攻势，陈说联齐之害，近秦之利，并假惺惺地表示对楚怀王的恭服，说："秦王本来有意要侍奉大王您的，我也愿意给大王做守门的臣仆。但是您却与齐国亲近，使我秦国国君感到为难。"随后，张仪送给楚怀王诱人的条件，他说："若大王您能与齐绝交，我秦国的国君诚心诚意地表示，把过去商君从楚国夺去的商于（在今河南淅川县西南）之地600里归还楚国，并送秦王室的女子给大王做妾，秦、楚永结婚姻之好。"

不费一兵一卒便可收复商于之地600里，天上掉下来的馅饼冲昏了楚怀王的头脑，群臣也向怀王恭贺。清醒地认识到张仪阴谋诡计的只有两人，那就是客卿陈翰和大夫屈平。但是，楚怀王对他们的劝阻只当耳旁风，拒不采纳。楚怀王马上用厚"礼"回报张仪，把楚国的相印授予了张仪，并送给黄金百镒嘉奖。张仪楚国一行，权力与黄金双丰收，初战告捷，进入了计划的第二步。

按照秦国的要求，楚怀王马上与齐国解除联盟，然后就派逢侯丑出使秦国，向秦索要商于600里地。可张仪装病不出，不公开露面，百般推诿。原来他另有图谋，秦国暗派使者到齐国，说服齐王，暗中与齐结成联盟。楚国的使者在秦都咸阳苦等三个多月，丝毫无获。

张仪这才露头，出来接见楚使逢侯丑。逢侯丑马上提出索要600里地，张仪说："哪来的所谓归还商于600里地，那是你们大王听错了。我当时答应的只是我个人的俸地6里地。你们应该明白，我秦国的土地都是将士们身经百战用鲜血换来的，寸土不让。"

逢侯丑回到楚国报告结果，楚怀王勃然大怒，立即宣布与秦断交，命屈聚为大将，逢侯丑为副将，起兵10万攻秦。秦惠文王即派庶长魏章及樗里疾、甘茂率军迎战，其盟友韩国也派兵相助。秦楚两军在楚地丹阳展开了大战。秦国占据了荆紫关的险要地势，开战之后又施离间之计，破坏了楚军将领之间的关系，楚军在作战中不能互相配合，秦国一举大败楚军，俘虏了屈聚及副将逢侯丑等70余将领，斩首8万人。

插图11-4.1云纹铜禁（河南淅川出土）

云纹铜禁，春秋中期青铜器。"禁"，为承置酒器的案，有禁戒饮酒之意。周朝人亲眼目睹了商王朝的灭亡，认为夏、商两代灭亡的原因之一在于嗜酒无度，因而将承放酒杯的案台称为"禁"。周朝还发布了中国最早的禁酒令《酒诰》，其中规定："王公诸侯不准非礼饮酒，只有祭祀时方能饮酒；民众聚饮，押解京城处以死刑；不照禁令行事执法者，同样治以死罪。"云纹铜禁的四周盘龙踞虎，大概是取神兽警示之意。此件青铜器以粗细不同的铜梗支撑多层镂空云纹，十二只龙形异兽攀援于禁的四周，另十二只蹲于禁下为足。这是我国迄今发现用失蜡法铸造的时代最早的铜器，工艺精湛复杂，令人叹为观止。

SERIES ON THE HISTORY AND CULTURE OF CENTRAL PLAINS

中原历史文化系列丛书

随后，秦乘胜继续派大军攻取了楚地汉中（今陕西汉中）600里地，并立即设置了汉中郡。

楚怀王不甘心失败，又调集国内所有兵力再次进攻秦国。蓝田一战，秦国重创楚军主力，又一次打败楚军。秦国盟友韩国和魏国积极配合秦军一线的战斗，立即率军队乘楚国国内空虚攻占楚地邓（今湖北襄樊北）。秦国扩大了势力范围，荆紫关全部纳入了秦国的版图。楚国不但没有得到张仪承诺的600里地，反而丧失汉中之地600里。楚怀王被迫撤军，只得以割两座城的代价向秦国求和。

此后，秦楚重新修好，秦国又把荆紫关划给了楚国。

于是，在中国成语辞典里，又添了一个新成语"朝秦暮楚"。现代人理解为反复无常的行为，是贬义。可这个成语的原生地荆紫关的人不这么看，他们认为"朝秦暮楚"不是贬义，而是说早上从秦地出发，晚上即可到楚地。因为秦楚分占荆紫关，两国占领区距离很近；还有一意，是说荆紫关早上被秦国攻占，到了晚上楚国又夺回去，比喻战争的频繁性。看来，这个解释权只好归荆紫关所有。

荆紫关人说，荆紫关是块风水宝地，是福地，商贾来此必发财，官员到这里必升迁，将领到这里必打胜仗。此话不知有无道理，但确有其事。

在楚汉争霸中，刘邦就到过荆紫关，他从一个沛县亭长小吏登上了大汉帝王之位，就有得荆紫关地利之益。

秦朝末年，伴随着陈胜、吴广领导的农民大起义，也出现了许多反秦武装集团。其中，项羽和刘邦就是两支主要力量。项羽于公元前209年9月，跟叔父项梁响应陈胜、吴广起义，在吴（今江苏苏州）举行起义，发展到八千余人。沛县亭长刘邦在萧何、曹参等人支持下起义，集聚三千多人，后归服项梁。为了增强号召力，项梁要拥立君王，在牧童中找到原楚怀王之孙熊心，立为王，仍号"楚怀王"。

在楚怀王的旗帜下，自秦二世二年（公元前208年）四月，项梁叔侄转战于黄河、淮水之间，连胜秦军。同年九月，与秦主力章邯军遭遇，大败，项梁战死。章邯得胜后，击败魏、齐，于邯郸破赵，重兵包围巨鹿（今河北平乡县）。楚怀王派宋义为上将军，项羽为次将，率7万人救赵。宋义到安阳（今山东曹县东）后，饮酒作乐，46天未进兵。项羽愤杀宋义，率义军"破釜沉舟"，渡河破章邯军。巨鹿大战9天摧毁了秦军的主力军，扭转了整个战局。章邯率20万秦军投降项羽。

正当项羽北上救赵时，楚怀王派刘邦收聚陈胜、项梁旧部西进攻打秦国。楚怀王与诸将约定，先进入关中者，便以其地封王。

刘邦带领义军自砀出发西进，采取迂回曲折的方法向咸阳进军。当时，秦军的主力被战斗在北方的项羽部所牵制，所以，自公元前207年8月出击经开封，一路未遇强敌，势如破竹，至秦二世三年（公元前206年）到达洛阳以东地区，与张良

162

插图11-4.2 龙耳虎足方壶（河南淅川出土）

壶，古代青铜酒具，也是青铜礼器，自商代已有，盛行于春秋战国时期。《诗经》中曾有"清酒百壶"的记载，"百壶"指的就是这类器物。其造型多种多样，有方壶、扁壶、圆壶、瓠形壶等。此件青铜器为春秋时期的容酒器，有盖，长方口，长颈，鼓腹，长方圈足。颈部附龙形双耳，壶底俯卧两兽承托全器。造型魁伟气派，耳为双龙、座为双虎，上龙下虎，形象生动，庄严中蕴含着动态和旋律感，为春秋青铜之精品。

部会合，然后南下，攻略宛县（今河南省南阳市），通过荆紫关。按荆紫关人的说法，刘邦过荆紫关沾了光，得了福气，所以他的军队继续西进，破武关，占蓝田，取得节节胜利。这才有入咸阳灭秦王朝的胜利；才有约法三章得民心的局面；才有败项羽，占关中，得天下，登上皇帝宝座。

荆紫关这块宝地也曾降福给农民起义军领袖李自成。明朝崇祯八年（公元1635年），李自成率起义军在陕西商洛地区与明军大战，起义军战斗失利，冲出官兵的重重包围，向东撤退，路经荆紫关，利用这里的险要关隘，驻军休整，战时训练，恢复元气，重整旗鼓，继续战斗，很快得了中原，然后直捣都城，攻占北京，灭了一个王朝。

第十二章 陕州故城甘棠情

地灵

第十二章
————
陕州故城甘棠情

陕州故城甘棠情

1. 召公与陕州

三门峡市区西北郊，黄河在这里拐了一个弯，在这个弯道的怀抱里，有一座沙洲，沙洲三面环水，从河滩上仰视，有土城墙相围，断断续续有六七公里长。这就是古陕州城。

古陕州即今河南省三门峡市的陕县。陕县位于崤山山岭的环抱之中，据清乾隆年间撰修的《直隶陕州志》称："山势四围曰陕。"陕的周围，东有崤山，南有甘山，西、北隔黄河有中条山。"据关河之肘腋，扼四方之襟要"，是豫西和渭河平原间的咽喉，因此以"陕"为名。"陕，隘也"，就是险要难以通行的地方。

早在新石器时代，此地境内即出现村落。西周时，周武王封神农之后于焦，是为焦国；又封叔叔虢仲于陕，立为虢国。战国时，始属晋，后归魏，部分又为韩国属地。秦孝公十年（公元前 390 年）置陕县，属三川郡。北魏孝文帝太和十一年（公元 487 年）置陕州。隋改陕县，唐复改陕州。五代、宋、金、元、明、清均属陕州。

古陕州与一位名人有关，这位名人与中国的一个省份有关。这就是召公。

插图 12-1 召公塑像

召公，名姬奭，周文王的儿子，武王的弟弟，曾辅助周武王灭商，被封于燕，因其最初采邑在召，所以称其为召公，或召伯。周成王时出任太保，与周公旦分陕而治，陕以东的东方归周公旦管理，以西的地方归周召公管理，他支持周公旦摄政当国，平定三监之乱，在周召公当政期间，在其管辖的区域内，政通人和，贵族和平民都各得其所，因此他备受当地百姓的爱戴，周朝的经济得到迅速的发展。

召公，姓姬名奭，又叫"邵公"。周王朝建立之前，他的封地在召（今陕西岐山县）；辅助周武王灭商后，被封于郾（今河南漯河市郾城区）；周公东征，平息了殷商属国的叛乱后，他又被封到北燕，都城在蓟（今北京）。但他没到燕国就任，而是派了大儿子姬克去管理燕国，自己仍留在镐京（今陕西省西安市长安区西北镐村附近）任职，将大部分时间用于太保的职务，承担起比燕侯更为重要的责任。因此应该说，召公在周初的几项重大事件中，他不仅都参与过，而且都曾起了重要作用。他在军事、外交和行政事务方面都有很高的才能，因而在武王伐纣时能"日辟国百里"。后来他又奉命四处活动，时而南巡"省南国"，去江汉流域宣扬王命；时而北上，平息国人的叛乱；时而东征，讨伐东夷之叛；时而去中土洛邑"相宅"；时而又出现于宗周的盛大祭祀活动场所。事实上，他在西周历史上的功绩远超出燕召公的职责范围。周王命他担任太保之职，为召公提供了施展其才能的广阔舞台。公正地说，召公是古代历史上一位杰出的政治家、军事家、外交家，在中国历史名人中应该有他的一席之地。

太保一职是古三公之一，西周始置，其职责是监护与辅弼国君。周成王年少，召公任太保，以长老身份监护。周公建东都成周（今河南洛阳），周成王即到新都开始亲理政务，召公为此作长篇教导，即《尚书·召诰》。他支持周公旦摄政当国，支持周公平定叛乱。这一时期由周公、召公辅佐朝政，共同治理天下，史称"周召共治"。他们把周朝直辖的地区一分为二，二公分辖以古陕州为界，《左传·隐公五年》这样记载："自陕而东者，周公主之；自陕而西者，召公主之。"这就是历史上著名的"分陕而治"。陕以东的地方归周公旦管理，陕以西的地方归召公管理。作为地方最高行政长官，召公当政期间把自己的辖区治理得政通人和，贵族和平民各得其所，史称"自侯伯至庶人各得其所，无失职者"。召公深受辖区及周境内百姓的拥护和爱戴。

召公生活于西周初年，经历了武、成、康三世，居官数十载。他为西周王朝的建立与巩固起了重大作用，做出了重要贡献。《书·君·序》云："周公为师、召公为保，相成王为左右。"《史记·周本纪》中也有"召公为保、周公为师，东伐淮夷"等内容。司马迁的《史记·燕召公世家》这样评价："召伯作相，分陕而治。人惠其德，甘棠是思。"

2. 甘棠遗爱

陕地每到四五月份，一串串白色的小花挂在枝头。花谢后，结出青色的小果子，如黄豆粒大小，硬而涩。深秋季节，果子成熟，软而甜。我们叫它棠梨。"召公之治西方，甚得兆民和。召公巡行乡邑，有棠树，决狱政事其下。"（《史记·燕召公世家》）召公是实践型的领导者，他经常到基层去，深入各县、乡巡视察看，进行调研，了解百姓的疾苦，在田间地头处理政务。

有一次，他带着几个随从，风尘仆仆地巡行到一个村庄，就在村头甘棠树下的石头上坐下来，闻讯而来的百姓诚惶诚恐，竭力劝他住进村里最好的房子。召公却说："不劳（我）一身，而劳百姓，就违背了已故的文王的意愿。"在甘棠树下，无论诉讼还是政务，召公都处理得非常得当，上至官员下至百姓，"各得其所，无失职者"。

召伯在那棵甘棠树下到底处理了什么公务，民间演绎着各种故事。有说召公刚在甘棠树下坐定，就见一女子呼天号地奔跑而来，后面跟着几个气势汹汹的男子。召公一问，原来是一富户的恶奴在为主子抢亲。召公大怒，捡起一根树枝在地上画了一个大圈，将几个恶奴囚禁在里面，又传唤那富家子弟杖击四十，并命令他弃恶从善。处理了这件事后，召公举一反三，认为民间的婚姻嫁娶得有个制度，于是制定了婚亲"六礼"，并公布施行，民间婚俗的"父母之命，媒妁之言"也就由此开始。

还有说，召公在甘棠树下歇脚，看到一个奴隶主用木棒毒打奴隶，并罚奴隶站在太阳下曝晒。召公就问奴隶主："你为什么打他们？"奴隶主说："他们弄坏了

168

工具。"召公说："你却弄坏了掌握工具的工具。"奴隶主哑口无言。有些人为了一个女人、一块耕地、一树野果打得头破血流，召公便让女人自己挑选丈夫，并将耕地和野果平均分配。除了处理公务，召公还做了许多帮助百姓的事。有人的房子塌了，召公拿出钱来给众人，让他们帮忙修缮；有人打猎受了伤，他让随行的医生留下，为伤者治病……

召公离开村子的时候，百姓们站在那棵甘棠树下送行，久久不愿离去，还纷纷夸赞："这样的好官太少了，他从不扰民，也不贪占百姓的东西，一方君主却在一棵甘棠树下办公。如果天下的官员都像召公这样的话，就太好了。"由于百姓非常怀念召公，所以不许任何人动那棵甘棠树，也就有了《诗经》中的那首诗。由此可以看出，召公作为一个国家官员，开创了下基层去现场办公的先河，在老百姓中享有极高的威望。

召公死后，人民为了怀念他，连他曾在乡间休息和理政的甘棠树也舍不得折损一枝一叶，人们把这棵树看成召公的象征，看到这棵棠梨树就好像看到召公，睹物思人，作《甘棠》以寄托对他的怀念。这首诗记录在《诗经·周南·甘棠》："蔽芾甘棠，勿剪勿伐，召伯所茇。蔽芾甘棠，勿剪勿败，召伯所憩。蔽芾甘棠，勿剪勿拜，召伯所说。"大意是："茂盛又浓密的甘棠树，不可砍也不可伐，召公在树下办过公。茂盛又浓密的甘棠树，不许剪也不许折，召公在树下休息过。茂盛又浓密的甘棠树，不能撅也不能弯，召公在树下住宿过。"

陕州人民为纪念召公建了一座召公祠。召公祠始建于明弘九年（公元1479年）。慈禧太后避难西安返回途中，1901年10月19日路过陕州，就住在召公祠内，并由慈禧题、光绪帝赐匾额一块，上书"甘棠遗爱"。

3. 崤山之战

据史书记载，陕州古城始建于西汉景帝年间，距今已有2000多年的历史，当时规模很大，地势险要。陕州建立之前，这里的山谷成了冷兵器时代的权欲者血腥杀伐的战场。夏朝初立国，政权是由家族部落转化而来的，统治基础很不稳固，常遭到敌对部落的侵扰，无奈之下国都不断迁移。夏朝第十五代帝王夏后皋曾在雁翎关与敌对部落发生激烈的战斗，夏后皋战死于此。而最著名的就是历史上最惨烈的秦晋崤山之战。

周武王灭商后，这里曾是周文王的弟弟虢仲的封国，为虢国。周武王封王室宗亲周仲为虞公，封地在今山西省平陆县北部。虢、虞两国之北是晋国。

晋国在弱肉强食的春秋大混战中不断兼并征服小国，势力迅速崛起。晋献公在位期间，欲成就霸业，频频对外用兵，兼并或控制了邻近数十个小国和狄、戎部落。

晋国第十九代国君晋献公欲渡黄河南下，开疆拓土，攻击的目标就是虞、虢两国。

插图12-2 召公甘棠图

甘棠，即棠梨树，召公采邑内一棵珍贵树木。召公一贯奉行德政，经常巡行乡里，不辞劳苦，深入民间，体察民情，听讼断案，深得百姓爱戴。他曾在甘棠树下现场办公，后人把甘棠树作为他勤政爱民、施行德政的美好象征，作诗咏颂。此图为清道光二十五年（公元1845年），岐山县令李文瀚绘制并撰文。李文瀚与幕僚春游召地遗址时，顿生追古思贤之情，遂依照当时召亭甘棠古树之状貌，运用传统写生手法绘制此图，并由邑人武澄题跋109字，后刻于碑石上。此碑集书法、绘画、考古于一体，是古今罕见的文图并茂、相得益彰的艺术珍品。

虢国和虞国两国虽然地狭人稀，国力弱小，却是同姓毗邻，两国结成同盟，相互依存。况且，此时的虢国都城在阳城（古陕州，今三门峡市区），疆域广阔，国力强大；虞国虽然弱小，但地势险要，是晋国通往虢国而南下的必经之路。

晋献公处于两难之地，南下之心欲罢不能，若与虢、虞两国任何一国开启战端，都意味着要抗衡的是两国之师。虞国不灭，兼并虢国是纸上谈兵。而要灭虞，虢必出兵，晋会落得无功而返的结局。为避免陷于两线作战的不利境地，必须拆散虢、虞同盟，出兵乃为下策。但苦无办法，一国之君身边哪会缺少谋臣，此时，大臣荀息向献公献上"假道之计"。

荀息说："虞国国君是个目光短浅、贪图小利的人，只要送去美玉和宝马，他就会借道给我们。"这是个灭虢而亡虞一箭双雕的办法。可晋献公也是个守财之辈，还有点舍不得。荀息看出了晋献公的心思，就说："虞虢两国是唇齿相依的近邻，虢国灭了，虞国也不能独存，您的美玉宝马不过是暂时存放在虞公那里罢了。"晋献公听后心中释然。

虞国国君见到美玉和宝马，心花怒放，对晋提出的借道满口答应下来。虞国大夫宫之奇劝谏说："虢，虞之唇也，唇亡齿寒，晋今日取虢，而虞明日从而亡也。"虞公不听，竟许诺晋国假道伐虢。

周惠王十九年（公元前658年），晋献公率军南下，借道于虞，一举攻陷虢国要塞下阳。当时，虢公丑与犬戎正大战于桑田（今灵宝境内），闻下阳失守，急回师相救，但为时晚矣，虢军大败。虢公丑幸免于难，回到上阳守御。晋军围上阳五个月，城中粮柴俱绝，士卒疲惫，百姓日夜号哭，城池岌岌可危。虢公丑带公族突围，奔往洛邑。上阳城破，虢国灭亡。晋军回师，灭掉虞国。

晋献公灭虢，据崤函之地，卡住了秦国出关挺进中原的通道，使其不能实现"得中原者得天下"的野心。

晋献公假人之道灭两国，大获胜利；而晋国第十九代国君晋襄公乘别国过己道，会歼过境之军，大获战利。与其先人晋献公借道取胜，有异曲同工之妙。

故事发生于周襄王二十六年（公元前627年）的晋国崤山（古陕州城之东）。秦穆公多年处心积虑择机东进中原，要取霸主地位。这时得内应密报，郑文公刚去世，郑国忙于治丧。秦穆公蠢蠢欲动，要乘人之危，远袭郑国。由秦国都城雍（今陕西省凤翔县）至郑国都城（今河南省新郑市），相距1500余里之遥，中途要过晋国的崤山隘道，这是一次冒险性的军事行动。

秦穆公不听百里奚、蹇叔等良臣的劝阻，一意孤行，命令孟明视率领秦军千里远征伐郑国。郑国得到消息，早做了准备，秦军主帅不敢贸然采取军事行动，即刻回军。但空手而撤觉得有损国体，于是顺路灭掉了滑国。

晋国方面得知秦军伐郑未克，正在撤退。秦军浩浩荡荡必经晋地崤山险道，晋

插图12-3 虢国夫人春游图（局部 唐代张萱绘）

虢国夫人是杨玉环的三姐。此图描绘的是天宝十一年（公元752年），虢国夫人及其眷从盛装出游的情景。画中9人骑马，中间秦国夫人与虢国夫人并行，前后是侍从侍女。夫人丰姿绰约，雍容华贵，脸庞丰润。红裙、青袄、白巾等衣着富丽，骑鞍上金缕银丝精细的绣织豪华。居右上首的秦国夫人，正与虢国夫人说话。构图前疏后紧，人马行进，主人公虢国夫人置于突出地位。全画人物情态轻松，马蹄轻举缓步，线条挺劲，勾勒流畅，气脉相连，节奏鲜明，充满闲情逸致，勃勃生气。表现出画家对生活的细密观察和创作的严谨态度。此画为宋摹本，原作已失，摹本犹存盛唐风貌。

襄公认为挫秦之机已到，立即召开内阁会议，决意伏击秦军。会议上主战派和不战派发生冲突，最终，晋襄公听从了主战派中军元帅先轸的主张，乘其不备全歼秦军，并命先轸全权负责剿秦行动。

四月，秦军毫无顾忌地来到崤山谷地，进入了埋伏圈内，先轸部立即出击，全军包围了秦军。两军恶战一天，秦军战无斗志，全军覆没。崤山之谷尸横遍野，秦军的三员主将尽皆被俘。这是中国历史上第一场歼灭战。崤山一战是"秦晋之好"的终点，同时也令秦国元气大伤。

周襄王二十八年，秦穆公又要伐晋，亲自率军渡过黄河，焚烧船只，以示决一死战。可是，攻晋国的王官（今山西闻喜县南）及郊（今闻喜西），晋人不出。秦军无奈，掉头向南，再渡黄河，到达他惨败之地崤山谷，看到遍地秦军尸骨，只好掩埋后回撤。从此秦国东进中原之路被晋国死死扼制，秦穆公不得不向西用兵，实现其野心。

4. 雁翎关大捷

陕州城没建城之前就是军家厮杀的战场。建城之后，其地位更加重要，因此，战事频频发生。

陕州城始建于汉武帝元鼎四年（公元前 113 年）。"陕治龟形也，得水则吉"，风水先生这样说。在风水先生的眼中，这个三面临水的沙洲，是一个庞大的龟状盆地。龟是长寿动物，吉祥物。这块沙洲是福地。建成后陕州城周围长 7 公里，东南城下有 16 米多深的壕沟，西北和北面有 33 米高的悬崖。东通东都洛阳，西连京都长安，北有黄河天险，南依青龙涧河，东有崤陵相卫，西达函谷关隘。地势险要，它的战略地位十分突出，所以，"四面云山三面水"的陕州城建城的初衷应该是它所具备的防御功能。陕州城地处进出中原的咽喉地带，为历代统治者所重视，是兵家必争之地，统治者多派要将镇守和管理。

出三门峡市区往东约 28 公里，有一座大山，崤山古道从山梁的崖豁上穿过，这个崖豁便是古雁翎关。雁翎关春秋时代称南陵，北魏至唐称西崤。据《水经注》记载，关隘附近有千崤、盘崤之称。崤、雁二字声同韵近，疑雁翎关本名崤陵关，因群众讹传，称其为雁翎关，其宽处约 200 余米，最窄处宽约 30 米。关口海拔 851 米。两侧悬崖峻拔陡峭，地势颇为雄险。

一条古道悠悠不断，一座关隘千年屹立。古道上，险关前，群雄争霸，刀光剑影，白骨累累，血流成河。因此，它理所当然地被载入了中国历史。发生于此的两汉之间的官军与起义军的战争即是证明。

西汉末年，封建社会矛盾激化，王莽篡汉残酷压榨，加上一连串的天灾，逼得农民走投无路，纷纷起义。山东樊崇举旗起义，带领几百个人占领了泰山。起义军得到民众拥护，威望大增，声势越来越大，屡败官军。这支农民军在同官军作战中，为便于识别自家的队伍，以朱涂眉，因而号称"赤眉军"。

地皇二年（公元 21 年），王莽派大将景尚率领一队官兵来剿樊崇领导的起义大

军，被赤眉军打败，景尚被杀死。王莽又派太师王匡、更始将军廉丹率10万大军镇压。赤眉军作战勇敢，又深得百姓拥护，成昌（今山东东平县）大战中，樊崇一枪刺中王匡大腿，廉丹被杀死，官军溃败。自此赤眉军更加壮大了，发展成十多万人的武装力量。

王莽新朝末期，群雄并起，天下大乱。反莽武装共同拥戴西汉皇族刘玄为帝，建元更始，是为汉更始帝。更始元年（公元23年）9月，绿林军在各种反莽力量的配合下，顺利攻取长安。王莽逃至渐台，被商人杜吴砍死，新莽政权结束。十月，更始帝刘玄以洛阳为都，次年又移都于长安。

公元23年，更始帝由宛城迁都洛阳后，赤眉军首领在洛阳表示愿与更始政权合作。但更始帝态度冷漠，只封樊崇等二十多人为列侯，无权无禄。樊崇等人愤然，次年冬，赤眉军拥兵30万，分两路向西进攻长安，要取代更始政权。

当赤眉军走到华阴县（今陕西省华阴市）迫近都城长安时，为名正言顺地讨伐更始帝刘玄，就想拥立一个刘姓皇族。听说军中有个叫刘盆子的，便急忙寻找。找到刘盆子时，只见刘盆子牧童装束，头发披散，光着双脚，衣不遮体。刘盆子见到他平时敬畏的大将军，紧张害怕，面赤流汗。大将军向他叩头，吓得他几乎要哭出来。据清《纲鉴易知录》载：刘盆子本为西汉式侯，更始政权大司马刘萌之子。称帝前在赤眉军中主管放牛，称"牛吏"。建武元年（公元25年）6月，15岁的放牛娃刘盆子，被赤眉军拥立为帝，史称"建世皇帝"。徐宣成为丞相；樊崇有点文化，做了御史大夫。

插图12-4 光武帝刘秀画像（唐代阎立本《历代帝王图》）

刘秀，中国历史上著名的拨乱之主。新莽末年，海内分崩，天下大乱，身为一介布衣却有前朝血统的刘秀在家乡乘势起兵。公元25年，刘秀与绿林军公开决裂，于河北登基称帝，为表汉室重兴之意，仍以"汉"为国号，史称"东汉"。经过长达十数年的统一战争，刘秀先后平灭了更始、赤眉和陇、蜀等诸多割据势力，使得自新莽末年以来纷争战乱长达20余年的中国大地再次归于一统。刘秀在位33年，大兴儒学、推崇气节，使后汉一朝成为中国历史上"风化最美、儒学最盛"的时代。

公元25年9月，赤眉军攻入长安，杀了更始帝刘玄，推翻了更始政权，建世帝入住长乐宫。赤眉军初入长安，人民拥护。可以后几天，赤眉军在长安城中大肆抢劫，百姓反对。再加上关中豪强地主富商组织武装反抗，隐藏粮食，制造混乱。致使长安城中粮食奇缺，赤眉军陷入困境，束手无策，被迫退出长安，转移于安定、北地（今甘肃固原、怀县）一带，又遇大雪，还遭到拥兵割据的地主武装的袭击，只好再折回长安。而此时的长安，已是"时三辅大饥，人相食，城郭皆空，白骨蔽野"（《后汉书·刘盆子传》）。各地的豪强地主聚众以为营垒，坚壁清野，以断绝长安的粮食供应来困扰赤眉军。赤眉军无计可施，只得第二次被迫撤离长安，东归关东地区。

建武二年（公元26年），汉光武帝刘秀二年十二月，赤眉军共20多万大军离开京师，向东进发。光武帝刘秀以为这是消灭赤眉军的一个良机，派孟津将军、阳夏侯冯异率军出战。冯异惧怕不敢直接交锋，始终处于僵持状态。光武帝又派邓禹支援。但邓冯关系紧张，无法合作。光武帝三次下令督战，邓禹才下决心和赤眉军决战。

一天，邓禹得知赤眉军正在湖阳运粮，邓军正需粮草供给，立即率军前去抢粮。将士追上赤眉军看到粮食，便奋力冲杀竭力抢夺。赤眉军边打边撤，只好抛下粮食逃走。邓禹军队搬运粮袋时觉得很重，心中生疑，用剑挑开，原来里边尽是泥土。

就在这时，赤眉军如虎下山，邓禹大军被打得四处逃窜。邓禹带领残兵败将撤下来，增援的冯异赶到，邓禹才算保住性命。在失败面前二人和好，共同思考对策。他们在帐中憋了几天，想出了一条妙计。他们立即给赤眉军下战书，约定会战的时间、地点。冯异部正面战赤眉军，冯异带人马边打边撤，赤眉军不知是计，立即派兵追杀。追至崤山雁翎关前古道上，冯异军转身和赤眉军展开激战。此时，埋伏在周围的邓禹军冲出来。这些汉军化装成赤眉军模样，只是头上做出暗记，以便分出敌我。混战中赤眉兵分不清敌我，大刀砍死的自己的弟兄不在少数。这时，假赤眉兵还大喊"投降"，真赤眉兵也纷纷跟着投降。樊崇看败势已定，便带领着剩下的十多万人，向宜阳（今河南宜阳县）逃去，但仍有假赤眉兵混入其中。雁翎关一战，赤眉军死伤几万人，投降的也有八九万。

光武帝刘秀在赤眉军逃跑的路上，早已布下陷阱，樊崇败军来到，未及喘气，光武帝就率领埋伏的人马杀了过来，樊军中的假赤眉兵也大开杀戒。饥寒交迫、疲惫不堪的赤眉军走投无路，只得派刘恭觐见刘秀，请求投降。第二天刘盆子和丞相徐宣以下的官员袒胸露背到刘秀军营投降，献出了西汉王朝的传国玉玺和绶带，"建世政权"灭亡。

刘盆子和樊崇等诸多将领被带回洛阳，赐予房屋和良田。但不久，光武帝刘秀借口樊崇等人密谋造反，将樊崇和他的一些将领杀害。轰轰烈烈的赤眉军起义彻底失败了。

雁翎关见证了这场战争的始末。

5. 郭子仪平叛

陕州城在北魏、西晋、南北朝时期进行过修补加固，特别是唐太宗李世民登基后，从军事和交通上对陕州城的城建更加重视，因此对它的加固修补力度更大。东面和南面的城墙加高加固，增添了东、西、南、北四座城门的二道门，其防御功能更强了。

唐代的陕州城同样遭遇到一场更惨烈的战争。

天宝十四年（公元755年）十一月初九，安禄山以"奉密旨讨杨国忠"为名，南下杀入中原，安史之乱爆发了。唐王朝"贞观之治"之后，内地多年未有战争，一派和平景象，刀枪入库，马放南山。军队战斗力锐减，军备空虚。当安禄山叛军突如其来，黄河以北24郡的文官武将或开城迎敌，或弃城逃跑，或被擒杀。叛军长驱直下，势如破竹。叛军所到之处，奸淫烧杀，掳掠百姓。

洛阳很快陷落，长安不保，皇帝向四川逃跑。天宝十五年（公元756年）七月，李亨在灵武（今宁夏灵武县）即位，是为唐肃宗。次年正月，安禄山称帝，国号为燕。封儿子安庆绪为晋王，安庆和为郑王。叛军占领都城长安、陪都洛阳，朝廷危在旦夕。

唐肃宗召令郭子仪、李光弼率5万人马，从河北到灵武，任命自己的儿子为天下兵马大元帅，郭子仪为副元帅，开赴讨逆前线。郭子仪部破潼关，攻入陕州（今河南陕县），截断叛军后路，直取长安。

这时，叛军内讧，安禄山被儿子安庆绪杀死，矫称安禄山传位给自己，仍伪尊安禄山为"太上皇"。

安禄山一死，叛军人心不稳，朝廷即诏令郭子仪直趋京师。郭子仪与贼将安守忠、李归在京西香积寺之北拉开战场，唐军斩杀叛军6万首级。郭子仪乘胜东进，攻打洛阳。洛阳守将安庆绪慌忙派大将庄严、张通儒率15万大军迎战。叛军在陕州新店（今河南省郏县西）与唐军遭遇。

陕州新店地势险要。叛军依山扎营，居高临下，形势对唐军非常不利。郭子仪趁叛军立足未稳，精选2000名英勇善战之骑，迅即发起冲杀，又在山下埋伏1000名弓箭手，再令协同作战的回纥军从背后登山偷袭，亲率主力与叛军正面交锋。

郭子仪并不激战，而是佯装败退。叛军不知是计，倾巢出动，冲下山来。这时，突然杀声震天，唐军埋伏的弓箭手，万箭齐发，

箭镞如雨。郭子仪趁势杀了个回马枪。回纥兵即时从叛军的背后高呼着"快投降吧"，一路包抄过来。叛军前后被围，左右遭打，被打得溃不成军，唐军斩首10万，庄严逃回洛阳。安庆绪弃城北走，官军一举收复洛阳。

郭子仪陕州大捷，是唐王朝消灭叛军收复山河的最关键一仗。陕州历史记下了这一惨烈的战争场面。

6. 李泌平乱

李唐江山遭安史大劫而能不易姓变色，实倚仗两人之力：对外武倚郭子仪东征西讨；对内文仗李泌运筹帷幄。

李泌字长源，唐朝中叶人，幼时聪敏，博学经史，精通周易，善诗文。常深居游嵩山、华山及终南山，以"奇童"得唐玄宗赏识，宰相张九龄器重李泌的胆识，呼他为小友。唐玄宗欲授李泌官职，他坚辞不受，最后只好结为布衣之交，太子常称其为先生而不呼其名，可见尊贵之地位。

李泌历事玄宗、肃宗、代宗和德宗四帝，曾为唐肃宗、唐代宗、唐德宗三个朝代的宰相。唐德宗时，陕州虢都知兵使达溪抱晖为接节度使之职，抢班夺权，杀死时任节度使张劝，想以既成事实，逼朝廷承认。唐德宗大怒，定性为叛乱事件，急派李泌率兵10万前去平息。德宗则随军督战弹压。

李泌大军浩浩荡荡，行军三天，到达陕州地界，兵临城下，安营扎寨。李泌向德宗皇帝禀奏："陕州三面悬绝，地势险要，攻之未可以岁月下也，臣请以单骑入城。"

插图12-5 琴几黑漆描金汾阳祝寿图（清代乾隆年间制）

此图为一架琴几的桌面绘图，描写郭子仪祝寿场面。郭子仪，唐四朝元老，封汾阳王，位极人臣，子孙满堂，家族兴旺，七子八婿为官清廉，其中一子为当朝驸马，每逢他的寿辰，七子八婿均携子前来祝寿，多子多福多寿，十全十美，称心如意，成为人们理想的榜样。这幅图描绘的场面宏大，人物众多，充满了祝寿的热烈气氛，刻画细致，形象生动。

174

德宗担心地说："叛贼守备森严，单骑入城岂能冒险？"李泌回答："陕州人不贯逆命，此是抱晖为恶根源，若以大兵临之，其必坚守抵抗。臣今单骑抵其城内，以理相劝。他即使杀臣也于事无益。"德宗应允了李泌。

李泌单骑向陕州城方向进发，到达陕州城郊，正如李泌所料，陕州方面心向朝廷。抱晖的将佐不待抱晖之命早就在城外迎接，立即将李泌安顿至馆舍，安排卫兵警戒和丫环侍奉。

李泌面对抱晖的将佐，先索簿籍查阅，询问钱粮仓储等正常事务，俨然在巡察工作。抱晖之罪只字未提。夜晚有人求见告密，李泌一概拒之门外。三日已过，全城水波不兴，安静如常。而焦灼不安的是抱晖，芒刺在背，如坐针毡。他看大军压境，已心有余悸，丞相李泌进城又不召见，不知深浅。他只好硬着头皮前往李泌下榻馆舍，进门跪拜谢罪。

李泌见时机已到，这才话入正题，说："你擅杀朝廷命官，罪不容诛。惟当今圣上以德怀人，我也不愿执法如绳。你且回去收拾细软银两，星夜出城，自择安身之处，风头过后，再来接取家眷，我可保你无虞！"

抱晖翻身下拜："多谢丞相不杀之恩，下官来生当犬马相报！"说罢亡命而去。至此，以"和平谈判"的方式，平定了陕州之乱，足显李泌大智大勇之功。

7. 古城之殇

宋代又扩建了陕州城门。但在民族英雄李彦仙抗金中，被金兵破坏。

李彦仙，宁州彭原县（今甘肃西峰区彭原乡）人。他的家乡在宋夏交界地带，常遭受夏人的侵犯掳掠。李彦仙少年时目睹乡亲们的苦难，便立下救国救民之志，后参加抗夏将领种师中的部队，抗击夏兵，作战勇敢，遂被提升为校尉。

北宋末后，金兵南下，宋军节节败退，金人占领了河南北部大多县城。在这国家民族存亡的紧急关头，李彦仙在家乡招募一批青年志士，组成抗金义军，奔赴中原前线。这支陇上健儿在抗金战场上将官士兵均骁勇善战，加之李彦仙指挥有方，战斗力颇强。初期作战，曾活动于河东地区（今山西省），抗击金兵，屡战屡捷。由此，被编入宋军建制，成为正规军，李彦仙被授予"承节郎"。

宋军屡战屡败，李彦仙发现了问题。他认为，投降派挫伤了军民的抗金积极性，主将指挥无方，军纪松懈，将领贪生怕死。他忧愤难抑，即上书朝廷，弹劾两河宣抚使李纲，不懂军事，误国误战。但朝廷腐败，听信谗言，说他"诽谤朝政"，下令逮捕治罪。李彦仙只得改名，逃匿民间。他原名李孝忠，后改为李彦仙。

朝廷投降派占上风，金兵肆无忌惮，继续大举南侵，整个河东地区（今山西）失守。

插图12-6免胄图（局部 北宋李公麟绘）

《免胄图》，又名《郭子仪单骑见回纥图》。唐太宗广德二年（公元764年），回纥、吐蕃等西域诸国数十万大军入侵长安，郭子仪奉命率军镇守泾阳，双方兵力悬殊，郭子仪决定亲赴敌营，说服回纥将领退兵。图中郭子仪率数十骑，免胄着燕服即不着盔甲来到敌营去见回纥首领大酋，大酋心悦诚服，携副将滚鞍落马，单膝跪地拜见，郭子仪神情雍穆诚恳，俯身援手以礼相见，从容大度，一代名将风范。李公麟，号龙眠居士，宋代杰出画家。纯用线条和浓淡墨色描绘实物，李公麟正是这艺术浪尖上的弄潮儿，他使白描技法成为后人学画所遵从的样板典范，为丰富中国画的表现技法做出了重大的贡献。

李彦仙不计前嫌，毅然出山，收集旧部，加入了抗金队伍。陕州（今河南省陕县）守将李弥对他的品德和勇气赏识有加，收为裨将，让他率部屯防于崤山、渑池间。

宋高宗建炎二年（公元 1128 年）二月，金兵强渡黄河，陕州沦陷。此时李彦仙任石壕镇（在陕州东）尉，位卑兵寡。但他满怀忠心，一身胆气，率领士卒英勇抗敌，坚守军事要塞，阻击了敌军的攻势。沦陷区许多百姓逃到他的防区避难，他派人收容安抚，"民争依之"，许多百姓还加入了他的抗金部队。

李彦仙得到百姓的支持，军民齐力，多次击退金兵的进攻。李彦仙善于以智取胜，他在与敌兵交战时，佯装败退，把敌兵引入伏击圈，以少胜多，杀敌千余人。随后，分兵四出，袭击敌营。一月之内，曾创下端掉敌军据点五十余处的战绩。

地灵

金兵占领陕州后，李彦仙派人秘密潜入陕州城，联络士民，以做内应。城内外部署稳妥，李彦仙率兵攻城，城中内应并起，里应外合，一举收复了陕州城。捷报传到朝廷，朝廷即任命他为陕州知州兼安抚使，并授予"武节郎"官衔。

李彦仙深知军事重镇的重要，他认为扼黄河天险和函谷关之要隘，军事地位十分重要。更知金人不会放弃这个西进的关隘。所以，李彦仙感到守卫陕州的责任大如天。他积极备战，严格操练兵马，千方百计提高部队的作战能力；积极组织全城军民加固城池，增修堡寨，在城堡上堆积垒石，增强防御能力。他治军严谨，"犯令者虽贵不贷"。他严于律己，作风俭朴，与部下同甘共苦，也关心百姓疾苦。故将士们"乐为其用"，"士民也多归之"。金兵虽多次围攻城池，均被全城军民齐心协力击退。

建炎四年（公元 1130 年）春正月，金人派大将娄宿率兵 10 万，南下誓要拔除陕州，打通西进通道。李彦仙面对强敌，"意气如平常"，一面动员全城军民，组织战斗力，一面求援于宣抚使张浚，出 3000 骑兵相助，并陈明自己的作战计划：若金兵来攻，主动退出陕州城，以作战略上的转移，然后渡黄河北上，直捣金兵后院，以诱敌回师。乘机再渡河向南，收复陕州。可是，张浚一口否定了李彦仙的计划，并要他执行自己的作战计划：马上撤出陕州，等待时机，反攻夺回陕州。李彦仙拒不执行张浚的计划。

娄宿兵临城下，发出攻城令，李彦仙镇定自若，指挥军民英勇还击，城头上箭射石落，金兵寸步难进，一连数天，攻城未下。娄宿调整战法，将兵力一分为十军，每日一军，玩起车轮战术，夜以继日。但激战旬日，徒劳而已，城坚不破。娄宿又把兵力合十为一，集中攻城，并定下作战目标"期以三旬必拔"。激战开始了。李彦仙也出一计，一面在城楼上"大作伎乐"，迷惑敌人；一面派兵潜出城外，偷袭忙于攻城的敌人之后营，烧毁了敌军很多攻城器材。金兵受到重挫，无计可施，便把陕州严严实实地围困起来。

插图 12-7.1 空相寺祖师塔

据清朝和民国的《陕州志》记载，佛教于东汉永平年间（公元 58—75 年）传入陕州时，就修建了空相寺，距今已 1900 多年，是与中国第一古刹白马寺同一时期的佛门圣地。据史籍记载，达摩初祖在少林寺传法慧可之后，即到熊耳山下的定林寺传法 5 年，于梁武帝大同二年（公元 536 年）十二月圆寂，终年 150 岁。众僧徒悲痛至极，依佛礼将初祖大师葬于定林寺内，并修建了达摩灵塔和达摩殿。梁武帝萧衍亲自撰写了"南朝菩提达摩大师颂并序"的碑文，以示对达摩大师创立禅宗的纪念。后来东魏使臣于元象元年自西域取经返回途中，遇见达摩大师杖挑只履西归，立即报于皇帝。皇帝闻之，命人挖开达摩墓葬，只见只履空棺，方知大师已脱化成佛，遂将定林寺更名为"空相寺"。

陕州久被围困，城内粮草日渐短缺。全城军民忍饥挨饿，坚守城池，日日与金兵激战，"将士未尝解甲"，经历大小百余战，毫不懈怠。娄宿攻城，久而不下，硬来无效，便施软计，派人向李彦仙致书诱降，许以"河南兵马元帅"高官，全权管理河南。李彦仙断然拒绝，怒斩来使。娄宿一计不成，又差人在城外喊话：只要投降，许以荣华富贵。李彦仙怒斥敌人："吾宁为宋鬼，安用汝富贵为！"

娄宿诱降失败，转而猛烈攻城。金兵分成许多梯队，轮番上阵，不停进攻。李彦仙率军民一次次把金兵堵在城头。金兵倒下一批，又上来一批。此时城中军民已损失过半，饥饿与疲惫的守城将士无力再战，陕州城终于陷落了。

但战斗仍在继续。城破后，李彦仙率领余部同敌军展开了巷战。大街小巷到处是刀光剑影，遍地是尸体和鲜血。李彦仙身中十数箭，手臂被砍伤，有的部将战死。但战斗中"无一屈降者"，遭受饥饿的居民，"民无二心"，有些妇女上到屋顶，用瓦片投掷金兵。

李彦仙战斗到最后，突围出城，准备北渡黄河，整军再战。走到黄河岸边，听到金兵屠杀城中百姓的消息，悲愤不已，仰天大喊："陕州不保，父老遭难，我还有何面目复生？"遂投身黄河，以身殉国，时年36岁。巷战中的百姓听到消息，哭声不绝。金兵在陕州屠城，李彦仙一家除一侄外，均遭屠戮。

李彦仙率陕州城军民坚守孤城两年多，大小战斗200余次，歼敌无数，有效地延缓了金兵的西侵。

他死后被追赠为彰武节度使，建庙于高州，号曰忠烈。绍兴九年，又立庙于陕州，号曰义烈。乾道八年，赐谥号忠威。

在宋代陕州城被金兵攻破，到了元代对陕州城门加固扩建。

到了明代，陕州城又遭天灾。明嘉靖三十四年（公元1555年）农历腊月十二子夜时分，发生强烈地震，陕州全州城内建筑以及城墙、城门均遭严重破坏，自此50年未复建。明代末年，尚未复建的陕州城又遇人祸。李自成与清军两次大战于陕州，城墙楼阁遭到更大破坏，城墙大多破败。

清代嘉庆二十年（公元1815年）农历九月，陕州再次受地震之灾，其东城墙、南城墙大半都坍塌。清光绪十三年（公元1887年），河南陕汝道道台铁珊，主持在南门修筑了护城拦河大堤、护城大坡。在东、南、西三面修筑城墙，进行了加固。

在抗战期间，当时的政府为了开展游击战，动员百姓拆城墙，两个月就把高大的城郭扒光，几千万大砖被移作他用。而到了1957年，三门峡要建造水利枢纽，陕州古城为水库规划区，三门峡大坝拦洪后，古城将会被水淹没。所以，古城内的建筑被拆除，居民全部搬迁，陕州古城成为空城。可是黄河的水线已经退到很远的地方去了，原本的河岸、堤坝已经空置了很多年。其实，由于上游来水减少，古城所在的库区也从来没有被水淹过，原本的陕州城区变成一片真实的废墟和荒地。2000多年的古城已被历史的尘埃湮没。

插图12-7.2梁武帝草书状（明代沈粲书）

梁武帝草书状通篇章草，与今草夹杂，洒脱奔放，挺劲峭拔，自然天成。因章草捺脚的率出，字字独立，很少连绵，但行气极为流贯。沈粲，擅长草书，以婉丽取胜，行笔圆熟，意趣道逸，人称"草圣"，擅名一时。萧衍，梁武帝，南朝梁的建立者，长于文学，善音律，工书法。

临沣寨里看朱门

第十二章

地灵

第十三章 —— 临沣寨里看朱门

临沣寨里看朱门

1.榜上有名

公元6世纪北魏时，伟大的地理学家郦道元写了一部《水经注》，这是中国第一部完整记录华夏河流山川地貌的地理专著，历史上称之为"圣经贤传""宇宙未有之奇书"，在历史发展进程中影响深远。中国的某个地方若是郦道元留下过足迹，《水经注》便榜上有名，那这个地方就有了一张名片。地处中原腹地的一个小村庄就这样走进了许多历史学者、考古专家和国家的视野。

河南省平顶山市北部有个县叫郏县，在郏县东南20多里有个小镇叫堂街镇，在堂街镇一隅有一片地势低洼的土地——小村村名"水田"。据《水经注·河水》记载："柏水经城（宝丰）北复南，丰溪自香山东北流入郏境，至水田村。一由村南而北，一由村北而东，环村一周，复东北至石桥入汝。"因村在二水之间，故称"水田村"。这就是现在的临沣寨，地处中原腹地的国家级历史文化名村。

临沣寨为一洼地型古村落，始建于清同治元年（公元1862年），至今已有143年的历史。临沣寨坐落在碧波荡漾的北汝河畔，发源于香山的利溥、沣溪两水，分别从寨东寨西流过，流向北汝河。周围千亩芦苇、百亩竹园，碧波荡漾，绿水长流。古寨墙、古寨河、明清古民居、宗祠、关帝庙融为一体，它是中原民居文化的一块

插图13-1.1临沣寨村的明清建筑

临沣寨村位于河南省平顶山市郏县堂街镇，是全省唯一有寨墙的明清古寨。今村里保存大量较为完整的清代四合院、三合院。寨里保存比较完好的有朱家深宅9处、张家大院2处。清代建筑的房顶简较明代小；四面墙相互咬合，以增强坚固度；门墩上的花纹多用鸟兽类装饰。

文化瑰宝，闪烁着人文精神的一颗明珠。

　　称寨必建寨墙。一种浅红色条石砌筑成不规则的椭圆形寨墙，紧紧护卫着临沣寨。当地人又称临沣寨为"红石寨"或"红石古寨"，占地面积约 7 万平方米。城墙建于清同治元年三月（公元 1862 年），高约 7 米，宽 2～5 米，全长 1100 米，上砌墙垛 800 个，炮楼 5 座。

　　设置了三座寨门，据说符合八卦的理念。临沣寨按照易经八卦中的三个方位而设置的三个城门，暗藏玄机。东门叫"溥滨门"，取自《诗经·小雅·谷风之什·北山》"普天之下，莫非王土"。南门叫"来薰门"，取自《诗经》中"薰风南来"的名句，"薰"有暖、热之意，"来薰"含祥和美好、喜庆大吉之意。西门因临沣寨西的河流沣溪而取名"临沣门"，成为寨命名的寨门。

"溥滨""来薰""临沣"六个大字，刻于整块的红石匾上，镶于寨门之正上方，字体为楷书，笔法遒劲，古风遗韵。每个寨门上面都有水槽，红石砌成，是古时的灭火设施。墙体上留枪眼，有高有低，可从不同角度对外射击。寨门外边两道闸门为防洪设施。下有暗道既可向寨外排水，亦能防水倒灌。防火、防洪、御敌，功能齐全。寨墙外绿波荡漾的护寨河环抱着明清古民居遍布的古村落。护寨河长 1500 米，宽 15 米，深 4 米，1000 多亩的水域，改善着生态环境。红色的寨墙下，水中鱼儿悠游，水上芦苇满河，空中白色的芦花飘飞，水鸟鸣叫，构成了天然合一的美丽图画。

　　临沣寨内东西两条主街与南北两条主街呈"井"字形交错，居民沿街而居。有红色花岗岩砌筑成的明代古民居，有较为完整的清代四合院、三合院 20 多座，清代民居近 400 间。这些建筑既有中原农村特有的以砖、石为主体的高大深邃，也有南方以木格子门窗为装饰的小巧玲珑。一些古老的宅院用多层弧形石板作为门洞的拱顶，每层石板上都雕有图案，十分美观。古寨墙、寨河、寨门、祠堂、寺庙、井、桥、墓葬、古树等一应俱全。其中有汝州直隶州盐运司知事朱紫峰于清道光二十九年建造的朱镇府古建筑群，号称"汝河南岸第一府"，文化内涵丰富。

　　有一处宅院很典型，高而窄的建筑卷棚，供到访官员临时休息。距地面半米多高的房基上每隔两步就有一个巴掌大的石孔，这就是拴马桩环。一面白色的墙壁叫"粉壁"，是来访客人相互留言的地方。院内墙壁上有许多精美的雕刻。门楼上有两处石雕在"文革"中被毁，墙上的雕刻完好，那是当时老百姓用泥土封住，幸运地保存下来的。临沣寨内屋屋相通、院院相连的古民居，处处有历史留下的痕迹，古老的街道、幽深的胡同充满了值得探索的神秘。

182

插图 13-1.2 朱镇府外的拴马石

临沣寨里保留下来的朱镇府官宅，被称为"汝南第一宅"。雕梁画栋的门楼尽管涸尽了朱颜，但精美的木雕、石雕、砖雕仍透出豪门大户的荣华与富贵。大门外墙上的拴马石虽然斑驳，却是当年朱门豪富的记忆。

2. 朱家发迹

"临沣寨"三个字到底是文人的韵味，可当地老百姓口中的临沣寨叫"朱洼村"。这个名字将形象性、地域性、归属性融为一体，百姓是为自己所居之地命名，其中蕴含着素朴的智慧。这个地方地势低，利溥、沣溪两水交汇于此，过去每到夏天雨季大水必至，这就是"洼"，实实在在，毫无虚构；而"朱"字呢？那是因为旧时代这里居住的许多财主中，以朱姓人家最多，多了就成大户，有了大户才成气候。故而"朱"字更非虚拟。地名标"村"，那是因为这里聚居为村落时，绝非城市。这红石砌成了厚厚的寨墙起到了两个重要的作用：防洪、防匪。

这样的"寨墙"既可防天灾，又可避人祸，寨墙内的居民有安全感。以至许多外村的村民也找机会到临沣寨里租财主的地种，成了这里的居民。"文革"中这样的寨墙本来是"四旧"的范围，但因为它有防洪的功能，为了居民的安全才幸免于难。于是，寨墙在居民心目中的地位大大提升了。历经任何运动都被保存了下来。于是，中原大地才多了一份文化遗产，中国历史文化名村的名册上，也入册备案了。临沣寨的居民们手握这张国家级的名片，倍感自豪。

这里虽地势低洼，但在古时却是水陆交通便利的风水宝地。不知何年何月，且无从考证，有一姓张的人家选择了这里为生息繁衍之地，不但务农为生，而且利用当地的自然资源编织芦苇席，祖祖辈辈安居乐业。此地便由张家命名，叫"张家埠"。

400多年前，明朝万历年间（公元1573年）突如其来的瘟疫肆虐中原地区，人丁锐减。明神宗朱翊钧降旨，外省居民移民中原。这时，有一支山西洪洞县朱姓人家进入中原，辗转来到古道旁的张家埠，看到四周芦苇荡随风荡漾，河水潺潺，两面临河，遍生芦苇，不少人家编织芦苇席，一派安康祥和的景象；放眼望去，此村

插图 13-2 朱紫贵老宅

朱紫贵是富甲一方的盐商，他的宅院保存得相当完好。朱紫贵一家住在第三进宅院中，朱紫贵夫妇住正屋，长子居东，次子居西，正屋最高。长子的东厢房比次子的西厢房窗台高、房檐高；二楼是朱紫贵女儿的闺阁，楼梯口两端都有门有锁。朱紫贵宅院东边是更大的宅院，为号称汝河南岸第一府的朱镇府。朱镇府系清代盐运知事朱紫峰的官宅，建于清道光二十九年，占地面积2516平方米。高大的门楼，精美的砖雕、木雕、石雕，斑驳的彩画，每隔几步一个拴马桩，仍可想象当年朱镇府的显赫和繁荣。

地势低洼,朱姓人家慧眼识风水,他们认为此地虽洼,但聚水就能聚财,一定是块宝地。于是朱家毅然将此地定为休养生息之所。

为了生存朱家租了张家的地,也跟着张家人学会了编织芦苇席,并开始做起芦苇席的生意。朱家编席手艺学得好,芦苇席编得好,生意也做得好。他家的芦苇席产品通过陆运和汝河水运,销往外地。大宗的芦苇席运出去,大把的银子赚回来了。

在200多年的勤奋积累中,朱家的财富滚成了大雪球,成为寨中大户。风水轮流转,张家人反主为佃,成了朱家的佃户,筑建寨墙,改村为寨,"张家埠"也被朱家改名叫"朱洼寨"了。

至清道光、咸丰年间,朱氏家族的一个分支出了一位能人,朱氏第13代传人朱怀宗,他行走四方,见多识广,视野开阔,他在生意道上改弦易辙,领着三个儿子朱紫贵、朱振南、朱紫峰三兄弟做起了盐业生意。老百姓说,金银像长了腿似的往朱家跑,有人说得更神,三兄弟分家时竟然用抬筐分元宝。

朱氏三兄弟发迹后乐善好施、行侠仗义,受到乡亲们的拥护和信任。但凡家藏巨富的人总会担心财产的安全。而且朱家老三朱紫峰发财大富,富则必官,他当上了河南汝州直隶盐运司知事,相当于管理盐业的厅级干部。亦商亦官,富则必建。朱家开始重金购田置产,大兴土木,建造华屋大院。清咸丰末年(公元1861年),面对纷繁乱世,朱氏三兄弟商议扒掉土寨,改建石寨。寨墙为外石内土结构,外墙60厘米长的石头全部取自紫云山的红色花岗岩,内墙则就地取材,全部是挖自护寨河的土。为使寨墙坚固,红石条每一顺石隔一把石,中间空档用3～4块红石条顺着填满,再取土屯住夯实。寨墙内面积7万平方米。据说当年给寨墙放线时为求得公正,由一朱姓老人用黑布蒙住双眼,手提装满白灰面的篮子放线,于是就"走"出了人们今天看到的弯弯曲曲的寨墙。

为加快建寨速度,朱氏兄弟别出心裁,门前摆上八仙桌,桌上堆放金银元宝,二尺来高;在大街圈上粮囤,屯满粮食。凡给朱家运石送料的乡亲们,要钱送钱,要粮给粮,三个月建造石寨竣工。这样做表面看是为加快建寨速度,其实是散财保平安,以确保巨额财富免遭掠夺之灾。

3. 朱门豪寨

朱家三兄弟中朱紫贵是富甲一方的大盐商,所以他的宅第也得称豪一地。朱氏宅院的户牖建造规制简约,但不失其大气宏伟;艺术的雕饰点缀其间不失其精美。

在布局严谨的朱门豪宅里,走进第三进院,便是朱紫贵一家的卧居。中为正屋,即堂屋,左右为东西厢房,都是两层楼房,砖石结构。堂屋为一家之长朱紫贵夫妇的居所,楼房最高。东厢房次之,为长子居住,子承父业先长子,所以其住房要比次子居住的西厢房要高。窗台和房檐都显得高些,甚至墙砖也要大点,体现了封建社会中长幼有序的规矩。

朱紫贵居住的堂屋二楼是他女儿的闺房。这并不表示女儿之贵,恰恰相反,那是对女子管束的樊笼。楼梯两头进出上下的门每晚要上锁，前窗的窗格是铆接的铁棍。按封建礼数的要求，千金小姐长到7岁就要住进闺房，从此就不可下楼。生活全由丫鬟服侍，外面的世界只能透过前窗观望。婚姻当然是由父母包办。从7岁到出嫁时，她见到的三尺以上的男人，就是父亲。这是真正没有人性的一层楼房。

朱家老三朱紫峰的官宅在大哥宅院的东边，时称"朱镇府"，又因他是清代盐官，还被称为"汝河南岸第一府"。

坐落在临沣寨中心的朱镇府为一进五的四合院，于清道光二十九年（公元1849年）建造，占地2516平方米。门楼高大，门外两边有拴马石环。大院中有小院，院院相通。会客厅宽敞、建筑考究，砖雕、木雕、石雕工艺精美，装饰华丽。朱家地位之显赫、家门之荣华、财力之雄厚可见一斑。

朱镇府炫耀的是祖先的成功，张扬的是家族的辉煌。让人值得敬佩的是，朱家发迹后，关注文化教育和文化交流。到访的官员为朱家留下书赠，游历的文人为朱家赠送墨迹；或奖掖朱氏子孙，或赞言朱氏门族的家风，或称颂朱家发迹的功绩。朱家人把这些书赠视为珍藏，或雕于红石，或刻于木匾，悬在门楣，挂在厅堂，只要是村中醒目之处，都有出自官员名人的书法身影。当今天游走在小小的村寨中，各种匾额诸如刻在整块红石上的三个寨门名称"临沣""溥滨""来曛"的题字，用笔外圆内方，笔力遒劲，字体雄浑丰腴，透着高古之韵。更有"义举长存""乐育英

插图13-3 朱紫贵宅的后院

朱氏三兄弟的大宅院是临沣寨民居的核心，坐落在寨内的东西大街上，坐北朝南，老大、老二、老三由西向东依次排列。朱紫贵宅院为三进四合院，朱振南宅院为四进四合院，朱紫峰宅院为五进四合院。三座宅院院落相连，从前街一直通往后街，纵深百米。朱紫峰虽为老三，但有官位，在官本位的中国，他是最荣耀的，所以宅院最大，门楼最高。如今，老大朱紫贵的宅院保存基本完好，老二朱振南的宅院已完全破坏，老三朱紫峰的宅院现存一进院。

才""乐善好施""戒欺求谦""竹苞松茂""御墨翰林""宝婺星辉""霜清柏清""杏林春暖""世精岐黄""品优木精""百福并臻"等随处可见的木匾，满目生辉，楷、行、草、隶、篆，各体皆有，使人目不暇接。室内许多楹联均为家传，其内容以劝学向善为主，表达了他们恪守耕读传家的古训。

如此品位高、数量多的明清匾额、家训楹联能集中出现在这个小小的古村落里，着实令人拍案惊奇。重要的是它们展示了临沣寨的人文之盛，对世代相传的临沣寨村民来说，那是一种潜在的文化传承信息，是临沣寨百姓心目中的崇拜之物，让他

们看到了文化的力量，这是一种潜在的鞭策和激励，是耸立在求学者心目中的标杆。

临沣寨内除朱氏家族的豪宅华屋外，闪烁着明清民居文化的建筑遍布村中，随处可见。

按照封建社会伦理秩序的标准，房屋建筑必须沿中轴线而摆开，居最高处者为主房。房屋建造用料十分讲究。房屋的地基用精雕细磨的红色条石铺砌，地上五层，地下十层，层层红石砌成梯状，下宽上窄，四个屋角下放红石大碾盘，以增加房屋的承重度。土坯为内墙，外包青砖，这叫"里生外熟"的砌墙方式。砖缝以白灰和糯料汤汁掺和相勾，细如线，牢比铁。山墙上有窗户，是透雕成纹样的整块红石砌成，用以采光。木格子的前窗有精巧的装饰。这样的建筑坚固如磐，冬暖夏凉。

门洞拱顶多层雕有图案的弧形石板圈砌古朴而厚重。屋顶上的主脊高挑，辅脊自上而下砌砖雕吻兽，端尾安兽头，各脊的浮雕板瓦，有莲花、麒麟、鹿等祥瑞花纹，细致精巧。雕梁画栋，那木雕、石雕、砖雕的精雕细刻的花纹图案，透出了豪门大户的荣华与富贵，递送了文化艺术信息。

东西大街中间路北坐落着一处由三间古民居构成的古宅，似乎没有很突出的特征，但它却是众多古民居中资格最老的房屋，建于明代万历年间，距今已有430多年的历史了。房屋的前门凹陷，前墙单独垒砌，其他三面墙则相互咬合，柱身与柱基粗细基本一致，屋顶采用重梁寡柱，专家认定，这些元素正是明代建筑的特征。它是临沣寨古民居建筑群里年代最久远的建筑。

临沣寨，各种屋舍或荣华富贵，或淡薄清贫，然而，那青砖黛瓦都散发着朴素而古雅的风韵。那精雕细刻的门窗都回荡着凄婉的音律。即便屋宅庭院显得斑驳，但却饱含了明清文化的底蕴。令人浮想不已，感昔叹今，回眸忘返。

4. 防匪御寇

临沣寨是历史文化名村，依照中国几千年来的人文价值观，风水、八卦和象形是其建筑的依据。

祖先认为洼地能聚水，水可聚人而居，聚人之地，就能聚财，聚水聚人聚财，那必是少有的风水宝地。

小寨被不规则的寨墙包围着，从象形上来说，很像漂在水上的一只小船。这是有美好寓意的形象。它寄寓着古村落百姓们四通八达、财源广进的美好愿望。

临沣寨，城墙之厚实坚固，颇有"固若金汤"之势；护寨河水域宽广，还有"兵来将挡"的防御能力。

按八卦方位设置的三个寨门同街道不在一条直线上，村里的景况就有了私密性，

插图 13-4.1 刻有"溥滨"门楣的东寨门

临沣寨通往村外的是东、西、南三个寨门，其中西寨门取名"临沣"，东寨门取名"溥滨"，意为此寨濒临沣溪、利溥两水。东、西寨门由木板镶铁皮制成，至今仍保存完好，其上"同治元年"四字清晰可辨；南寨门毁坏较重，只剩半个门洞。

从寨门外往村里看，要窥探寨内大街的全貌，是办不到的。

临沣寨内，在"井"字形的主街道外，宅院与宅院之间，许多小街短巷纵横其中。如果敌人真的攻墙破门深入村中，那七拐八弯的街巷，不是转迷了方向，就是钻进了死胡同，这就为村民与来犯敌匪周旋展开巷战提供了便利的条件。

寨内许多房屋相通，宅院相连，邻里来往方便，以利御敌，便于互相支援。特别是大街两旁的楼房里、房顶上、门窗里都有瞄准大街上的目标视孔，敌人若进入死胡同，走到尽头，面对的就是迎面墙头上伸出的枪筒。

朱镇府大小院落的御敌设置更是巧布机关，进退自如。大门楼内重叠相交的屋角能够隐身，可出其不意进攻；墙壁门窗有射击孔，可瞄准目标，造成瓮中捉鳖之势。战若失利，则进入暗道，走为上计。

临沣寨内有种种防御条件。临沣寨正是凭借着寨内外道道坚固周密的防御体系，使她在战火纷飞的年代，虽然历经创伤，但依然精神矍铄地挺立在世人面前。

20 世纪二三十年代，当地土匪冯建堂要劫掠临沣寨，但不敢明攻，就采取暗袭。冯建堂率领着他的喽啰们偷偷渡过护寨河，想突袭临沣寨。但土匪的算盘打错了，他们涉水渡河时，被寨上时刻警惕的哨兵发现了，他们发出集合寨丁的信号，立即向土匪开火。冯建堂不知寨内深浅虚实，惶惶逃窜。

据说，从清代后期的近百年间，临沣寨曾遭遇土匪袭击围攻数十次，但都以土匪失败而告终。就是日本鬼子对临沣寨也无可奈何。1945 年 6 月 3 日上午，一股日寇侵入郏县，要攻打临沣寨。临沣寨的寨丁和村民同仇敌忾，严阵以待。侵略者攻寨，村寨民众奋起抗战。出乎日寇意料的是，他们攻打了一个上午，临沣寨竟然岿然不动。侵略者无可奈何，又难料寨内虚实，只得绕过南城门而去。这是值得大书特书的胜利，所以，它被写进了《郏县志》。

新中国成立以前，统治临沣寨的毕竟是封建统治者，当共产党要改写中国的历史时，临沣寨必须顺应历史。于是，在解放战争中，临沣寨发生了一场新旧势力的对垒。那是 1947 年 12 月 24 日夜，刘邓大军九纵二十七旅八十团发起了解放临沣寨的围击战。战斗从临沣寨东门开始，要在此打开一个突破口。不料遭到寨内地主武装的顽强抵抗，解放军一百多名官兵牺牲，伤亡惨重。战斗持续到次日凌晨，寨内地主武装战斗力毕竟有限，即从西门突围逃窜。解放军抓住战机，乘势攻入寨内，击毙地主武装 17 人，活捉寨首朱清宽，解放了临沣寨。

插图 13-4.2 临沣寨城墙

临沣寨城寨墙为外石内土结构，外墙 60 厘米长的石头全部取自紫云山的红色花岗岩，内墙则就地取材，全部是挖自护寨河的土。为使寨墙坚固，红石条每一顺石隔一把石，中间空当用 3~4 块红石条顺着填满，再取土屯住夯实。寨墙内为朱洼村，占地面积 7 万平方米。

新中国成立后的临沣寨历经风雨。当废庙宇、拆城墙之风刮到临沣寨时，一场洪水突如其来，把村寨包围起来，可坚实的寨墙挡住了洪水，因此幸免于破四旧的灭顶之灾，数米高的寨墙安然无恙。在天灾面前，寨墙发挥了它的威力。一个村级古寨墙被完好完整地保存下来，直到今天，临沣寨的寨墙依然发挥着不可小视的作用。

5. 家族文化

朱氏家族对文化的重视在临沣寨树起了一面旗帜。朱家曾在村里开办过十余座私塾，培养出一批批人才。据统计私塾学堂培养出秀才 23 人、监生 3 人、举人 7 人、童生近 100 人。

临沣寨的父老乡亲对外同仇敌忾，对内则和谐相处，亲如一家。这种纯朴的民风应该与朱家自古以来所倡导的文化教育紧密相关。

朱氏家族以农起家，既而从商，家族日渐兴旺发达。朱氏家人深知文化才是真正的财富，认准了以诗书求闻达的重要性，懂得文化才是家族长足发展的途径。所以，朱氏家族的第十四代传人朱紫贵、朱振南、朱紫峰三兄弟达成共识只有发展文化教育，才能担当起延续家族历史的重任。在建筑物质文化大厦的同时，他们开始创建朱氏家族文化的平台。当时，大清帝国广取文士，科举选仕，是时尚，是潮流。朱家人与时俱进，顺应潮流，习读诗文，加入了科举考试的队伍，形成了绵长的家风。门染书香，家族中仕宦辈出，受到人们的尊崇。整个家族文化的注入，带来文明新风，提升了德行品味。巨富大贵的朱家地位显赫，却在村民之中有着极佳的口碑，他们态度和蔼，对人乐善好施，诚心助人。特别是遭灾遇荒年成不好时，朱家人慷慨解囊，出粮出钱，赈济困苦。

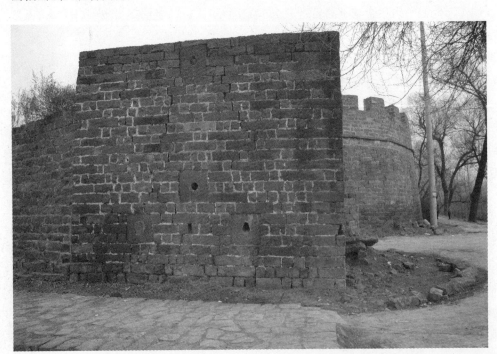

插图 13-5.1 寨墙上御敌的枪洞

临沣寨的每个寨门上除了灭火水槽，还设置了用于对外射击的高低不等的枪眼。寨门外边均有两道防洪闸门和向寨外排水的暗道，设计精巧，防守自如，临沣寨寨墙外是绕寨一周长达 1500 米的护寨河，据说当年与寨墙同时完工的护寨河宽 15 米、深 4 米，而今的护寨河宽仍有 10 米左右，深约 2 米。

　　一个好的村风往往来自村中有影响的人物或家族，临沣寨即是。朱姓人口是临沣寨中最多的，占90%，人多影响大，其他有张、李、王、刘、赵等30个姓。但不同姓氏的人家都能和谐相处，亲如一家。在乡亲中搬弄是非的人被冷眼相对。特别是对挑唆事端者更是人人嗤之以鼻。鄙视那种不务正业、自私自利的懒汉。临沣寨良好的村风甚至影响扩展到村外。与邻为善，敦睦乡里，与邻村人互通友好。

　　临沣寨良好的民风代代相传，那种和谐的人际关系、互相帮助的善举蔚然成风。在寨内，家与家礼尚往来，人与人热情相待。一方有难，即有援助照顾之手伸来，表达的是那种可贵的浓浓亲情；在寨外，无论走多远，无论到何地，只要见到临沣寨的人，就视为亲人，解难救困，在所不辞，表达的是那份浓浓的乡情。有一村民开长途客车营运，不管在哪里与村寨的乡亲相遇乘车，他都热情相让，男女老幼，分文不收，四邻八舍传为佳话。

　　临沣寨村民们的文化意识更让人称道。对先人留下的文物遗迹的保护更是尽心尽责。村民们都懂得那些珍贵的明清时代的民居的文化价值，不管遇到什么形势变化，都会自觉地加以保护。有一处房屋墙壁上精美的雕刻，在"文革"中为了免遭红卫兵破坏，有人偷偷地用泥抹起来，把砖墙伪装成土墙，才躲过一劫。当游人看到这处雕刻时，无不为它精美的艺术赞叹，也更为机智保护这件艺术品的村民而称颂。这些明清时的座座院落、间间房屋，虽经风雨和百年沧桑，至今仍坚固如昔，大多完好无损。特别是那些匾额题字、楹联家训，虽然风雨剥蚀，但仍字迹清晰完整，为我们留下了一批高品位的文人珍品，一笔宝贵的精神财富。村民们对村寨的一砖一瓦、一草一木都倍加爱护。有的老房陈旧，但他们仍不愿除旧盖新，还在里面安然居住，甚至使用的家具还是明清时流传下来的，但他们视为贵重，不愿换新。

　　保护和传承文化遗产成为临沣寨村民的自觉行为和日常生活的重要组成部分。每逢农历初一、十五，朱姓人家到朱氏祠堂祭祖，村民到关帝庙敬神，香火不断，相沿成习。每到农历二月十五，古老的"五虎庙会"异常热闹，送香火、求心愿、善男信女来来往往；男女老少呼朋唤友，看社戏和舞器，熙熙攘攘。这是临沣寨村民延续千百年的特定文化节日，向现代人传递着久远的信息。

　　今天的临沣寨已不同于往日的阔绰奢侈，而今天的幽静依然让人回味，那种超脱、飘逸、闲适让人羡慕，这里简直就像梦里桃源，使人迷失，不知今夕是何年。

插图 13-5.2 临沣寨西门

临沣寨按八卦的三个方向设置了三个寨门，其中西门因滨临沣溪河而取名"临沣"，"临沣寨"之寨名由此而来。寨门上方红石匾有楷书"临沣"二字，两扇榆木大门上包的铁皮已锈迹斑斑，铁皮上"同治元年""岁在壬戌"的字样，今天仍清晰可辨。古朴厚重的寨门陈述着沧桑的岁月故事。

第十四章 明清古村寨卜昌

地灵

第十四章

明清古村寨卜昌

六　家族解体

五　古泰顺风情

四　一家两制

三　发家三部曲

二　小铁锅大发迹

一　村名中的战争

明清古村寨卜昌

1. 村名中的战争

在河南省的西北部、太行山南麓与山西省交界处有一个县叫博爱县，博爱县有一个乡叫苏家作乡。苏家作乡有一个颇不起眼却名声在外的小村，叫寨卜昌村。

寨卜昌村位于县城东 5 公里处。这座古老的村寨北依太行，南濒沁水，山清水秀，沃野良田，是个宜人居住的好地方。这个有点怪怪的村名，资格很老。"卜昌"二字已有 3000 多年的历史，它与历史上的"武王伐纣"之战有关。

三千多年前，周武王为了讨伐商纣王，联合庸、蜀、羌、微、卢、彭、濮等众多部落，积极备战。经过 4 年的努力，终于到了出征的时刻。公元前 1044 年冬，周武王率领伐商联军从周原（今陕西省宝鸡市境内）出发，长途跋涉一个月，渡过黄河。伐商大军路过一个村落，周武王驻足四周观看，但见轻烟缭绕，紫气升腾，林茂草丰。北望青山巍峨，南眺黄河滔滔，沁河双流如带，不是仙境胜似仙境。他着即命令大军安营扎寨，稍作休整，准备与商军决战。

大战在即，面对统治了天下数百年的"大邑商"，作为联军统帅的周武王仍然有点不踏实。于是在巍巍太行山前，他命人搭台祭祀祖先和天神，要再做一次占卜，以问前程。

祭祀开始，随军巫师登场了。巫师披头散发，飘衣舞袖，手舞足蹈，现场一下进入神秘的气氛之中。之后，巫师手捧龟壳，洒上清水，放于火上灼烧。突然一声炸响，龟背爆裂，龟背面上出现了纹路，隐约看出是个"昌"字。巫师急忙呈给武王，武王一看大喜，吉言天象，一定出师大捷。

第二天，周武王兴致百倍，率军浩浩荡荡北进。行军 6 天，在商都附近的牧野与商朝军队拉开了决战，赢得了这场改变王朝命运的战争。

插图 14-1 周武王画像

周武王率大军先西行至毕原（今陕西省西安市长安区内）文王陵墓祭奠，然后转而东行向朝歌前进。在中军竖起写有父亲西伯昌名字的大木牌，自己只称太子发，意为仍由文王任统帅。大军抵达黄河南岸的孟津（今河南孟津县东北），有 800 名诸侯闻讯赶来参加。人心向周，商纣王孤立无援的形势已形成，诸侯均力劝武王立即向朝歌进军。武王和姜太公则认为时机还不成熟，在军队渡过黄河后又下令全军返回，并以"诸位不知天命"告诫大家不要操之过急，大军即驻扎练兵备战，这就是史上著名的周武王"孟津观兵"。

SERIES ON THE HISTORY
AND CULTURE OF

中原历史文化系列丛书

商灭周兴，周王朝建立后，周武王念念不忘牧野大战前占卜的地方，那里是他得天相助而走向胜利的地方，所以，为其命名为"卜昌"，因占卜而得昌盛。

卜昌村之名，直到3000年后，才把另一个"寨"字加上去。这其中的缘由，还要从元末明初说起。

元代是封建社会中一个最野蛮、最黑暗的朝代。为了加强蒙古贵族的统治力量，元朝实行以蒙古贵族为主，联合汉族地主和色目等族的上层分子，实行血腥恐怖政策，激起了元末大规模的农民起义。元朝进行了残酷的镇压，过皆屠城，百姓"十亡七八"；朱元璋两淮起兵，终于推翻了元朝残酷的统治。但是朱元璋面对的是连年征战后千里沃壤尽化蛮荒的现实。百姓流离失所。到了明代"靖难之役"之时，为争夺皇位，燕王朱棣向南京政权发动战争，持续4年，杀掠无数。一次次的战争使得中原和长江流域人口剧减。中原一带，不但兵祸迭起，旱涝蝗疫之灾也是各朝各代之最，民众大批死亡。中原呈现出"春燕回来无栖处，赤地千里少人烟"的凄惨景象。

中原、淮河流域频起的战事很少波及山西，而且山西良好的自然地理条件为人口的增长提供了得天独厚的条件。所以，山西呈现出难得的社会相对稳定，人口比较稠密的独特景象。

明朝初期，朱元璋说："田野辟，户口增，此正中原之急务。"几乎朝廷有识之士，地方和中央官员纷纷上书，请求充实空旷之野，发展生产，提高财力。朱元璋果断地实行了"移民屯田，开垦荒地"政策，逐渐从山西洪洞大槐树迁民于中原，中国历史上影响很大的移民活动开始了。这次由官府组织的移民，规模宏大，持续时间长，对中原地区的发展起到了至关重要的作用。移民活动主要发生在洪武年间和永乐年间。

今天的河南焦作市一带，与中原大多数地区一样，迎来了来自山西洪洞县的移民。博爱县迎来了移民，寨卜昌一带一些村落也来了移民。这些来自各姓家族的移民们知道了"卜昌"之名是几千年前周武王命名的，感到很幸运，认为这是个福禄吉祥之地，都想沾点帝王之气。于是，很多新居民对"卜昌"二字采取了"拿来主义"，分别以本族之姓，后面缀上"卜昌"二字，给自己居住的村庄起名，计有药王卜昌村、油王卜昌村、乔卜昌村、侯卜昌村等八个卜昌村。"卜昌村"一时成了"名牌"，各村人气兴旺，百业发达。

到了清代咸丰末年，社会又生动乱，各地匪患横行，危害一方，祸害百姓。受害很深的博爱县一带为了防范灾祸，其中紧邻的三个尾带"卜昌"的村子召集一起，共商防卫大计，筹资建造寨墙，以保护本地百姓的安全。咸丰十一年（公元1861年），三村百姓齐心协力，筑寨设门，于清同治七年（公元1868年）筑成，历时8年。寨墙全部用三七灰土分层夯成，墙基外沿镶嵌着条石，十分坚固。寨墙周长2500米，高9米，寨墙上建有12座烽火台，配置竹节式土重炮。东西南北四个寨门上方各镶嵌上青石大匾额，为了在城门匾额上题字，还请来一位文人，专门将他接到村里，让他感受现场气氛，能找到更好更恰当的题字。从春到夏，盛情款待，这位文人终于有了创作灵感，将四方之瑞集于寨卜昌村，作为主题。东、南、西、北四门匾额分别书"纳春融",意为东纳春天紫气、"揽荣光",意即南揽黄（河）沁（河）之光、"挹秋浆",意为西挹秋实累累、"迎叠翠",意即北迎太行叠翠。修筑寨墙共耗资 6 万两银子，其中财大气粗的王氏家族出钱超过总投资的 70%，达四万二千两银子。从此三村以"寨"为名，三村合一，村子起名"寨卜昌"。

"寨卜昌"中"寨"字，算起来只有 100 多年的历史，而"卜昌"这个名，却有 3000 多年的历史。这一老一少，互相搭配，却相得益彰。这也是吸引媒体和专家的关注、游人向往驻足的原因之一吧。

2. 小铁锅大发迹

寨卜昌村能引起人们关注和向往的原因，不只是它那颇为传奇的名字，比村名更吸引人的是村里那些古代民居。

清朝末年，这个村子曾有豪华宅院六七十座，房屋 2000 余间，而几乎所有的宅院都属于一个家族所有。这些房屋建筑豪华、高大宽敞。数十个院落相连成街，街道两侧都是四合院，古朴中透出大势，民俗风情里流露出文化氛围，散发着悠远的古韵。

现在保存下来的古建筑有 100 多座，房屋有 400 多间，这些遗存多属清代王氏家族。这些古老房屋至今仍然厚实坚固。其他地方的古代民居，总是人去屋空，即使现在维修一新，也都是摆设，供游人参观而已。而寨卜昌古民居里都有居民住，而且多是原房主的后裔。

王氏家族家大业大，得益于天时地利人和。

王家发迹正当康乾盛世。清王朝入主中原至康熙中期，优惠的人口税，不但促进了经济迅速发展，而且提高了人口增加的速度。全国的人口已从清初的 600 万增加到 1 亿左右。稳定的社会为百姓的安居乐业创造了基础。于是，寻求致富成为人们追求的生活目标。河南省河内县（今河南沁阳市）卜昌村的王来贡，也在通往富裕的大路上动起心思来。他带着子弟挑起了铁锅重担，走家串户，沿街叫卖。就这样，他的担子挑来了一个商贾巨富，叫卖声声，喊出了一个人丁兴旺的大家族。

王来贡曾读过太学，是受过"高等教育"的知识分子。"学而优则仕"是封建社会读书人重要的唯一的出路。但王来贡却是"另类"，他不去挤官道，而要另辟蹊径专心经商。

插图 14-2.1 货郎图·春景（局部 明代吕文英绘）

此图有春、夏、秋、冬四幅，四幅作品都以雕栏玉砌、花木映衬的庭院为场景，表现卖货郎以各种小商品逗诱孩童的快乐情景。四幅作品在构图、人物描绘和场景处理上大致相似，只是用不同的花木表现季节的变化。在这幅春景中，以牡丹、桃、桧柏来体现春意。无款，各幅画面中央上都有"钦赐吕英图书"的朱印。明代画家吕文英擅画人物，亦写山水，为明代浙派名家之一。孝宗弘治年间，他以画人物而受宠。传世作品有《江村风雨图》《货郎图》等。

铁锅，看上去平实而简单，但不管是富家还是穷人，也不管是官家还是平民，只要张口吃饭，就离不开铁锅。从当时经济发展的势头看，特别是从人口增加的数量看，经营铁锅是很有潜力的生意。王来贡选择了它，也选择了艰难。要把铁锅卖给别人做饭吃，自己就得吃苦。然而，王来贡独具慧眼，把握住了天时地利，他毫不犹豫地迈出了贩卖铁锅的步子。

王来贡没有摆地摊等顾客上门，而是采取"送货上门"。于是，他带着弟子走街串户，沿街叫卖。从零起步，他进入了商圈。他们挑的是铁制品，很重；担的是艰辛，很苦。创业者的负担和艰辛局外人很难体会得到。

王来贡所占的地利是进货渠道。他的居住地河内县（今河南沁阳市）卜昌村距货源之地很近，交通也便利，那就是与河南省接壤的山西南部的晋南地区。晋南地区煤的产量很高，生铁资源丰富。所以，晋南冶铁业很发达，制造生铁锅的作坊遍地都是。王来贡的铁锅货源充足，进货渠道顺畅，而且贩运交通便利，这是他贩卖铁锅而做大做强的得天独厚的条件。

晋南的货源使王家的买卖有了坚强的后盾，而王家卖铁锅的信誉使王家搭上了生意道上的快车。虽是挑担叫卖，可买卖越做越红火。大把的银子装入钱袋子，王来贡把那副沿街叫卖的铁锅挑担放下，而要更新换代了。他添置了牲口，作为运铁货的工具，这样一来，运货的速度快了，运货量增加了，卖货物不再肩挑手提了，既省时间又省力气，赚来的雪花银子滚成了雪球，这正应了现代人的一句话："时间就是金钱。"

牲口驮来的银子越来越多，王家的铁锅质量好、供货及时，信誉越来越高，生意越做越大。他们不再叫卖，而有了固定的销售点，这时才有资格让顾客上门买货。销售的地方虽固定了，但那地方那房子却不是自己的。终于他们赚足了银两开始盖房子，王家有了自己的门面房，卖铁锅上了一个档次。

王家卖铁锅从第一代人卖到第二代人，卖铁锅的门面房逐年增加，生意上有了规模。从第二代传到第三代，王家的经济实力增强了。这生意传到王来贡的孙子王问安手里，这位第三代传人在发展家族生意上表现出大户人家的气魄。约在康熙五十年（公元1711年），他首创王家商号，名曰"泰顺号"。

3. 发家三部曲

走进寨卜昌村，最抢眼的就是古民居，据说，这些古民居基本上都是王氏家族所建。王家从清初第一代人以铁锅发迹始，代代相传，历经十余代人，做生意不忘建房屋，生意越做越大，大兴土木也很频繁。家族的人口越来越兴旺，发展到同治、

插图 14-2.2 货郎图（南宋李嵩绘）

货郎是叫卖于乡野之间的小商贩，用宽厚有力的肩膀挑扁担，货筐或货柜盛满各式各样的小百货，扁担两头用红绳线吊着妇女用的发夹、孩子用的本笔等。货郎走乡串户，随着鼓点的叫卖声，妇女和孩子们出来或看稀奇货物，或挑选生活用品，货郎高兴地应和人们所求。元王晔《桃花女》楔子："我待绣几朵花儿，可没针使，急切里等不得货郎担儿来买。"货郎所售货物流通快，很受百姓的欢迎。寨卜昌村里王来贡，就是靠这样的铁锅货郎担走乡串户叫卖，喊出了古村落里一个人丁兴旺的大家族。

196

光绪年间，家族人口达到 100 口，各种雇工三四百人，在泰顺家长年吃饭的就有五六百口。为了扩建房屋，王家买下邻居的住宅，所付的银子足够用来买地建房，甚至还绰绰有余。200 多年间，王家在寨卜昌村的建筑占了三条街中的两条半街，豪宅有六七十座。寨卜昌村在方圆地界独树一帜，如鹤立鸡群般出现在中原大地上。这片古建筑群虽无天灾之害，但却遇人祸。在日本发动侵华战争的劫难中，寨卜昌村未能幸免，王氏家族的房屋被烧过。在"文革"动乱中，这些房屋被破坏过。后来，这里的房屋任意被整体售卖给南方有钱人，但有钱并非有对文物古存的鉴赏水平和保护意识，房屋新主人随意对房屋翻修改造，破坏了原貌。经过这样长期的折腾，现存下来的古宅不多了。

现存的多在寨卜昌二街。走进二街，还是给人以震撼的感觉。这些保存较好的古建基本都是封闭式的一进二院落，或是北方典型的四合宅院。在二街的街口，坐落着第 11 号院和第 12 号院，望去门厅高大，迈过几级石阶，进入院里，从那雕刻精美的石门墩、石柱墩、石鼓和角落里放置的残破的石狮子看，虽然有着时代风雨中惨遭劫难的痕迹，但依然彰显着主人家曾经的显贵和荣耀。

由王来贡的孙子王问安所开创的泰顺号，生意越做越大，门面越来越多。至清乾隆末年、嘉庆初年，王家的泰顺号生意已做到苏北、皖北、山东、河北、辽宁、河南等地，大小门店 100 多处，遍及大半个中国，形成了王氏家族经营铁锅的网络。据说，在乾隆、嘉庆年间，春节前，遍布各省的铁锅大小门店，把一年中所赚的银子船装车载送回寨卜昌。名门巨贾，富甲一方。这是王氏家族的显赫，也是寨卜昌村的地气旺。也许，正应了 3000 年前周武王伐纣行军至此，看到缭绕的轻烟，升腾的紫气还没散去，护佑着这块土地所发生的预言。寨卜昌是中原大地上的一颗明珠，是地灵的宝地。

封建社会拥有土地是炎黄子孙最本质的财富理念。"家中有粮，心里不慌"，中国人要的就是这种感觉，要的就是这种踏实。那些豪富巨贾拥有的银子再多，还是要将银子轮回到土地上。王氏家族家大业大，仍然遵循了这个老观念。

王家依托泰顺企业，房子越盖越多，院子越造越大，规格越装越豪华。此外王家还把卖铁锅嫌来的资金投入到了田产上，购置田地是王家的又一大手笔。光绪初年（公元 1875 年），他们拥有土地达 6000 亩。这可是王家积累了 100 多年的田产。

泰顺号家族企业发达的轨迹可谓是"三部曲"：第一部发展生意，扩大门店；

插图 14-3 明清民居

寨卜昌民居多为明末清初时期修建，有近千余间，人们称之为"怀川大宅门"。这里的民居既有北方四合院的规整严谨，又有南方阁楼精巧气派，具有黄河以北怀庆地区鲜明的地方建筑特色。其建筑风格独特，建筑质量上乘，在中国明清民居中数量最多。民居房屋有丰富的石刻，精湛细腻，艺术价值高；绘画生动形象，民族特色浓厚。

第二部建房造院，买地置田；第三部入仕做官，显赫荣耀。

封建社会做官有两条路可达目的，一是考取功名，二是花钱买官。王家走的是第二条路，因为他们有银钱。当王氏家族的泰顺号鼎盛时期，正是清政府盛行捐官的时代，从四品以及四品以下到七品官都可以用银子买到手。有银子的王氏家族也要赶"时尚"了，他们一出手就很大气，用8000多两银子买到的第一官员是四品的山东候补道。"候补"就是"准四品"，并无实质性职权。但是即使这样，也足以使王家人头上的光环熠熠生辉，其光宗耀祖之得意不可言喻。

家族声势显赫不光是财大官大，王家要做另一件荣耀的事，那就是建筑祠堂。祠堂是用来供奉和祭祀祖先等具有多种用处的建筑，家族越有权势和财势，其祠堂建筑就越讲究，其厅堂高大、雕饰精致、用料上等。泰顺号王氏家族的祠堂历时三年建成，其豪华之状可想而知。这座祠堂成为王氏家族光宗耀祖的又一象征。如果祠堂的堂号是由族人或外姓人的书法高手所书，是值得自豪的事；如果是位高权重的官员所写，其高规格更是族人显耀的资本。王氏家族祠堂坐落在寨卜昌三街东头路北。从王氏家族祠堂遗存的匾额看，有一块"王氏家庙"的匾额是毛昶熙所书。毛昶熙是当时的一品大员，官至吏部尚书、兵部尚书等职。还有一块上有"克昌厥后"字样的匾额，是光绪皇帝的老师翁同龢亲手所题。两位都是朝中大员，可见王氏家族以及他们的泰顺号，非同凡响。

4. 一家两制

在中华民族发展史上，上至名门望族，下至平头百姓，几乎所有的家庭都面临着一个绕不过去的问题，就是分家。俗话说："树大分权，儿大分家。"这是铁定的规律。所以，家庭的财产永远深陷于"分散—积累—分散"的漩涡中。很多家庭田地不断扩大，**财富不断增加**，成长起来的下一代就要进入分**割前辈财富积累**的怪圈。在所有儿子"平均分产业"的习惯观念驱使下，很难真正发**家致富**。所以，"富不过三代"就是铁定的结果。这种在儒家思想指导下形成的积累与**分割的机制**，根深蒂固，绵延不绝。

王家从第一代王来贡**卖铁锅赚银子**到第三代王问安大发展，所积累的**财富似乎**已到了极限，达到这样的极限就会出现中国式的"分久必合，合久必分"。王氏家族"合久必分"势在必行了。

王问安有两个儿子，王问安去世后，王氏家族的"未竟事业"也不能继续保持了。两个儿子均分了王家的家产和门面店铺。两个儿所分院子以一条路为分界线，长子王喜所

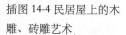

插图 14-4 民居屋上的木雕、砖雕艺术

明清时期是中国古代建筑体系的最后一个发展阶段，雕刻绘画是民居的主要装饰艺术，有人物、花卉、飞禽、走兽、古典戏剧、历史故事等。明清民居木雕内容丰富多彩，表现多种多样。反映了人们很高的审美情趣，艺术地表现出民居主人的物质生活与精神追求。寨卜昌的民居的木雕、砖雕，多用于门楼、檐柱、枋头及廊柱等处，在窗格、栏杆等处也常常采用木雕构件，这些雕刻使古建呈现出一种古朴典雅、富丽华贵的格调。它不仅具有装饰作用，而且展现了中华民族审美创造的悠久历史，为中国工艺美术历史增添了精彩的一页。

分的院子坐落在路南，称为"南泰顺"；路北是次子王怡分的宅院，称为"北泰顺"。分家后商号名片不倒，只不过有南北之分罢了。这也是"一家两制"的表现吧。

自此之后，人们所说的"泰顺号"，实际上指的是"北泰顺"，这是分家的结果。两个儿子分家之后，南北泰顺经营的路子不一样，游戏的规则不同，结果就不一样，甚至是南辕北辙。分家之后，长子王喜的南泰顺，经营不善，日益衰微，最后滑到了谷底。熬到乾隆年间，家道败落，一蹶不振。

次子王怡经营的北泰顺真是名副其实，"泰顺"成了"太顺"。他勤勉经营，生财有道。首先他们严把进货渠道，选择有信誉的铁锅生产厂家，指定自己的专业人员，定出质量标准，以此订货。同时，泰顺的专业人员对出厂的铁锅一一进行质量检查，绝不让残次品进入泰顺店铺。顾客前去买铁锅时，从不挑不捡，随意提取哪一件，都挑不出毛病。并且，泰顺卖铁锅都是一口价，和顾客之间没有讨价还价之争。泰顺的声誉越来越好。

5. 古泰顺风情

北泰顺生意越做越红火，雪球越滚越大。商道上他是一路绿灯走到了乾隆末年，泰顺号也就北泰顺号的店铺开到了苏北、皖北、山东、河北、河南等地，达100多处。四方播种，遍地开花，坐镇寨卜昌村，收获的是白花花的银子。泰顺王家从这时开始大兴土木，建房造院。

从寨卜昌村现存的130座、400多间古代民居看，其建筑具有豫西北地区的地方特色，风格独特。在造型上，显示了北京四合院和南方楼阁式建筑的融合。除少量属明末清初者外，大部为清乾隆、嘉庆、道光时期所建。整体建筑都是一进二、四合宅封闭式院，有良好的封闭性。附设跨院，前客后楼，相通相连。建筑格局相对固定，形制大同小异，但具体形式各有千秋，且用料讲究，造型华丽美观。如三街的建筑物，除按当时四合院的整体布局外，在大门口还建一高台花池，内种花草，以腊梅为主，表示四季花香之意。

这些民居最能让人惊叹的是很注重中国古代特有的文化氛围的营造。以一家四合院为例，院内不论正房、厢房，一律是二层楼房，墙面是一色的大青砖。厢房的前廊是通体的木质隔扇窗，檐下的挂落与垂柱雕刻精细，生动优美，花鸟虫鱼、仙人走兽等图案。大门口两副石对联，镶嵌在墙体里，刻工精细，气势宏伟。一副是"麟史标八业书香黼黻缨缨荣禄第，龙门衍六经教泽文章礼乐圣贤家"，融"书香、黼黻、六经、文章、荣禄、圣贤"于一炉，彰显出官宦书香门第的显赫地位；另一副是"溯天宝辋川图春荣大雅，垂永和兰亭序冠冕儒宗"，措辞风雅，极有韵味。

现存较好的都集中在二街，二街口就是两家相邻的建筑十一、十二号院，高大的门厅显示着当年主人的显贵。院子里的房屋的石门墩、石柱墩、石鼓、石狮子等精美的雕刻依然让人想象着主人家的文化内蕴。七号院是一家典型的北方民居四合院，两进院落，前院一街房、两厢房，后院一上房、两厢房，除街房外，其余均为

SERIES ON THE HISTORY AND CULTURE OF CENTRAL PLAINS

中原历史文化系列丛书

两层建筑，前后院之间的分界为一个超简单的土坯影壁墙。后院一侧是苍翠的小竹林，进入室内木楼梯通往二层，二层均为木质楼板。四号院里雕梁画栋，虽然色彩暗淡，但悠悠古韵，令人沉湎。上房和两间厢房门口的整木立柱，矗立在雕刻着祥云的石墩上，虽经风雨剥蚀，但让人感觉到仍然坚固结实。那面通体为木质格栏的墙透出优雅的风味。屋檐下的梁架、斗拱、枋子、垂莲柱上雕刻的是龙凤、花鸟、人物等图案，栩栩如生；房头雕刻的是狮子、麒麟、海洋纹等图案，活灵活现；厢房相对立的八扇门上雕刻着暗八仙、花草、文房用具等图案，生机盎然。一幅幅图案的雕刻，技艺精湛，构图奇巧，令人目不暇接。而在窗户下边的压窗石上，也雕刻花鸟虫鱼、飞禽走兽等图案，十分考究。这些石雕、木刻等典型地反映了寨卜昌古民居雕刻艺术的精湛，表现了民间建筑艺术家的智慧，其雕刻艺术是今天难以复制的艺术珍品。

6. 家族解体

王氏家族有两次分家，第一次发生在王家第四代人。第三代王问安去世后，他的两个儿子王喜、王怡分开之后，一兴一败，哥哥王喜不善经营，家道败落，弟弟王怡生财有道，把王氏家族的生意接过来传了下去。传到王家第七代，泰顺号由兄弟三人共同经营，生意做得顺风顺水。三人去世后，泰顺号还是三家各派出一个代表共同执掌门面。而且生意红火，人丁兴旺，能传到六七代不分家，这应该是个奇迹。

王氏家族从清代初开始创业，至清代末年，兴盛的王家泰顺号已发展了200年，似乎已经走到巅峰，这种共同执掌门面的经营模式里所隐藏的各种矛盾和危机日渐暴露出来。当然，其变化与社会大环境有密切关联。

鸦片战争之后，懦弱无能的满清政府签订了中国历史上第一个不平等条约《南京条约》。条约严重危害中国主权，中国开始沦为半殖民地半封建社会，西方列强在军事入侵的同时进行经济的渗透，中国民族工业受到重创。王氏家族的生意开始滑坡，到光绪初年，王家的铁锅生意已经举步维艰，困难重重，危机四伏。可是，泰顺号这个商业大厦却依然讲究着它风光的一面。为此，王家还在大搞建房造屋，这个"面子工程"慢慢把家族的矛盾和危机推向极至。

怎样摆脱困境？此时王家掌门人王大温看到很多富豪投资开挖煤矿，便动了心，想冲出家族生意的围城，进行行业转型。寨卜昌村处于煤量丰富的焦作地区，这是寨卜昌的地理优势；而此时能选择开挖煤矿也是它的天时。但是王大温缺少的是商业才能，他享受的是先人创业的成果，因而没有在商圈内摸爬滚打的修炼。安享富贵，

插图 14-6.1 大门前的石鼓

家门口放置石鼓显示这样的人家非富即贵，代表房屋主人的门第和社会地位。石鼓还有很强的装饰性，与门梁上的砖雕、彩绘上下呼应，相映成趣。石鼓有很鲜明的文化内蕴，它起着公德铭石、嘉奖贤能、装饰门楼、抒怀铭志的作用，为富贵人家门面增添庄严和优雅，民间亦称之为"功德鼓"。石鼓上的雕刻多为"并蒂同心""吉祥如意""宝吉祥"等寓意吉祥的图案，表达人们的美好祝愿。寨卜昌村里的这尊石鼓雕刻工艺精湛，花鸟形象惟妙惟肖，构图丰富严谨，和下面的石礅构成一尊完整的艺术体。石鼓是宝贵的文化遗产。

目光短浅，更不注意人才的培养。更大的劣势是他要开挖煤矿的资金已捉襟见肘了。王大温是在放大开挖煤矿的优势，缩小自己劣势的情况下做出了开挖煤矿的决定。这又是他运作的一项面子工程。为了王家的面子，他要大干一场，财柜空了，就吃"泰顺号"这张名片。他在汇票庄里不留后路地进行借贷。资金暂时不缺了，但他缺的是矿产地质资料，缺少建井打窑的知识，更没有开矿的技术支撑。

先天不足，后天难以弥补。王大温的煤窑开挖了，第一年没见出煤，他不甘心；继续投资，继续挖，第二年仍没见煤；第三年再投资，还是没出煤。煤窑像一张血盆大口吞噬了他的贷款。贷款终于用完了，再也贷不来了，因为贷款已使他们的钱庄周转不灵，再也无钱可贷了。其他的钱庄没人敢贷款给他们了。高烧的王大温也**终于退烧了，赶快把煤窑低价贱**卖出去，尽**管是他挖了几年的窑。但是新窑**主接手后，几个月就挖出了煤，王**大温听到**消息，气得差点吐血致命。王**家泰顺号**声誉一落千丈。

更要命的是，王大温投资挖煤贷**款难还，钱庄堵**门讨债，使王家处境**尴尬。而钱庄派**专人住到家里等着还债，而且一住就是两三年，让王家人天天不得安宁。更让王大温头疼的是钱庄一讨二住，办法用尽，钱还是没到手，就把王大温告了。钱庄先到河内县立案，县里解决不了，又告到开封府，两场官司耗了一年多，王大温的债务包袱越背越重，王氏家族的泰顺号名声落到谷底。

从此，王氏家族所缔造的泰顺号"帝国"日薄西山，大势已去。

此时王氏家族不可调和的矛盾不可阻挡地到来了。王大温借贷投煤窑只是一家之为，此时的家族包括三家，由于家族企业的衰败，王氏家族进行了第二次分家，家底一分为二。

王氏家族解体后，各自独立的家庭如荒芜的土地，杂草疯长，没有了家族的约束，各种顽劣都出现了。有的不善打理，生意萧条；有的财源枯竭，商号倒闭；有的吸食鸦片，变卖田产。其子弟或随波逐流混日子，或不走正道成为废人。当然，也有胸怀自尊的，看不惯王家败坏的家风，而去另谋新生，有的外出求学，学有成就。

王氏家族后人在拆楼扒房中发生了一个故事，像是王氏家族泰顺号兴败的水中倒影，说来颇有传奇之趣。

在王家一座一进二的宅院里，有一栋四层砖木结构的楼房，坚固高大，是王家所有楼房中的唯一。它始建于清朝康熙年间，泰顺号发家之初。这座楼房最有用的

插图 14-6.2 圣旨碑

寨卜昌王氏宗祠建于乾隆三十年，至今已有 300 年的历史。宗祠门口的古槐，虽生长了 500 年，却依然枝繁叶茂。宗祠里矗立着五通圣旨碑，保存完好。五通圣旨碑分别是清代光绪、道光、嘉庆等五位皇帝的恩碑。石碑上雕刻的是双龙戏珠图案，纹饰精美，形象生动；碑文遒劲有力，记载了王氏家族历代先人所受皇恩的内容。每座石碑大气、尊贵、厚重，它们诉说着王氏家族昔日荣耀和显赫身份。

时候，是在兵祸、匪患中，或其他紧急情况下，王家人都要到这座楼里躲避，所以人们给它起了一个名副其实的名字，叫"躲兵楼"。王氏后人一个叫王其干的，有幸分到了这座楼房。但不幸的是他没有继承人，况且他也不是安分守财之辈，以致把分到的家底折腾光之后，不得不扒"躲兵楼"来维持生计了。

当他扒楼扒到第二层时，发现有两层楼板，中间夹层竟有六七十公分的空间。撬开夹层惊天大喜，王其干不幸中有大幸，里面放满了炊具、酒具、茶具，还有大量玉器等物品，最有价值的是一个大的玉西瓜、一个 40 厘米左右的通体雕刻托盘、一件"八仙过海"的根雕。然而，他在大喜中怎么也不会想到，这一惊喜给他招来了很大的麻烦。

首先，同宗兄弟们来打主意了，认为那些宝贝不应该独吞，要大家平分。一时议论纷纷，吵吵嚷嚷，纠纷难解。于是他们找来了村里的土匪头子进行调解，这调解本身就是凶多吉少。结果，土匪头子以土匪的手段把宝物断给了王其干。当然，这是有代价的调解，那个很大的玉西瓜被土匪头子勒索去了。

那件根雕他要出手了，但必须得找识货的买家，才能卖上好价钱。这识货的人只有大上海有。小舅子带着根雕去上海，却来信称根雕被人劫走了，并且路费用完，回不来了。王其干只好又卖了两亩地。

王其干的结局是王氏家族的一个缩影。

如今，寨卜昌村的古居只留下王氏家族泰顺商号显贵一时的身影，为后人遗存了一分厚重的家族文化史和古民居建筑史，在中原文明发展中闪烁着光辉。

远古的风烟已散，陈年的纷争已去，经受了岁月洗礼的寨卜昌村民，沐浴着阳光雨露，享受着时代的春华秋实，用智慧和勤劳护卫着祖辈留下的文化珍宝，装扮着自己的家园，谱写着中原古村落的晨歌暮曲。

图书在版编目（ＣＩＰ）数据

中原历史文化系列丛书．　地灵　／李鸿安著．-- 北京：
中央民族大学出版社，2016.12（2018.3 重印）

ISBN　978-7-5660-0654-7

Ⅰ．①中…　Ⅱ．①李…　Ⅲ．①文化史—河南省②地名
—文化—河南省　Ⅳ．①K296.1②　K926.1

中国版本图书馆 CIP 数据核字（2014）第 003715 号

地灵

著　　　者　李鸿安

责任编辑　戴佩丽

装帧设计　汤建军

出 版 者　中央民族大学出版社

北京市海淀区中关村南大街 27 号　　　邮编：100081

电话：68472815（发行部）　　　传真：68933757（发行部）

68932218（总编室）　　　68932447（办公室）

发 行 者　全国各地新华书店

印 刷 厂　北京宏伟双华印刷有限公司

开　　　本　880×1230（毫米）　　1/16　　印张：13.25

字　　　数　320 千字

版　　　次　2016 年 12 月第 1 版　　2018 年 3 月第 2 次印刷

书　　　号　ISBN　978-7-5660-0654-7

定　　　价　80.00 元